Furia, sonido y velocidad

ROBIN BOOK

METALLICA

Furia, sonido y velocidad

Matías Recis y Daniel Gaguine

MA NON TROPPO

Un sello de Ediciones Robinbook
información bibliográfica
Indústria, 11 (Pol. Ind. Buvisa)
08329 - Teià (Barcelona)
e-mail: info@robinbook.com
www.robinbook.com

Diseño de cubierta: Regina Richling
Diseño interior: César Muñoz (www.cifrabcn.com)

ISBN: 978-84-15256-46-5
Depósito legal: B-11.924-2013

Impreso por Gràfiques Cromo Quatre, c/ Batista i Roca, 9A, (Pol. Ind. Pla d'en Boet II),
08302 Mataró, Barcelona

Impreso en España - *Printed in Spain*

Agradecemos la autorización para reproducir las imágenes de este libro a las agencias
consultadas y lamentamos aquellos casos en que, pese a los esfuerzos realizados, ha sido
imposible contactar.

Agradecimientos

Ernesto Salas, Gisela Paterno, Jorge Ortigoza, Diego Gassi,
Fernando Stefanelli, ANIA y Laura Campagna.

«El ensordecedor sonido del metal se acerca»

Metallica («Phantom Lord»)

Índice

Prólogo

La adrenalina comienza a fluir

Era 1981. La escena metalera estaba sitiada por el maquillaje, las medias multicolores y las poses frívolas. En las radios proliferaban canciones cursis como «Live Wire» de Mötley Crüe, cuyo estribillo decía «¡Vamos! Ámame esta noche». Era la fiebre del glam metal. Pero esta música y su estética andrógina no representaban la idiosincrasia metalera. Así que, por aquellos días, un baterista aficionado llamado Lars Ulrich publicó un anuncio en busca de músicos, y obtuvo la respuesta de un introvertido guitarrista con su rostro completamente cubierto de acné: James Hetfield. Sus mundos tan opuestos se alinearon por el sueño de conformar una banda a la que bautizaron Metallica. Su propósito era profundizar los preceptos de La Nueva Ola del Heavy Metal Británico.

Sin embargo, ya en sus primeros recitales en pequeños clubes de San Francisco y en su disco debut *Kill 'Em All*, salieron a cambiar todos los paradigmas del metal y dejaron boquiabiertos a los espectadores. Su furia por aniquilar todo lo pasado se influenció en el punk de los Sex Pistols, quienes un lustro atrás habían revolucionado la cultura del rock. De este modo, en compañía de Slayer, Anthrax y Megadeth, Metallica impulsó un movimiento que cambió definitivamente el mapa sonoro de aquella década: el thrash metal.

Sin duda, Metallica fue la punta de lanza de aquellos corazones metaleros que en los suburbios estaban a la espera de un referente. Su vestimenta era informal y poco cuidada, y en sus letras Hetfield expulsaba sus vivencias y sus convicciones. Era la voz de los que no tenían voz. Su espíritu rebelde y discordante se complementaba con el furioso y visceral sonido del Marshall a todo volumen. Esto generó una rápida empatía con su público, que se convirtió en uno de los más fieles y eufóricos, y transformó cada concierto en una ceremonia irrepetible.

Su amor por este grupo desbordaba el terreno musical; Metallica era la banda con el sonido de un nuevo estilo de vida.

Con el paso de los años, y pese al dolor de muchos de sus seguidores, este conjunto trascendió el género que había creado. Su intensa apertura musical le brindó el rechazo por parte de un sector del público. Metallica atravesaba una situación similar a la de Bob Dylan cuando desde la platea de Newport se escuchó «¡Judas!», un improperio que recibió el solista por «traicionar» su música folk y cambiar hacia un sonido eléctrico. Sin embargo, Metallica, a bordo de su espíritu combativo, afrontó los prejuicios a fin de no caer en la monotonía y la reiteración. Tenían el absoluto convencimiento de que estaban en el camino correcto y no retrocedieron ante nada: lograron el éxito mundial a través del hard rock de «Enter Sandman», grabaron un álbum junto a la Orquesta Sinfónica de San Francisco y realizaron ciclos acústicos y hasta un trabajo de noise rock en compañía de Lou Reed.

Sin renunciar a sus raíces, este grupo evolucionó y nunca descansó en los laureles. Siempre estuvo un paso por delante y logró una identidad que lo ubicó en un pedestal junto a otros puntales como Black Sabbath, Iron Maiden, Deep Purple o Judas Priest.

Sin vacilaciones, Metallica dio los pasos que ninguna banda de metal se había atrevido a dar. Por consiguiente, en pocos años salieron de los oscuros y marginales antros de la costa Oeste de Estados Unidos para conquistar los estadios más imponentes del mundo, vender decenas de millones de discos, ganar premios y ser homenajeados. Lograron que el centro de la escena musical volviera a estar en Norteamérica y ya no en Gran Bretaña.

Pero si bien ahora Metallica goza de un merecido reconocimiento, a lo largo de su carrera este grupo sorteó todos tipo de inconvenientes: cambios de integrantes, el fallecimiento del bajista Cliff Burton, el despido de Dave Mustaine, graves accidentes en vivo, censuras, conflictos legales con Napster, problemas con el alcohol y coqueteos con las drogas. Sin embargo, resistieron a todo.

Lo más sorprendente es que las personalidades de los cuatro integrantes de Metallica son radicalmente opuestas entre sí; no obstante, cuando se juntan logran una perfecta sinergia.

Pero ¿por qué esta banda sigue despertando pasiones y fanatismo en las nuevas generaciones? Sin duda, su constante actualización es la pieza clave en la vigencia de su obra, ya que incorporan con fruición los avances tecnológicos y los nuevos lenguajes musicales. Al mismo tiempo, su inmenso despliegue en vivo ofrece uno de los espectáculos más impactantes de la historia del rock.

Sobre estos vértices indaga *Metallica: furia, sonido y velocidad*, una aproximación a uno de los fenómenos más trascendentales y controvertidos del heavy metal. Este libro traza un recorrido cronológico por sus discos, videoclips, cambios de estilos y su relación con el contexto musical. En sus páginas, también nos adentraremos en la intimidad de esta banda a través de anécdotas, curiosidades y detalles sobre sus equipos e instrumentos. Sus letras, una de las particularidades más destacadas del grupo, son analizadas y homenajeadas en distintos apartados de cada subcapítulo.

Metallica: furia, sonido y velocidad está dirigido no sólo a los amantes de la banda, sino que también se hace extensible a músicos y curiosos. Todos los que quieran profundizar en esta historia, que abran los oídos y los ojos puesto que el galope de los «Cuatro Jinetes» retumba con el sonido y la locura del metal.

Introducción

Los sesenta (también) son heavies

Existen diferentes músicos y periodistas que inician encendidas discusiones sobre los primeros embriones del heavy metal. Muchos de ellos encuentran la génesis en la obra de Led Zeppelin y Deep Purple. Sin embargo, este movimiento surgió con la irrupción de Black Sabbath a finales de los sesenta y de Judas Priest a comienzos de la siguiente década. A partir de ellos, el sendero del rock no fue el mismo. Ambos conjuntos se vieron influenciados por el sonido de las fábricas metalúrgicas de su natal Birmingham (en el noroeste de Londres). Esta ciudad, destruida durante los ataques de la Segunda Guerra Mundial, era conocida como «La Locomotora de la Revolución Industrial» o «El País Negro», por las minas de carbón y el constante humo suspendido en el aire. El tableteo inquieto de los martillos, los compresores aplastando y salpicando el metal y las humaredas que emanaban de las chimeneas de las fundidoras, se colaban en las aulas de una escuela contigua. Allí cursaba sus estudios un niño que luego se convertiría en el cantante de Judas Priest: Rob Halford. Mientras estaba en clase, Halford escuchaba esos sonidos y veía los libros saltar de su pupitre a causa de las vibraciones. El metal fue entrando impacientemente en sus pulmones y en sus venas de una manera irremediable.

Experiencias similares calaron en los integrantes de Black Sabbath. Su guitarrista, Tony Iommi, pudo capturar toda esa atmósfera en su instrumento, tras sufrir un accidente trabajando en una cortadora de metal (perdió dos falanges de su mano izquierda y las reemplazó por una prótesis cuyos materiales generaron una sonoridad grave y oscura, que dio origen al heavy metal).

Rápidamente este movimiento se transformó en una prolífica respuesta al hippismo de esos años. Sin dudas, el pacifismo colorido y contracultural de la «Generación Beat» de San Francisco (Estados Unidos) estaba alejado de aquellos jóvenes que crecían rodeados de grises fábricas industriales en los suburbios de Londres. Sin embargo, los polos siempre parecen unirse: muchos músicos encuentran la raíz del heavy metal en Blue Cheer, un mítico grupo de San Francisco que apareció en plena fiebre «Flower Power».

El sello del metal: la aparición del punk y otros movimientos

A comienzos de los setenta, los británicos colocarían otras piedras fundacionales de este género: Motörhead lo haría a través de álbumes como *Overkill*; el trascendental *Rising* fue aportado por Rainbow, cuya formación integraban Ritchie Blackmore (guitarrista de Deep Purple) y Ronie James Dio; paralelamente, fue de vital importancia Uriah Heep, con discos como *Look at Yourself*; Led Zeppelin, con *Led Zeppelin III* y Deep Purple, con *Machine Head*.

La semilla del heavy metal ya estaba plantada y desde diversas latitudes tomaron relieve bandas que profundizaron en su rumbo: Buffalo (Australia), Sir Lord Baltimore, UFO y Alice Cooper (Estados Unidos); Scorpions (Alemania); así como Triumph y Mahogany Rush (Canadá).

Mientras tanto, por esos años el rechazo al hippismo no cesaba y tras la irrupción del heavy metal se generó otro movimiento: los mods[1]. Pero tanto éstos como aquéllos se vieron eclipsados por la cristalización del punk a mediados de los 70. Este movimiento, surgido en Norteamérica con Patti Smith, The Ramones y con Iggy and The Stooges, se asentó en Gran Bretaña con bandas como The Clash y Sex Pistols. El punk, a bordo del primitivismo y la reducción, fue un hábil contraataque a la música de esos años, como el rock sinfónico —o progresivo— y el virtuosismo de grupos como Led Zeppelin, a quienes acusaban de aburridos por sus empalagosos solos. El rock sinfónico se consumía en su propia egolatría y sus letras no brindaban ningún tipo de identificación con los jóvenes, en unos momentos en los que la crisis había dejado de ser una sensación para transformarse en una realidad. La falta de renovación hizo que el punk fuera ese «aire fresco» tan necesario y buscado. Pero, a fin de cuentas, fue un movimiento que quiso cambiarlo todo y que sólo logró pequeños y aislados destellos.

---

1. Subcultura juvenil perteneciente a la clase media trabajadora inclinada hacia la música negra (r&b, soul, reggae y ska).

De todos modos, para entonces el punk ya había captado la atención de gran parte de los jóvenes y dejó el heavy metal al borde del *knock out*. En esos años, el vértigo de los Sex Pistols y la conciencia contestataria de The Clash eran la punta de lanza de este movimiento que buscaba quitarse el estigma de «música seria». Ahora «todos podían hacer música» más allá de sus limitaciones técnicas. La esencia rebelde de este género se percibía ya en 1975, cuando Johnny Rotten, cantante de los Sex Pistols, daba vueltas por Londres luciendo una camiseta que decía «Odio a Pink Floyd».

El punk fue, sin duda, la última contracultura del siglo XX. Su pensamiento anarquista fue acompañado por un fuerte rechazo al *establishment* del rock y a todo lo regido por las normas del mercado y las instituciones. Pero cuando esta propuesta «antiarte» pasó a ser comercial y aceptó contratos multimillonarios, el punk cavó su propia tumba. Los Sex Pistols se disolvieron en 1980, mientras que The Clash alcanzaba ese año un éxito internacional con *London Calling*. Ya a finales de 1982, este grupo empezó a diluir su esencia, y con *Sandinista* se abrió a otros ritmos como el dub, el gospel, el hip hop y el jazz.

En respuesta a la estética sonora y visual del punk, surgieron diversas tendencias británicas —de pelo batido y maquillaje— que por esos años incluían a los new romantics, la New Wave (identificada con David Bowie, Roxy Music y posteriormente con Duran Duran) y los darks (representados por The Cure y Siouxsie and the Banshees).

El heavy metal se consolida como subcultura

Cuando el punk perdió su norte, el heavy metal retomó su lugar protagonista. La renovación llegó otra vez desde la ciudad de Birmingham. Judas Priest fue el encargado de darle un segundo aire al heavy metal, rejuveneciendo su imagen y su sonido con el emblemático *British Steel*, de 1980. Este trabajo los llevó a los primeros puestos de las listas británicas y a una gran popularidad en Norteamérica, lo que ubicó a la banda en un lugar de privilegio dentro del heavy. Estas canciones eran más breves que las anteriores y podían escucharse en la radio sin renunciar a la identidad metalera. «Breaking the Law» se convirtió en el corte de más difusión (si bien también se encontraban en este álbum otros clásicos de la banda como «United» o «Living After Midnight»).

Si bien Black Sabbath fue la raíz de este género, Judas Priest fue el responsable de sacarlo de la nada y convertirlo en metal. Posiblemente estos últimos fueron el primer conjunto en tomar el heavy metal y adoptarlo como lenguaje y forma musical. El sonido de sus guitarras y la incomparable voz de Rob Halford fueron las piezas fundamentales. Sin embargo, el comienzo de Judas Priest no fue tan simple: la banda no se ajustaba a ningún movimiento, ya que su sonido pesado no coincidía con su colorida ropa hippie. El grupo no contaba con un diseñador de indumentaria, entonces Halford comenzó a buscar una estética novedosa que los diferenciara recorriendo tiendas sadomasoquistas. Caminó por Londres buscando callejones y puertas oscuras hasta que dio con Mr. S Leather, en el Soho. El lugar indicado. La vestimenta de cuero de color negro, los látigos, las cadenas y las tachas gozaron de tal aceptación en la escena que al poco tiempo todas las bandas metaleras copiaron ese *look*. Se volvió una especie de uniforme y un modo de reconocimiento que se extendió hasta la actualidad.

Coincidiendo con el año de la salida de *British Steel*, Ozzy Osbourne retomó el trono de «Príncipe de las Tinieblas» del metal con *Blizzard of Ozz* y su controvertida tapa. El disco contenía el clásico «Crazy Train» y se consolidó como el trabajo más vendido de su carrera solista. Fue de vital importancia su dupla con el guitarrista Randy Rhodes, con quien estableció ese vínculo único de compañerismo y camaradería que une a un cantante y a un guitarrista (tras haber sido expulsados de Black Sabbath por sus excesos con las drogas y el alcohol).

Un mes más tarde, en octubre de 1980, Motörhead publicó *Ace of Spades* y alcanzó una notable popularidad. El tema homónimo terminó convirtiéndose en un himno no sólo de la banda sino también del metal. El disco, además, incluía brillantes canciones como «Shoot You in the Back» y «Fire Fire», que daban cuenta del momento de calidad y de inspiración que atravesaba la banda.

A pesar de la fértil resurrección del heavy metal a través de estos grupos británicos, sus seguidores no contaban con ningún lugar de encuentro y reunión. La aparición de The Bandwagon, un club ubicado en Londres, desempeñó ese rol a la perfección. Neal Kay, un viejo fan del heavy, estaba a cargo de este lugar. Según él, «el punk era una antiactitud contra la música». The Bandwagon se convirtió en un referente del nuevo paradigma del metal y buscaba —a través de su *disc-jockey*— limpiar de los jóvenes hasta el último vestigio de punk. Los metaleros más fervorosos pasaron allí del *air guitar* a crear —en 1976— guitarras de cartón para una mejor representación de los solos de sus héroes metaleros. A través de sus altavoces, este reducto fue gestando la Nueva Ola del Heavy Metal Británico (*New Wave of British Heavy Metal —NWOBHM—*), encabezada por grupos como Samson, Savage, Diamond Head, Venom, Angel Witch, Saxon y Tygers of Pan Tang. Muchos de ellos quedaron olvidados, a excepción de

Iron Maiden, que desde un principio mantuvo una relación con el sonido punk, sobre todo en Paul Di'Anno, su primer cantante (que en 1981 fue reemplazado por Bruce Dickinson, exintegrante de Samson). Los Maiden, al igual que los otros conjuntos del nuevo metal, se diferenciaban del punk por su dominio del instrumento, que recordaba a Emerson Lake & Palmer, Genesis y a la música académica. Al mismo tiempo, fagocitaba del punk su energía visceral, que mezclaba con sofisticados arreglos.

En aquel prolífico 1980, Diamond Head lanzó *Lightning to the Nations* e Iron Maiden, *Killers*; un año más tarde, Saxon publicó *Wheels of Steel*, tres piezas fundamentales del surgimiento de la Nueva Ola del Heavy Metal Británico. La indumentaria de estos metaleros oscilaba entre los *jeans* gastados y las zapatillas, hasta el cuero negro de los motociclistas, pasando por las bien conocidas tachas.

El género femenino también ganó su espacio dentro de la escena. Girlschool, un cuarteto de mujeres formado en Londres en 1977, realizó importantes giras primero con Motörhead desde 1979, y luego, con Uriah Heep, Black Sabbath, Twisted Sister y Alice Cooper.

Una década prodigiosa

El entramado político y cultural de esos años estaba firmado por un régimen conservador. La primera ministra de Gran Bretaña, Margaret Thatcher, legisló durante tres períodos consecutivos que se extendieron desde 1979 hasta 1990. «La Dama de Hierro», apodo por el cual fue conocida mundialmente, adoptó medidas basadas en la desregulación del sector financiero, la privatización de las empresas estatales y la reducción del poder de los sindicatos. Eran frecuentes las marchas y los cierres de fábricas que dejaban a gran cantidad de trabajadores sin empleo. Este gobierno, además, implementó un vaciamiento cultural, ya que consideraba el arte como un gasto innecesario. Mientras Thatcher hacía frente a un período de fuerte recesión, desempleo y problemas con el IRA, se produjo la Guerra de las Islas Malvinas, soberanía que se disputaba con Argentina. La victoria británica le sirvió a la ministra para aumentar su escasa popularidad a través de la exaltación del nacionalismo. Si bien el conflicto fue ganado gracias a la ayuda norteamericana, lo que fortaleció su política exterior con el gobierno de Ronald Reagan, dándole la espalda a Europa.

El punk fue uno de los movimientos que hizo sentir su voz en contra de las políticas thatcherianas: el primer disco de The Clash hacía mención a las tensiones sociales y disturbios raciales (en canciones como «White Riot», «Career Opportunities» y «London's Burning»). Paralelamente, otro grupo con una fuerte motivación ideológica en esos días fue The Jam, que con canciones como «Going Underground» y «Town Called Malice» ilustraba lo apagada y vacía que estaba la sociedad británica de fines de los 70 y comienzos de los 80. En la misma tónica, el grupo de ska The Specials también tuvo su momento de dura crítica a este período cuando en 1981 publican «Ghost Town». La canción llegó al puesto número 1 del *ranking* británico en concordancia con disturbios paralelos en lugares como Brixton.

Por esos años, un sector de *skindheads* derivó a pensamientos y posiciones de extrema derecha. La respuesta llegó con «Rock contra del Racismo», propuesta que tuvo su punto más alto de adhesión en 1978, con una marcha de casi cien mil personas en Londres y que culminó con un concierto en Hackney.

En este contexto económico y político de los 70 y 80, la falta de oportunidades entre los jóvenes hizo florecer distintos estilos musicales, como una forma de canalizar y descomprimir el momento social. Fue un período de cambio y experimentación, en el que tomaron popularidad nuevos grupos y solistas, como Depeche Mode y The Smiths; y otros ya consagrados que renovaban su sonido, como Queen (*The Game* y *Hot Space*), Genesis (*Abacab* y *Genesis*) y Yes (*90125*).

Las medidas conservadoras de Thatcher encontraron un perfecto paralelismo en el presidente norteamericano Ronald Reagan, quien ejerció el cargo durante dos legislaturas (1980-1984 y 1985-1989). Este jefe de Estado republicano buscaba minimizar la función del Estado y estimular la intervención privada en materia económica, educativa, social y sanitaria. Con su llegada a la presidencia de Estados Unidos, Reagan reivindicó la defensa del liberalismo económico y adoptó una fuerte postura antisoviética en el ámbito internacional que se tradujo en la persecución de las amenazas comunistas en distintas regiones del mundo.

Cambio de paradigma en el rock y fin de una época

Por esos años, el rock había caído en un lenguaje sofisticado, pretencioso y frío. Su meseta creativa lo llevaba recurrentemente a fusionarse con otros estilos, mayormente con la música disco —que en su momento de esplendor, entre 1975 y 1979, hacía estragos en las radios estadounidenses —. Era el sonido que estaba de moda y muchas bandas se acercaron a esta corriente buscando vigencia. Un gran número de artistas que nunca antes se habían acercado al género comenzaron en esos años a grabar canciones disco, en muchos casos por imposición de las discográficas que buscaban un *hit*. Ejemplos notables se encuentran en temas como «Miss You», de The Rolling Stones; «I Was Made for Lovin' You», de Kiss; «Do You Think I'm Sexy? », de Rod Stewart; o «Last Train to London», de Electric Light Orchestra, entre otros. Al mismo tiempo, la banda sonora de la película *Fiebre del sábado noche* (1977) se posicionó como uno de los álbumes más vendidos de la historia de la música popular y llevó a los Bee Gees nuevamente al n°1 de las listas de éxitos de todo el mundo, con canciones como «Stayin' Alive», «Night Fever» y «If I Can't Have You», lo que les convirtió en los reyes de la música disco. A su sombra, Village People alcanzaba una gran notoriedad a finales de los 70 con «Macho Man» y con el himno gay «YMCA».

Este campo musical fue acaparado cómodamente, ya que los principales referentes del rock de los 60 y 70 se encontraban sumergidos en crisis personales o compositivas. Fue un momento de inflexión. El punk ya se había debilitado y era parte del *mainstream*. A principios de los 80, la banda neoyorquina The Ramones entró en un período de fuertes fricciones entre sus integrantes por asuntos musicales y políticos.

Kiss se había transformado en un espectáculo de entretenimiento, más allá de su música: sus canciones tenían el mismo valor que sus películas o su *merchandising*. Gene Simmons vomitaba sangre de su boca y prendía fuego a la guitarra de Ace Frehley, pero de su obra casi no se hablaba.

Esta ruptura de paradigmas en el rock fue acompañada de un recambio forzoso: el joven Ian Curtis, líder de Joy Division, se suicidó en 1980. Al año siguiente, falleció Bob Marley a raíz de un cáncer y asesinaron en la puerta del Hotel Dakota al gran compositor del siglo XX: John Lennon. Mientras tanto, Miles Davis continuaba rompiendo las últimas fronteras del jazz, llevando su fusión a extremos impensados. Desde Irlanda, U2 lanzaba en 1980 *Boy*, su primer disco, que provocó la atención inmediata de la prensa y el público norteamericano. Al poco tiempo, Michael Jackson rompió todos los récords de venta con *Thriller* (1982) y se convirtió en el nuevo icono de la cultura pop, acompañado de estrellas como Madonna, Prince y Stevie Wonder.

Pero la nueva música norteamericana de los 80 era inexpresiva y carecía de vitalidad. Las letras pop y disco, el folk de Eagles y el rap de Public Enemy no reflejaban la realidad sociocultural de gran parte de la juventud estadounidense. Paralelamente, entrarían en la recta final otros pioneros del rock: Led Zeppelin se disolvió en 1980 y The Who haría lo propio en 1983. The Rolling Stones editaron discos de escasa inspiración (*Undercover* y *Dirty Work* en 1983 y 1985, respectivamente), lo que provocó la disolución temporal de la banda. Esa crisis creativa alcanzó además a Paul McCartney con su anodino *McCartney II* (1980) y su *single Coming up*, con ritmos cercanos a la música disco. Por su lado, Bob Dylan editó *Saved* y, dentro de esta misma etapa cristiana, *Shot of Love*.

La falta de ideas y la constante fricción entre los integrantes alcanzó incluso a referentes del heavy metal, como Black Sabbath, que en 1981 editó *Mob Rules* con Ronnie James Dio en la voz. La mala recepción por parte del periodismo especializado y las peleas internas provocaron que su cantante abandonara el grupo junto al baterista, para luego formar Dio.

Una bocanada de renovación llegó desde Australia. En 1980, *Back in Black*, de AC/DC mereció la consideración de «disco antológico». Fue un haz de luz dentro del gris y debilitado hard rock que ubicó a la banda en un pedestal de privilegio. Las campanas del comienzo de «Hell Bells» son el preludio perfecto: grandes canciones, poderosos *riffs* y la voz de Brian Johnson, cumpliendo ampliamente el papel de suplir al legendario Bon Scott. Lujuria, alcohol, mujeres y rock son los temas que abordaban las letras de este disco, que ofrecía en «Shoot to Thrill» y «Shook Me All Night Long» verdaderos estandartes.

Enemigos íntimos: la aparición del glam metal

En ese contexto de cambios generacionales dentro del rock, y tomando como antesala la estética disco, apareció el glam metal, una combinación del sonido de Kiss y Alice Cooper y el glam de los años 70 (que tuvo en David Bowie y Marc Bolan de T. Rex a sus abanderados, y en grupos británicos de pop y New Wave como Depeche Mode, Culture Club y Talking Heads, sus referentes).

El glam metal incorporó su uniforme colorido, de pantalones de cuero ajustados, pañuelos, botas tejanas o con plataforma, lápiz de ojos, lápiz labial y algún accesorio *animal print* que utilizaba Mötley Crüe, Bon Jovi, W.A.S.P., Twisted Sister, Poison y Quiet Riot. Vertiginosamente, esta música acaparó los primeros puestos de los *rankings* norteamericanos, captando una inmensa notoriedad en un público plural y heterogéneo. En aquellos primeros años de la década de los 80, el metal oscilaba entre el cuero y el encaje. Los casi ocho mil kilómetros desde Birmingham a Sunset Boulevard, en Los Angeles, la cuna del glam, no eran sólo geográficos. En esa ciudad norteamericana no había grises fábricas como en los barrios del noroeste de Londres; sino playas, *glamour*, sol y arena. El modo de vida era completamente opuesto a la dureza y la impronta masculina de la *NWOBHM*. Este cambio de escenario y de atmósfera tornó más liviano su sonido. Los músicos estaban sonrientes y sus prolijos peinados platinados estaban acompañados de coches y mujeres. Ya no había misticismo, canciones satánicas, bosques ni leyendas.

En ese nuevo escenario, bandas como Mötley Crüe y Poison obtuvieron una rápida notoriedad. Su propuesta superaba a la de Van Halen tanto en maquillaje y colores como en público femenino, aunque era inferior en calidad musical. Sus canciones tenían *riffs* de guitarras y melodías pegadizas que fueron sus marcas distintivas. Pronto se naturalizó el hecho de que estas bandas editaran un sencillo con un sonido furioso y el siguiente corte fuese una balada que combinaba lo épico con lo melancólico. Así, los sintetizadores y teclados adquirirían mayor preponderancia con el objetivo de crear climas y texturas que se alejaban de la crudeza del metal más clásico. Era un metal más suave y melódico, en el cual David Lee Roth terminó dictando su esencia: «Lo que ustedes ven arriba del escenario, es igual a lo que ven debajo del escenario y entre bastidores». Era una especie de *non stop party* en la que los excesos dejaron a la música en un segundo plano. Sin duda, la propuesta de Van Halen se centraba en la figura carismática de David Lee Roth y el virtuosismo en la guitarra de Eddie Van Halen. El grupo sacó en 1978 un disco homónimo que alcanzó seis discos de platino. El álbum revolucionó el sonido de la guitarra eléctrica. Sin duda, Eddie impuso su propio estilo. Tras él, los músicos de metal quisieron copiar su técnica. Sin embargo, las bandas de este género no contaban con un guitarrista de su talento y su apertura sonora. Asimismo, la estética que implementó David Lee Roth, más allá de su dorado registro vocal, estableció la «consolidación musical» del glam metal.

No obstante, Mötley Crüe era la banda pionera y emblemática de este género, gracias a sus primeros discos (*Too Fast for Love*, de 1981 y *Shout at the Devil*, de1983), cuyas canciones contenían influencias del heavy metal, el glam rock y algo de la energía punk. Este sonido, junto a sus apariciones en la MTV y su fuerte dosis de escándalo (drogas, mujeres y arrestos), hicieron que la banda obtuviese una instantánea repercusión mediática.

Indudablemente, la aparición de la MTV (cadena creada el 1 de agosto de 1981 en Norteamérica) se tradujo en un mayor cuidado estético en el rock y generó la imperiosa necesidad de que los grupos tuvieran una imagen. Todas las bandas hacían carrera para estar en la nueva cadena que, con los años, terminaría siendo un icono de la cultura joven. Este canal modificaría el lenguaje y la forma de consumo de la cultura pop y rock. En el heavy metal, comenzó a ser cada vez más importante lo visual: la explosión de este movimiento estuvo íntimamente vinculada con la llegada de los vídeos a la televisión. El avance comunicacional incluyó el rock en los hogares, como una forma de espectáculo y entretenimiento no real, alentada por una representación de clichés y poses actuadas. Decenas de grupos iban en busca de ese horizonte (los integrantes de Poison juntaron miles de dólares para realizar el videoclip de la canción «Talk Dirty to Me» para la MTV).

Por esos años, Los Angeles se transformó en el emporio de las subculturas, los *outsiders* y los *freaks*. Todos los músicos llegaban a esa ciudad. El Sunset Boulevard estaba atestado de punks, new romantics, heavies y darks. Había miles de hombres que parecían chicas y chicas que lucían como hombres. En esa miscelánea, grupos como Mötley Crüe querían aparecer rudos y utilizaban ropa de cuero y poses estereotipadas. Mientras tanto, en las sesiones de fotos para las revistas, utilizaban maquillaje, prolijos peinados, encajes y pieles. Buscaban, de este modo, que la gente hablara de ellos y generar controversia. Del mismo modo, los portafolios fotográficos de Poison tomaban como influencia la imagen andrógina de los modelos de revistas como *Vogue*, *Elle* y *Cosmo* (cuyo resultado fue la portada de su primer álbum, *Look What the Cat Dragged In*).

Otro grupo referente del glam metal fue Twisted Sister, cuyo tercer álbum propuso un giro hacia un plano más comercial. ¿Quién puede olvidar los famosos videoclips de «I Wanna Rock» y «We're Gonna Take It», con ese espíritu cómico y satírico que reinaba insistentemente en la MTV? La banda saltó a la fama con estas canciones, que formaron parte del disco *Stay Hungry*, de 1984 (en cuya gira de presentación invitaron a Metallica como grupo telonero).

Por su parte, Dee Snidee, de Twisted Sister, en los recitales utilizaba lencería y accesorios de su esposa, quien se encargaba de vestirlo. Lo paradójico era que siempre el heavy metal se ofreció como un movimiento muy heterosexual. Por tal motivo, resultaba llamativo y ambivalente que hubiera hombres afeminados, por un lado, y ultramasculinos, con ropa ajustada y protuberancias en sus pantalones, por el otro.

En este marco, el glam se rebelaba contra los cánones que imponían culturalmente cómo tenía que verse un hombre, y utilizaba una apariencia femenina mediante el maquillaje, el cabello largo, los accesorios, la vestimenta colorida y los brillantes. Lucir como una mujer era una forma de revelarse al mandato masculino inculcado por la familia y la sociedad.

1

1981-1983

Imagen de la banda original en un ensayo. De izquierda a derecha: Ron McGovney, James Hetfield, Lars Ulrich y Dave Mustaine.

El camino es metálico

Al igual que muchas de las bandas más importantes de la historia del rock, Metallica comenzó a desarrollarse entre compañeros de escuela. James Alan Hetfield y Ron McGovney se conocieron estudiando en el East Middle School de Los Angeles. De todos modos, fue en su primer año en el Downey Elementary de esa misma ciudad cuando estrecharon su amistad. El padre de James, Virgil, era propietario de una compañía de camiones y su madre era cantante de ópera: Cynthia tenía un talento natural para el arte, ya que además pintaba. No era el caso de su padre, que además imponía una rigurosa disciplina a sus hijos con un trato cortante y seco. Éste era el segundo matrimonio de su madre, que dejó dos hermanastros mayores a James. Él creció en Downey, en los suburbios del sur de Los Angeles. Fanático de las películas de terror, su relación con la música comenzó a los 9 años y, al llegar a la adolescencia, se mostró fascinado por grupos como Black Sabbath, Motörhead, Aerosmith y UFO. Si bien en el colegio, Hetfield y McGovney eran vistos con displicencia por su condición de *outsiders*, el segundo no tenía interés por el heavy metal, sino que admiraba a músicos como Elvis Presley. Por lo tanto, fue Hetfield el responsable de llevarlo hacia el metal, enseñándole sus primeros temas en la guitarra cuando corría septiembre de 1977. El vínculo entre ambos se fue fortaleciendo y, por esos días, McGovney se transformó en *stage* de la primera banda de James Hetfield: Obsession.

Pero en esos días, sucedió un hecho que trastocó emocionalmente a James para el resto de su vida: cuando aún tenía 13 años, su padre los abandonó. Si bien Virgil no era de discutir con su mujer delante de ellos, un día se marchó durante varios años con el pretexto de emprender un «viaje de trabajo». La realidad era otra. Cynthia, la madre de James, con el paso del tiempo le avisó que su padre ya no iba a volver.

Ese desamparo desgarró la armonía familiar. Paralelamente, James empezó la secundaria y su pudor no le permitía compartir este problema con sus compañeros. Se cerró aún más en sí mismo. Mientras tanto, en su hogar vivía un clima constante de tensión. James descargaba su ira contra su hermana (una vez llegó a quemarla con aceite caliente) y, por lo tanto, su madre tenía que permanecer allí para evitar incidentes mayores. La desesperación y el vacío de ella tras la partida de Virgil comenzaron a hacerse patentes y terminó por incubar una enfermedad.

En 1980 ocurrió otro momento álgido en la vida personal del futuro líder de Metallica: su madre falleció a raíz de un cáncer que no se intervino clínicamente debido a sus creencias religiosas. Practicante de la Ciencia Cristiana, sus preceptos consideraban que Dios arreglaría cualquier problema y que el cuerpo era sólo una cáscara que no necesitaba de médicos. James había crecido bajo estos mandatos, pero le resultaron difíciles de entender cuando su madre agonizaba.

En su desarrollo social, no pudo adquirir un físico adecuado para practicar fútbol americano y, en las clases de salud en la escuela, tenía que salir. De ahí que sus compañeros se burlaban de él y lo apartaban aún más del grupo, tachándolo de *freak*. De hecho, la religión perseguirá a James a través del tiempo como un fantasma y una inspiración para escribir.

Tras la muerte de su madre, James se mudó a la casa de su hermano Dave en Brea, una ciudad vecina ubicada en el condado de Orange. Allí se aferró fuertemente a la música como una herramienta para canalizar sus emociones. Al cursar el último año de secundaria, nuevamente recurrió a sus compañeros —en este caso del Brea Olinda High School— para formar su siguiente grupo: Phantom Lord. En este proyecto estaba acompañado por bajistas eventuales y por Hugh Tanner en la guitarra y Jim Mulligan en la batería. Pero la finalización de los estudios secundarios de Hetfield lo llevó de regreso a Downey, razón por la cual tuvo que disolver la banda.

Su tercer proyecto se llamó Leather Charm y conservó la misma formación de Phantom Lord (aunque él ya no tocaba la guitarra, sino que sólo cantaba). Ante la necesidad de un bajista fijo, Hetfield alquiló un bajo y un amplificador en la tienda Dewney Music Center y le enseñó algunos recursos básicos a su amigo McGovney para que pudiera ocupar ese puesto vacante dentro del grupo.

Leather Charm tenía influencias de Mötley Crüe, Sweetie Girl. De ese período, emergieron muchas canciones y esbozos que luego Heltfield plasmaría en Metallica. Pero el alejamiento de Tanner y Mulligan representó la disolución del proyecto. Era tiempo de barajar y repartir de nuevo.

Hetfield y Ulrich se conocen

Lars Ulrich, a diferencia de Hetfield, era hijo único. Se crió en una familia muy liberal, con una estructura sólida y de clase media-alta. Sobrino del notable saxofonista de bebop Dexter Gordon, Lars fue estimulado tempranamente en un ambiente musical. Su padre, Torben Ulrich, era un afamado tenista danés que representó a su país en numerosas oportunidades en la Copa Davis y jugó contra adversarios de la talla de Ilie Nastase, Guillermo Vilas, Rod Laver o Manuel Orantes. Torben también fue clarinetista de jazz en Copenhague en los años 50 y llevó la gestión de un bar musical de la ciudad. Al mismo tiempo, le transfirió a su hijo la pasión por el tenis, al punto que Lars se convirtió en un tenista prodigio en su país. Pero al maravillarse en vivo con Deep Purple a los diez años y al recibir a los 13 años su primera batería (obsequio de su abuela), acentuó su inclinación por el rock y dejó de lado el deporte. Fue trascendental en esta decisión su mudanza a los 16 años, junto a su familia, desde su natal Gentofte (Dinamarca) a Newport Beach, Orange (Estados Unidos). La ciudad ofrecía novedades y cambios culturales, pero aquellos jóvenes estilo Beverly Hills con prolijas camisetas Lacoste de color rosa no impresionaban a Lars, que por esos días deambulaba con la sudadera de Iron Maiden.

Conjuntamente, sus viajes esporádicos a Europa para ver la explosión de la nueva ola del heavy metal británico profundizaron su fanatismo por este género. Fue su interés por el metal lo que le decidió a publicar un anuncio en el que solicitaba músicos a través de los clasificados de la revista *Recycler*, con el objetivo de formar una banda y grabar una canción para el recopilatorio *Metal Massacre*, que coordinaba su amigo Brian Slagel (autor del *fanzine New Heavy Metal Revue*). El anuncio decía: «Baterista busca músicos de metal para tocar. Influencias: Tygers of Pan Tang, Diamond Head e Iron Maiden». Ese anuncio llegó a manos de Hetfield coincidiendo con la disolución de su proyecto Leather Charm. Al instante respondió al anuncio y pautaron el primer encuentro. Lars se presentó en el ensayo y Hugh Tanner hizo de intermediario en ese histórico momento. Lars Ulrich y James Hetfield se habían conocido. Pero aquel contacto inicial no fue el soñado. La relación tuvo un comienzo errático ya que no hubo una conexión en lo musical. Ulrich tenía un conocimiento acotado sobre el instrumento y no lograba llevar el ritmo sobre su precaria batería (nutrida de un solo platillo). Además, Lars nunca había conocido a nadie tan tímido como James. Este último tenía miedo de entablar cualquier tipo de contacto social y su grave problema de acné lo recluía aún más. Su madre acababa de morir y sentía que todo el mundo era su enemigo.

Tampoco era un interlocutor locuaz, ya que estaba hastiado de explicar cuál era su condición religiosa.

A pesar de todo, con el paso de los días, Hetfield y McGovney vieron un avance en la ejecución de Lars y el entusiasmo de ellos en participar en el recopilatorio intensificó el vínculo con el baterista. Aquellos ensayos iniciales sucedieron a finales de 1981 en el garaje de la casa que Hetfield y McGovney compartían en Nortwalk (Los Angeles). Aquello fue el refugio de Metallica en su período embrionario (la vivienda correspondía a la familia de McGovney, que tenía tres propiedades que iban a ser demolidas para construir sobre ellas una autopista).

Al poco tiempo, Ulrich dejó su casa y se fue a vivir al apartamento de sus nuevos compañeros de banda. En los albores de esa relación, Lars deleitaba a Hetfield con discos de grupos ignotos europeos que traía de sus viajes al viejo continente. Mientras tanto, Ulrich subsistía trabajando en una gasolinera y James, en una fábrica de calcomanías y carteles.

Constituida ya la banda, Lars comenzó a barajar opciones para un nombre que los pudiera representar: Grinder, Blitzer, Helldriver, Thunderfuck y Lars Ulrich escrito al revés fueron algunas de las posibilidades. Pero finalmente, su amigo Ron Quintana le comentó que estaba buscando un título para su *fanzine*, entre los cuales se encontraba Metal Mania y Metallica. Lars se interesó de inmediato por este último nombre, por lo que convenció a Quintana para que adoptara el primero, y así el baterista alcanzó el objetivo de usufructuarle la palabra «Metallica».

Se enciende la primera luz

El 14 de junio de 1982 se editó la canción «Hit the Lights» como parte del recopilatorio *Metal Massacre*, realizado por Brian Slagel. Su discográfica Metal Blade Records era la más importante de thrash en Estados Unidos, junto a Megaforce (dirigida por John y Marsha Zazula desde New Jersey). Ambos sellos pusieron dinero de sus bolsillos para desarrollar la nueva escena metalera. Slager incluyó el tema de Metallica como cierre del álbum (aunque en la primera edición de *Metal Massacre* el nombre de la banda aparece con doble T). En ese recopilatorio participaron ocho grupos más, entre ellos Malice, Avatar, Bitch y Pandemonium. «Hit the Lights» había sido compuesta por Hetfield en su paso por Leather Charm. A continuación, la lista de canciones que integraban *Metal Massacre Vol. I*:

METAL MASSACRE VOL. I

1. «Cold Day in Hell» - Steeler (4:17)
2. «Live for the Whip» - Bitch (5:19)
3. «Captive of Light» - Malice (3:21)
4. «Tell the World» - Ratt (3:16)
5. «Octave» (instrumental) - Avatar (3:48)
6. «Death of the Sun» - Cirith Ungol (3:56)
7. «Dead of the Night» - Demon Flight (2:35)
8. «Fighting Backwards» - Pandemonium (3:44)
9. «Kick You Down» - Malice (4:28)
10. «Hit the Lights» - Metallica (4:25)

Esta primera grabación de la banda fue realizada con un equipamiento de calidad precaria. Aquella formación de Metallica estaba compuesta por James Hetfield en la voz y guitarra rítmica; Ron McGovney en el bajo, y Lars Ulrich en la batería. Al mismo tiempo, el jamaicano Lloyd Grant se sumó como primera guitarra. Su ingresó se restringió a esa fugaz participación en «Hit the Lights».

Dave Mustaine se une a la banda

La continuidad dentro de la banda del guitarrista Lloyd Grant fue interrumpida por el descontento del resto de los músicos. Por tal motivo, a los pocos meses de llegar, dejó Metallica sin haberse presentado en vivo. Una vez fuera del grupo, formó Defcon (cuyo proyecto compartió con Patrick Scott).

En sustitución de Lloyd Grant, llegó Dave Mustaine, un guitarrista dos años mayor que Ulrich y Hetfield (nació en 1961). Oriundo de La Mesa, California, su vida fue errática y cargada de pasajes oscuros. Tras el divorcio de sus padres cuando él era un niño, Dave pasó casi toda su juventud con su madre y sus hermanas mudándose constantemente, para así ocultarse de su padre, quien lo atacó físicamente en su infancia. Su acercamiento a la música fue a partir de una de sus hermanas. Ella despertó el interés de Mustaine por discos como *House of the Holy*, de Led Zeppelin, y el álbum blanco de The Beatles. A la edad de 15 años, Dave Mustaine alquiló su propio apartamento y sobrevivía económicamente a través de la venta de narcóticos y marihuana. Uno de sus mejores clientes a menudo estaba falto de dinero, pero como trabajaba en una tienda de discos le pagaba las drogas con álbumes de Iron Maiden y Judas Priest (lo que contribuyó a que Mustaine adquiriera una predilección por el heavy metal). Por esos días de finales de los 70, Dave se acercó a su primera guitarra, una B.C. Rich (un instrumento cuyo sonido y diseño es esencialmente metalero).

1982 fue un año de profundos cambios dentro de Metallica. Al alejamiento de McGovney, el bajista original, se sumó la salida del guitarrista líder Lloyd Grant. El nuevo anuncio que publicó Lars en los clasificados para ocupar el espacio que había dejado el jamaicano obtuvo la respuesta de Dave Mustaine, que pronto se desprendió de su grupo Panic al ser fichado por Metallica en el primer ensayo a comienzos de ese año.

Primeras demos

En abril de 1982, Metallica editó una nuevo demo de cuatro canciones, conocida como *Power Metal*. La grabación, realizada en el garaje de la casa de Ron McGovney, estaba compuesta por «Hit the Lights», «The Mechanix», «Jump in the Fire» y «Motorbreath». Estas piezas también serían incluidas en su siguiente demo: *No Life 'til Leather*. El disco lleva el nombre de *Power Metal*, ya que cuando McGovney realizó las tarjetas de presentación de Metallica para enviarlas a los promotores de los clubes junto con la demo puso el nombre de la banda y abajo Power Metal. Cuando Lars las vio, se enfureció con McGovney por utilizar ese rótulo para describir la música del grupo.

Metallica se instala en Nueva York

Días más tarde, a mediados de 1982, Lars contactó con Kenny Kane, responsable de la discográfica punk High Velocity (un subsello de Rocshire Records, situado en Orange). Kane prometió respaldar económicamente el EP de Metallica. Así que entraron al estudio Chateau East, de Tustin (California), y grabaron siete canciones en ocho canales. Sin embargo, tras escuchar las cintas, Kenny se dio cuenta de que Metallica no era una banda punk, por este motivo perdió interés en el grupo y no quiso continuar trabajando con ellos. De ahí que los músicos cogieron aquella grabación, que con el tiempo se convertiría en la demo *No Life 'til Leather*. En pocas semanas, la grabación ya se había distribuido minuciosamente entre distintos fanáticos del heavy metal, deseosos de escuchar algo novedoso y excitante. Con los años se transformó en la demo más famosa de la historia del metal. Lars Ulrich y su colega Pat Scott grabaron, de modo artesanal, unos casetes que les dieron a veinte amigos que, a su vez, hicieron otras tantas copias más y se las entregaron a otros amigos, y así rápidamente se fue ramificando el disco. De esa manera, Metallica empezó a darse a conocer dentro del circuito *under*.

Una de esas copias, difundidas de mano en mano, llegó hasta John Zazula, que regentaba el sello Megaforce y una tienda de discos llamada Metal Heaven. Zazula escuchó el material y los convocó para que realizaran una serie de *shows* en Nueva York —al tiempo que les otorgó la posibilidad de grabar un disco profesional en un estudio—.

El cuarteto aceptó la propuesta de Zazula, y desde abril de 1983 los músicos se asentaron en la costa Este de Estados Unidos. Allí conocieron a Anthrax, banda con la cual tendrían una extensa amistad que los llevaría a compartir giras y conciertos (en noviembre de 1982, Exodus los teloneó en un *show* en el Old San Francisco Waldorf). Pero la realidad por esos días era desfavorable y el éxito que los esperaba aún era algo impensado. Anthrax tenía una vivienda cercana a la derruida habitación que alquilaba Metallica en Jamaica (Nueva York). Ambas bandas se contentaban con almorzar en McDonald's y, cuando el dinero aún era más escaso, comían una salchicha sola, sin ni siquiera un trozo de pan. Scott Ian (líder de Anthrax) y Lars Ulrich recuerdan que llamaban a estas comidas el «almuerzo de los perdedores».

Primeros recitales

Las primeras presentaciones en vivo fueron erráticas. Metallica debutó el 14 de marzo de 1982 en el Radio City de Anaheim (California). Su inicio en los escenarios no fue demasiado prometedor. La banda estaba formada por James Hetfield (voz), Lars Ulrich (batería), Dave Mustaine (guitarra) y Ron McGovney (bajo). El inconveniente principal era Hetfield, que no podía tocar la guitarra y cantar al mismo tiempo. Su miedo se mezclaba con la incomodidad que sentía al no tener su guitarra. Esas sensaciones se incrementaron cuando, mediada la primera canción, Dave rompió una cuerda. Lars solía tomar nota de todo lo ocurrido y apuntó sobre ese primer recital: «Estamos muy nerviosos. Es nuestro primer recital solos. Dave rompió una cuerda en el primer tema y tocó más o menos. Después, terminó todo genial».

En aquel primer concierto en Radio City había alrededor de 200 personas, ya que habían ido todos los compañeros de escuela de Hetfield. También asistieron todos los amigos del resto de los músicos. Ese primer recital arrancó

De izquierda a
derecha, James
Hetfield, Ron
McGovney, Lars
Ulrich y Dave
Mustaine en 1982.

con «Hit the Lights», continuó con «Blitzkrieg», «Helpless», «Jump in the
Fire», «Let It Loose», «Sucking My Love», «Am I Evil?» y «The Prince»,
para cerrar con «Killing Time».

Quince días más tarde, la banda se presentó en el legendario Whisky A Go
Go de Los Angeles, como grupo telonero de Saxon. El mérito enorme de
lograr estos conciertos se lo deben a Ron McGovney. El exbajista recuerda
que, en esa época, él oyó que Saxon se iba a presentar en ese club y fue hasta
allá con la demo que habían grabado (compuesta por «Hit the Lights» y dos
versiones). De camino se encontró con Tommy Lee y Vince Neil, de Mötley
Crüe (a quien aprovechó para tomarles unas fotos).

Ellos le dijeron que quedaba espacio libre para que una banda tocara con
Saxon, ya que ellos habían cancelado su actuación. Así que McGovney entró
junto a los Mötley Crüe y dejó la grabación a la encargada. Al día siguiente lo
llamó para confirmarle la fecha junto a Saxon. Al terminar el *show*, Lars anotó:
«Fuimos banda telonera de Saxon. Gran sonido esta vez. Dave y yo tocamos
muy bien. Ron y James más o menos. Estuvo todo muy bien pero nunca cono-
cimos a Saxon».

La banda busca un quinto integrante

El 23 de abril de 1982, Metallica subió al escenario de The Concert Factory,
en Costa Mesa, precediendo el concierto de Leatherwolf. En aquel recital
ocurrió algo excepcional: Metallica se presentó por única vez en la vida con
una formación de quinteto. Allí se produjo el debut y despedida de Brad Par-

ker (alias Damian C. Phillips) en la guitarra rítmica. La idea no prosperó y se retomó el formato tradicional de cuarteto.

Sin embargo, la gran duda giraba en torno a quién se iba a hacer cargo de la voz líder de Metallica. Los primeros conciertos habían dejado un enorme interrogante. La posibilidad de buscar un cantante tenía como finalidad darle un respiro a Hetfield, que por entonces tenía 19 años, y que se concentrara únicamente en la guitarra rítmica. Entre los postulantes para cubrir ese puesto pasó Sammy Dijon, de la banda Ruthless. Con él estuvieron ensayando durante tres semanas pero no los terminaba de convencer. Posteriormente, se hizo una audición a Jesse Cox, que recién se había separado de los Tygers of Pan Tang. Les pareció un buen vocalista, pero cuando vieron que su sentido estético para vestirse no encajaba de ninguna manera con el de Metallica, lo rechazaron.

Posteriormente, Metallica fue a un recital de Armored Saint en 1982. Cuando vieron la banda, automáticamente les gustó como cantaba John Bush y le ofrecieron ser parte de la banda cuando iban a comenzar a grabar *Kill 'Em All*. Pero John Bush rechazó la propuesta. No conocía a Metallica, ya que aún no era un grupo popular, y su banda, Armored Saint, empezaba a tomar impulso en Los Angeles ya que había firmado un contrato con el reconocido sello Chrysalis Records —y lo ataba un vínculo de amistad desde la infancia con el resto de los integrantes—. Luego se alistaría en Anthrax. La idea de conseguir un cantante persiguió a Metallica hasta los prolegómenos de *Ride the Lightning* pese a que entonces Metallica ya era una banda de éxito. Finalmente, de nada sirvieron tantas pruebas. Hetfield siguió cantando y tocando la guitarra. Tan mal no les iba a ir y no les esperaba un futuro tan austero.

En escena Kirk Hammett

El entusiasmo que despertó dentro del grupo la propuesta de Zazula de grabar un disco tenía su contrapeso. Antes de entrar en los estudios, Metallica debía resolver un problema interno que se circunscribía a un solo nombre: Dave Mustaine. Por esos días, este músico atravesaba una constante fricción con James Hetfield. Sus resquemores se remontaban meses atrás, cuando se desató una pelea en la que Hetfield pateó el perro de Mustaine porque estaba oliendo el auto de Ron McGovney (por entonces bajista del grupo). Dave empezó a discutir con ellos, hasta que le dio un puñetazo a Hetfield. Aunque tras esa escaramuza, despidieron a Mustaine de la banda, al día siguiente apareció nuevamente y lo volvieron a incluir. Otro incidente ocurrió cuando Dave rodeó con cerveza el bajo de Ron y lo instó a que lo enchufara a su equipo. Al hacerlo, Ron sufrió una descarga eléctrica, y aquello colmó la poca paciencia que le tenía a Mustaine.

Estos incidentes y desavenencias fueron potenciados por la fuerte ingesta de alcohol entre los integrantes de la banda. El caso más delicado era precisamente el de Mustaine, ya que desataba su violencia en momentos poco oportunos. Cliff Burton pensaba que estaba realmente loco por las reacciones que tenía. Mientras tanto, Hetfield llegó a considerar que, si el grupo continuaba con Dave, éste podía matarlos a todos.

Por lo tanto, Metallica ideó un plan para deshacerse del controvertido guitarrista. A los pocos días de haber llegado a Nueva York, la mañana del 11 de abril de 1983, Lars y James se levantaron y se dirigieron hasta donde estaba durmiendo Mustaine. Lo despertaron con una mala noticia por partida doble: primero, lo habían echado del grupo y, en segundo lugar, el autobús que lo llevaría de vuelta a California salía en una hora.

Sin duda, el paso de Mustaine por la banda fue turbulento. Su alejamiento representaba una bocanada de aire fresco para dejar atrás meses de constantes peleas, estimuladas por el consumo desproporcionado de alcohol y drogas. Ya en California, Dave formó uno de los grupos más significativos del thrash: Megadeth. En su lugar vacante dentro de Metallica, Mark Whitaker (ingeniero de sonido de la banda y mánager de Exodus) recomendó a Kirk Hammett, guitarrista de esta última banda que por esos días estudiaba con Joe Satriani. Hetfield y Ulrich ya lo conocían de haberlo visto tocar en vivo. De este modo, aquel 11 de abril, en un lapso de pocas horas, hubo un músico que ingresó y otro que salió de la banda: Ulrich se despidió de Mustaine a las 10 u 11 de la mañana y, esa misma tarde, a las 19 horas, llegó Kirk Hammett al apartamento donde estaba el grupo —aunque los encontró durmiendo—. Tras levantarse, inmediatamente conectaron con Hammett, que dejó Exodus para acoplarse a Metallica. La primera canción que hicieron juntos fue «Seek & Destroy».

Hammett también cargaba con una historia de vida complicada. Al igual que James, provenía de una familia atomizada. Ambos se dieron apoyo y se sintieron unidos por esta problemática. Cuando Kirk tenía casi diez años, presenció una situación de abusos, ya que su vecino practicó un acto de zoofilia con su perro, Tippy. Por esos días, Kirk vivía con su hermana Tracey, su padre, Lee (irlandés y oficial de la marina mercante), y su madre (que era de Filipinas y trabajaba para el gobierno de los EE. UU.). Ella anteriormente estuvo casada y durante esa relación había dado a luz a Rick Likong, un afamado fotógrafo que era hermanastro de Kirk.

Lee bebía mucho y descargaba sus problemas contra su esposa y Kirk. Éste se refugió de ese calvario aislándose en su habitación. Allí, con 15 años, pasaba largas horas tocando la guitarra; rara vez salía y canalizaba sus emociones en la música. Durante su cumpleaños número 16, tuvo que socorrer a su madre, que estaba siendo golpeada por su padre. Pero eso sólo enojó más a Lee, que comenzó a aporrear a Kirk. Estas escenas de violencia doméstica se repetían con frecuencia. Sin embargo, un día su padre se marchó y su madre se vio obligada a ocuparse de la crianza de sus dos hijos.

Kirk Hammett debutó con Metallica el 16 de abril de 1983, en el Showplace de Nueva York. Pocos días después de aquel primer encuentro, Hammett estaba grabando, junto a ellos, el álbum debut: *Kill 'Em All*. Pero hubo lío, ya que, a modo de venganza, Mustaine le quitó la novia a Hammett, el ex-Exodus que había ocupado su lugar como guitarrista en Metallica.

Si bien de entrada Hammett no fue formalmente confirmado como músico estable, el buen trato y la camaradería de Hetfield y Ulrich le hicieron sentir que ya era parte de la banda. Hammett pronto se acostumbraría a intermediar en las peleas y los puñetazos entre Hetfield y Ulrich, como una actividad que lo acompañaría en los próximos treinta años.

Cliff Burton reemplaza al histórico McGovney

Si existió un componente elemental en la vida artística y personal de Hetfield, ése fue Ron McGovney. Él lo acompañó desde sus comienzos: ideó el logo de Metallica, se encargó de las luces en los recitales de Obsession y fue fotógrafo en la etapa final de Leather Charm. Sin embargo, la preponderancia que los músicos de Metallica le daban como bajista era ínfima: le otorgaban mayor crédito cuando se abocaba a la actividad financiera u organizativa, o al traslado de equipos. La mayoría de las responsabilidades del grupo recaían en él, lo que ocasionaba enérgicas discusiones. Slagel, de Metal Blade Records, sugirió reemplazarlo por Cliff Burton, que recientemente había grabado la canción «Such a Shame» con Trauma en el recopilatorio *Metal Massacre II*. Nacido el 10 de febrero de 1962 en el Hospital Eden de Castro Valley, en Alameda (California), Cliff se crió en San Francisco. Su padre, Ray (auxiliar de ingeniero en las carreteras de esa ciudad), y su madre, Jan (maestra de chicos especiales), lo acercaron desde temprana edad a la contracultura hippie. Su niñez se dividía entre sus primeras clases de piano y su afición por el béisbol (llegó a jugar en las Ligas Menores). Sus días de escuela se repartieron entre la Marshall Elementary School, el Earl Warren Junior High y, finalmente, el Castro Valley High School.

Durante su adolescencia, trabajó en un negocio de alquiler de equipos de patio llamado Castro Valley Rentals. Allí Cliff recibió el apodo de «Cowboy», puesto que solía usar para trabajar un sombrero de paja.

En 1975, cuando él tenía 12 años, su hermano mayor falleció. Eso lo marcó profundamente y, a partir de ahí, se volcó con fervor al bajo eléctrico. Entre 1978 y 1980, fue alumno del músico de jazz Steve Doherty, con quien abrió su conocimiento hacia otros sonidos y aprendió a leer música. Luego, Cliff Burton transitó por distintas bandas *underground* hasta llegar en 1981 a Trauma, un quinteto con fuertes influencias de Iron Maiden, oriundo de Bay Area (San Francisco). Un año después, en un recital en Whisky A Go Go, Ulrich y Hetfield lo vieron sobre el escenario desprender su virtuosismo en un solo de bajo y agitar su rojiza melena salvajemente. Su manera de tocar se distinguía por la utilización de técnicas poco usuales en el bajo: *tapping*, *wah wah* y otros efectos de distorsión que producían un sonido cercano al de la guitarra. Cliff combinaba una increíble técnica y una arrolladora personalidad en el escenario. Al instante Ulrich y Hetfield quisieron ficharlo. El rumbo comercial que por entonces estaba tomando su actual banda, Trauma, apresuró la decisión de Burton de partir hacia Metallica. La condición que Cliff puso a cambio fue que Metallica se afincara en su ciudad, Bay Area, San Francisco. La banda aceptó la propuesta y McGovney, sabiendo del interés por ser reemplazado, renunció antes de ser despedido, en diciembre de 1982, y dejó el puesto libre a Cliff.

El thrash encuentra su lugar

Metallica no gozaba de aceptación en Los Angeles, ciudad en la que abundaban los hair metal. El estilo agresivo del grupo de Hetfield no era comprendido; eran muy punkies para el metal y muy metaleros para el punk, por lo tanto eran ridiculizados o bien ignorados.

Por tal motivo, eligieron mudarse a San Francisco en 1983, instados por Cliff Burton (que aceptó tocar con ellos con la condición de mudarse a su ciudad natal). Una vez establecidos allí, formaron parte de Bay Area, la capital mundial del thrash. Ahí surgieron bandas como Testament, Vio-lence, Death

Angel, Heathen y Exodus. Muchos consideran que este último grupo influenció a Metallica. Esta afirmación no estaría muy lejos de la verdad, sobre todo si se piensa que de Exodus provenía su guitarrista, Kirk Hammett, cofundador del grupo.

Con él, Metallica incorporó el sonido típico de Exodus. A pesar de que con el paso del tiempo su trabajo *Bonded by Blood* (1985) marcó el rumbo de muchas bandas —como Slipknot y Strapping Young Lad—, en sus primeros años se prohibió a Exodus realizar presentaciones en vivo, porque los problemas de

Una vez en San Francisco, Metallica se instaló en Bay Area, capital mundial del thrash.

violencia y destrucción que se generaban en cada lugar donde tocaban eran cada vez más frecuentes e intensos. Los disturbios acontecían principalmente en la época que cantaba Paul Baloff, un personaje pintoresco y carismático que perseguía y hostigaba a los *posers*. Para muchos, él fue el corazón del thrash. Baloff se alejó de Exodus en 1986 con tan sólo un disco grabado. En sustitución, llegó Zetro Souza, voz de Testament. El cambio fue acertado desde lo profesional, ya que Baloff estaba muy preocupado por los tumultos y la algarada mientras la banda asumía compromisos cada vez más serios, cuyas responsabilidades caían principalmente en Gary Holt.

Furia visceral para revitalizar la escena

Paralelamente, a comienzos de los 80, el metal trepaba a los primeros lugares de los *rankings*, pero era a través de una imagen que no era la que muchos metaleros hubieran soñado. ¿A dónde había ido a parar la rudeza del heavy metal? Chicos guapos y maquillados haciendo baladas pegajosas..., ¿aquello era heavy metal? La respuesta estaba a la vuelta de la esquina con el surgimiento de los *fab four* del thrash metal: Anthrax, Slayer, Megadeth y Metallica. Su furia visceral revitalizó la escena. Estos cuatro puntales (acompañados por Overkill, Exodus y Metal Church) venían a romper con los moldes impuestos por el maquillaje, las sonrisas y la MTV. El thrash metal estaba en contra de la idiosincrasia del metal como algo aceptable e impostado, una particularidad de las inocentes baladas glam. Sus letras, en cambio, relataban una violencia inspirada en Maiden y sus voces potentes y guturales se diferenciaban del agudo y melódico *vibrato* de grupos como Van Halen. Su grito de batalla era: «¡Vamos a quemas a los ídolos y crear algo diferente!». Así comenzó a gestarse el thrash metal, una propagación de la Nueva Ola del Heavy Metal Británico (que había irrumpido a mediados de los 70 para apagarse a principio de los 80).

El thrash metal consideraba a los glam como *posers*, ya que sus músicos y seguidores buscaban aparentar algo que no eran. Si alguien iba con una camiseta de algún grupo glam a un concierto de thrash recibía una paliza. Aquellas bandas no eran bienvenidas en la escena pesada, ya que, además, los *posers* les quitaban sus novias. Por esos años, Dave Mustaine llevaba un colgante en su chaleco tejano con la palabra *poser* tachada. El thrash utilizaba consignas como «*No glam. Death to posers!*». No obstante, sin el glam, el thrash no hubiera tenido razón de ser. La competencia entre el thrash y el glam provocó que aquél fuera más pesado y extremo, tanto en el sonido y la velocidad de su interpretación, como también en la personalidad de sus integrantes. En esas noches, Lars Ulrich, baterista de Metallica, deambulaba por las calles con su camiseta de Iron Maiden insultando a los músicos de Mötley Crüe, cuando este grupo acababa de lanzar *Too Fast For Love*, en 1982.

En ese clima de constante fricción en Los Angeles, el thrash metal fue tomando impulso. Dentro de ese gran semillero, estaba Slayer (tal vez el grupo más pesado del género). Sin duda, resultaba llamativo que sus integrantes caminaran por las mismas calles que los glam. Por tal motivo, emigraron hacia otros horizontes, al igual que Metallica, en su caso, a Orange. Pero Slayer tenía una relación con el glam, ya que en sus inicios se maquillaban y utilizaban vestuario —aunque con una estética satánica acompañada por escenografías que retomaban insignias anticristianas—. Fue la única banda thrash en hacer ese cambio radical, aunque a diferencia de los *posers*, Slayer buscaba una actitud anti-Hollywood, como diría Kerry King, su guitarrista. El grupo causaba miedo y terror tan sólo con su presencia. Con el paso del tiempo, se mantuvieron como la banda más extrema y nunca cambiaron ni torcieron su camino. La escena thrash logró con Slayer pasar de ser un fenómeno *underground* a alcanzar un gran éxito comercial. *Reign in Blood* sigue siendo hasta hoy uno de los mejores discos thrash de la historia y «Angel of Death» (cuyos versos hacían referencia a la muerte, el dolor y a ríos de sangre), una de las canciones más emblemáticas del heavy metal. Por aquel entonces, Slayer era el conjunto que gozaba de mayor convocatoria en Los Angeles (incluso por encima de Metallica, que comenzó a tomar mayor notoriedad cuando desembarcó en San Francisco) y, cuando salieron de gira por otras ciudades, influenciaron a un sinfín de bandas.

Por otro lado, el grupo Anthrax se destacó por sus cantantes de virtuosa interpretación y amplio registro (el caso más emblemático es el de Joey Belladonna). Otro de sus integrantes más representativos es Ian Scott, uno de los mejores guitarristas rítmicos del género. En sus letras, Anthrax transmitió su pasión por los cómics y las películas de Stephen King, una característica exótica si se lo compara con la poética del resto de los grupos. Sus músicos eran personas sencillas que no hablaban de temas desagradables ni diabólicos, sin embargo lograron ser uno de los cuatro grandes grupos del thrash metal. *Among the Living* fue tal vez su mejor y más conocido álbum. Con el paso de los años, Anthrax demostró que siempre fue una banda que buscó acoplar nuevas sonoridades —como luego haría con el rap—.

Pero, sin duda, entre los cuatro grandes referentes del thrash, Metallica logró establecerse como el conjunto más importante, con un cruce de metal británico, hardcore y punk. El público se identificaba con ellos por sus recitales y su impronta. Nada de maquillaje ni sofisticación; sólo una vestimenta común, que iba desde el tejano clásico y las zapatillas gastadas hasta algunas botas o las tachas que tenía cualquier metalero que se preciara de serlo. Pero su identidad musical era poco valorada en sus inicios y el grupo sólo lograba captar la atención de unos pocos.

Se afinca en Bay Area

Resultó paradójico que Metallica hubiera grabado el primer disco en Nueva York y hubiera alcanzado el éxito en San Francisco, mientras que Los Angeles, reducto del glam metal, los trataba con desdén. Por esos días, Metallica no era profeta en su tierra. Habría tiempo para la revancha.

Mientras tanto, en Bay Area, la amistad de Burton y Hammett con bandas locales como Exodus, Testament y Death Angel se tradujo en grandes giras, grabaciones y firmas con discográficas. La camaradería entre los conjuntos era algo natural que predominaba en San Francisco: todos compartían el mismo horizonte. La radio local Kusf FM 90.3 Rampage Radio y la revista *Metal Mania* se ocuparon de encender y difundir el nuevo metal. Paralelamente, se fueron conformando clubes y pubs nocturnos en los cuales se presentaban grupos thrash. Gran parte de esos recitales eran realizados en Ruthies Inn, lugar que solía frecuentar Metallica. Ruthies se convirtió en el reducto por excelencia del thrash en Bay Area. En la misma noche se podía disfrutar de bandas de primera línea como Slayer, Blizzard y Exodus. Tocaban los tres grupos juntos por cinco dólares. Todos los músicos iban a ver a las otras bandas: en cualquier recital se podía encontrar a todos los Metallica disfrutando un concierto entre el público.

Si bien años atrás Ulrich y otros metaleros iban al viejo continente para deleitarse con los recitales de Iron Maiden y Motörhead (un espectáculo que al principio no llegaba a Norteamérica), cuando el heavy metal se hizo popular, grupos fundacionales como Black Sabbath se mudaron a Los Angeles para ser parte de aquel proceso. Sin embargo, su facilidad para caer en los excesos provocó que esa estancia de la banda británica terminara en un desgaste musical y un profundo estancamiento creativo.

El thrash y el hardcore en el Este de Estados Unidos

El thrash metal de la costa Este era muy diferente de lo que acontecía en la región opuesta de Norteamérica. En el Este comenzó a brotar una pujante escena *underground* hardcore y heavy metal en distintos suburbios neoyorquinos. El thrash se acentuó sobre todo en barrios como Nueva Jersey y, con menor intensidad, en Brooklyn y Queens. En Nueva Jersey surgió Old Bridge Metal Militia, un grupo de fanáticos del metal que vivían en comunidad. Esta cofradía hospedó en su casa a Venom, Metallica y Slayer, que vivieron allí unas temporadas y brindaron unos conciertos exclusivos para sus anfitriones. Mientras tanto, la discográfica Rock and Roll Heaven, de Jersey, tomó protagonismo en la escena impulsando a nuevos metaleros.

Por eso años, el espacio más emblemático era el pub L'amour, en Brooklyn (que también contaba con sucursales en Jersey y Queens, aunque éstas no eran tan representativas). Este lugar era la meca del metal. L'amour estaba ubicado en una zona muy insegura de Brooklyn: los coches amanecían con los vidrios destrozados en el afán de robarles los radiocasetes; en otros casos, se llevaban el coche entero. Frank Bello, de Anthrax, semana tras semana, era uno de los damnificados.

Este grupo, junto a Overkill y Haven, fue de los que más presencia tuvo sobre el escenario de L'amour. En aquellos clubes, el thrash compartía el espacio con géneros hermanos, como el hardcore. Las fronteras de uno y otro tenían límites porosos: el metal influenciaba al hardcore y viceversa. La escena *underground* era un lugar de interacción y sinergia. Musical e ideológicamente, entre los dos estilos no había diferencias tan acentuadas. El hardcore fue la respuesta al punk por parte de los jóvenes que habitaban los suburbios norteamericanos, aunque retomaron la violencia, la velocidad y la veta sonora del género. El CBGB (mítico recinto en el que se forjaron grupos como The Ramones y Television) era uno de los lugares emblemáticos para los cabezas rapadas.

Pese a su cercanía con el nuevo metal, el enfrentamiento con los thrasheros de pelo largo iba en aumento de manera peligrosa, sobre todo cuando bandas hardcore punk y thrash compartían fechas. Esas escaramuzas entre fans lle-

El mítico CBGB, en el 315 de Bowery, en el Lower East Side.

gaban incluso a suceder arriba del escenario. Una de las batallas más violentas sucedió en un recital en el que Anthrax compartió cartel con Possessed y D.R.I, en 1986, en el Auditorio Olympic de Los Angeles. Se calcula que había alrededor de 3.000 personas y se formó una pelea entre skinheads, punks, suicidals y metalheads. Todos se peleaban entre sí. Con el tiempo, estos conflictos fueron amainando y, por fortuna, actualmente se puede ir a ver un recital de Hatebreed, que es un ejemplo perfecto del cruce de metal con hardcore, y se puede comprobar que metalheads, punks y cabezas rapadas comparten armónicamente el mismo sitio.

Pero antes de la aparición de Hatebreed, muchas bandas thrash habían hechos incursiones en el punk y en el hardcore, como los californianos Suicidal Tendencies (la primera banda en fusionar estos estilos). Ellos fueron la primera banda hardcore en tener éxito comercial. Esta popularidad la consiguieron con su disco debut y su canción «Institusionalized», cuyo videoclip tuvo una insistente difusión en la MTV.

2

1983-1985

KIRK HAMMETT
Lead Guitar

CLIFF BURTON
Bass

LARS ULRICH
Drums

JAMES HETFIELD
Rhythm Guitar/Vocals

Carátula interior de su primer LP, *Kill 'Em All*, ya con los nuevos integrantes Kirk Hammett y Cliff Burton.

Primer disco: *Kill 'Em All*

El título del disco (en español, «Mátalos a todos») surgió ante la negativa de publicarlo con su nombre original, que era *Metal Up Your Ass* (algo así como «Metal en tu culo»). Ante este clima de constantes impedimentos, Zazula nuevamente los ayudó para que pudieran editar el material mediante su sello Megaforce Records. La tapa del disco también tuvo sus inconvenientes. Originalmente, era un inodoro del cual emanaba una mano con una daga. Megaforce pidió cambiar la tapa por una imagen en la que aparecía la sombra de una mano pegándole a un rostro formado por sangre.

La producción del disco estuvo a cargo de Paul Curcio, y fue grabado entre el 10 y el 27 de mayo de 1983 en su estudio Music America, de Nueva York.

El álbum contiene prácticamente todo el material de *No Life 'til Leather*, a excepción de algunos nuevos arreglos y la inclusión de estrenos como «No Remorse» y «Whiplash» (este último fue escogido como sencillo).

Editado el 26 de julio de 1983, este álbum representa una bisagra dentro del rock: es el primer disco de thrash metal. Su lanzamiento marcó un precedente dentro de este género. Si bien fue realizado con muy pocos recursos económicos, la calidad musical del álbum lo posicionó rápidamente en el puesto 120 del *ranking Billboard*. En Europa, escaló más alto y alcanzó en Suecia el lugar n° 28; en España, el n°70; en Finlandia, el n° 12; y en Suiza, el n°65.

Cuando se editó *Kill 'Em All*, Metallica ya tenía un séquito de fanáticos. Sin embargo, el disco sirvió para darle mayor impulso a su popularidad. Zazula los respaldó económicamente en esta grabación y contactó con el sello Relativity para que se encargaran de realizar la distribución del material en distintos puntos de Estados Unidos. Posteriormente, logró la distribución por Europa a través de Music For Nations, una discográfica británica creada ese año como una extensión de los neoyorquinos Zomba Records. A los pocos meses, Music For Nations ya era el emblema del desarrollo del thrash, al proyectar a Slayer y Megadeth en el viejo continente.

Este primer disco abrió camino hacia el futuro del heavy metal. El sonido de esos cincuenta minutos de duración del álbum atomizó el glam metal. Mientras Mötley Crüe hablaba sobre nudistas, cabarets y fiestas promiscuas, Metallica era la furia arrasadora a punto de explotar. Su aparición en la escena musical sació las ansias de los metaleros que esperaban un grupo que enalteciera las banderas del verdadero metal.

A continuación, figura la lista de temas del álbum:

KILL 'EM ALL

1. «Hit the Lights» (James Hetfield, Lars Ulrich) 4:17
2. «The Four Horsemen» (James Hetfield, Lars Ulrich, Dave Mustaine) 7:08
3. «Motorbreath» (James Hetfield) 3:03
4. «Jump in the Fire» (James Hetfield, Lars Ulrich, Dave Mustaine) 4:50
5. «(Anesthesia) Pulling Teeth» (Cliff Burton) 4:15
6. «Whiplash» (James Hetfield, Lars Ulrich) 4:06
7. «Phantom Lord» (James Hetfield, Lars Ulrich, Dave Mustaine) 4:52
8. «No Remorse» (James Hetfield, Lars Ulrich) 6:25
9. «Seek & Destroy» (James Hetfield, Lars Ulrich) 6:50
10. «Metal Militia» (James Hetfield, Lars Ulrich, Dave Mustaine) 5:10

Sencillos

1- *Whiplash* (Editado el 8 de agosto de 1983). Sencillo en EE. UU.: «Jump in the Fire» - «Whiplash» (Special Neckbrace Remix) - «Seek & Destroy» (Live) - «Phantom Lord» (Live)

2- *Jump in the Fire* (Editado el 20 de enero de 1984). Sencillo internacional: «Jump in the Fire» - «Seek & Destroy» - «Phantom Lord» (Live)

EP

Creeping Death/Jump in the Fire: «Creeping Death» - «Am I Evil?» - «Blitzkrieg» - «Jump in the Fire» - «Seek & Destroy» (Live) - «Phantom Lord» (Live)

Kill 'Em All: momentos más destacados y curiosidades

Las letras de este disco reflejaban las actitudes metaleras, abrían mundos imaginarios de batallas épicas y cargaban las tintas sobre aquel militarismo en boga por esos años. Las contribuciones de Mustaine en *Kill 'Em All* fueron notorias. En cuatro canciones del disco, figura como cocompositor («Jump in the Fire», «Phantom Lord», «Metal Militia» y «The Four Horsemen»). Mustaine afirmó que cuando se unió a la banda, Metallica sólo tenía una canción: «Hit the Lights». Según él, James no escribió esa canción, sino que pertenece a su amigo de la juventud, Hugh Tanner.

Esa canción, abre *Kill 'Em All*. Aquí se aprecian algunos de los tópicos recurrentes en las letras de este álbum: la guerra, la muerte, las historias oscuras y la «experiencia» de estar en un concierto metalero. Una reivindicación como *outsider*, ya que al cuarteto no le interesaban los colores vivos, ni las medias o las plataformas; tenían otros intereses: «Sabemos que nuestros fans están locos/vamos a hacer volar este lugar/con el volumen más alto», cantaba Hetfield. La canción «The Four Horsemen» se refiere a los «cuatro jinetes» del Apocalipsis. La letra es una alusión a cómo se veía el grupo en relación con la escena metalera.

Ellos serían quienes refundarían el género para darle nueva vida. Metallica llama a sus seguidores: «Jóvenes guerreros, agrúpense ahora/y monten sus corceles/matando a veintenas con las espadas del demonio/Ahora llega la muerte de los que hacen lo incorrecto/Haz caer el martillo del juicio». ¿Acaso ese martillo hace referencia a aquel que ilustra la tapa del disco?

«The Four Horsemen» es una de las tantas creaciones conjuntas entre Mustaine y Hetfield/Ulrich. Originalmente se llamó «The Mechanix» y data de la época en que el guitarrista de cabellos color fuego formaba parte de la banda. Pero Hetfield reescribió la letra, alejándola de ciertas connotaciones sexuales que tenía la versión de Mustaine. Por su parte, Kirk Hammett agregó un solo de guitarra más melódico acorde con la canción.

Como cuenta pendiente, una vez fuera de Metallica, Mustaine incluyó el tema en el primer álbum de Megadeth, *Killing Is My Business... and Business Is Good!*.

De «Jump in the Fire» existen dos versiones: la primera, incluida en la demo del año 1982 *No Life 'til Leather*, y la siguiente, realizada para el *Kill 'Em All*. La letra fue compuesta nuevamente por Mustaine y estaba cargada de referencias sexuales y eróticas («Moviendo mis caderas de forma circular/Empujé un poco hacia adelante/Tiré tu cuerpo hasta mi cintura/Siente lo bien que se adapta/Hay un trabajo que hacer, y yo soy el elegido para hacerlo/Ahora me quito los pantalones, una segunda oportunidad para bajar/Así que manos a la obra»). En la versión de *Kill 'Em All*, se alteró este contenido y únicamente se dejó el estribillo. Este giro en la lírica de la canción abordaba ahora una

temática más satánica, con el mismísimo Lucifer siendo testigo —¿y justicie-
ro?— del asesinato entre sí de diferentes personas, mientras se regodeaba de
sus destinos. La instrumentación está fuertemente inspirada en «Run to the
Hills», de Iron Maiden.

Ubicada estratégicamente como la quinta canción del álbum, «(Anesthesia)
Pulling Teeth» es la pieza instrumental del álbum, a cargo de Cliff Burton.
Al comienzo, se le escucha decir «*Bass solo, take 1*». Burton grabó su exquisito
solo de bajo, recurriendo a su caudal melódico y sin restarle fuerza, le aporta
distorsión con su pedal de *wah wah*. Burton se caracterizaba por utilizar el
bajo como si fuera una guitarra. Su gran *feeling* lo enaltecía como un *lead bass* y
podía ejecutar desde un delicado jazz hasta el metal más visceral.

«Whiplash» fue el primer tema de *Kill 'Em All* y uno de los clásicos más
importantes de la banda. A través de su letra, se establece una relación muy
próxima con los fans, ya que describe las múltiples sensaciones de un concierto, en especial el *headbanging*, (furioso movimiento de la cabeza, de arriba
hacia abajo). Dirá la canción «Golpea tu cabeza contra el escenario/Como
nunca lo has hecho antes/Hazla resonar, sangrar/Haz que realmente te duela/
en una locura frenética/con tus cueros y tus tachas/las cabezas se sacuden/Esta
noche está caliente como el infierno». Incluso la letra hace mención al propio
grupo, al que se nombra en la siguiente oración, a manera de conclusión de
lo que la letra dice. «Nunca nos detendremos/nunca abandonaremos/porque
somos Metallica». Hasta de manera inclusiva con sus seguidores, cambian la
frase al decir «Nunca nos rendiremos/porque vosotros —el público— sois
Metallica». De esta manera, el grupo liderado por Hetfield continuaba pro-
fundizando su distancia respecto de los grupos de glam metal, al mostrarse
igual que su propio público.

Luego, la canción «Phantom Lord» retoma la lírica de aquellos cuentos mi-
tológicos de caballeros y héroes propia de gran parte del metal.

Por su lado, «No Remorse» despertó tempranamente una polémica. Algunos sostienen que es una canción antibélica, ya que habla sobre el remordimiento ante el crimen. No obstante, en Estados Unidos ocurrió un asesinato
y el asesino cantaba esta canción mientras mataba a su víctima. En el tribunal,
al dictarle sentencia, se levantó frente al magistrado y se puso a cantar nuevamente «No Remorse».

«Seek & Destroy» es un himno de Metallica. El primer *riff* es uno de los
más conocidos en la historia del heavy metal. En la composición, se percibe
una influencia directa de la canción «Dead Reckoning», de Diamond Head.

Frecuentemente, Metallica utiliza este tema para finalizar sus conciertos. Cuando suena, Hetfield y el público se estrechan en un grito al unísono.

Estos cuatro jinetes del Apocalipsis venían a refundar el thrash metal. Su camino había comenzado. Ya nada volvería a ser igual en esta música. El thrash metal dejaba los pequeños espacios de circulación y los medios alternativos para avanzar hacia la primera plana de la escena musical, bajo el estandarte de la credibilidad y la empatía de un público que inmediatamente los adoptó como iguales.

Gira por Estados Unidos y Europa

A comienzos de 1984, Metallica programó una gira para promocionar su álbum de debut *Kill 'Em All*, en Estados Unidos. Su agenda contaba con treinta y cinco conciertos junto a Raven, en un *tour* llamado Kill 'Em All For One Tour, porque el grupo británico estaba presentando su disco *All For One*. Después de esta serie de varios conciertos en Boston, Nueva York y San Francisco (de la que Kirk Hammett no recuerda casi nada, ya que estaban casi todo el día alcoholizado), Metallica viajó a Eu-

Carátula del sencillo *Jump in the Fire*.

ropa. Este viaje coincidió con la edición del sencillo *Jump in the Fire* (a cargo del sello Music For Nations en Europa y de Megaforce en EE. UU.). En el invierno europeo, el 3 de febrero de 1984, comenzaron su gira llamada Seven Dates of Hell, en la que hicieron de teloneros de otro grupo fundacional del metal: Venom. Así, el cuarteto liderado por Hetfield participó en el Aardshock Festival, en Holanda, donde tocaron para más de 5.000 personas (lo cual representó una agradable sorpresa teniendo en cuenta la escasa audiencia que por esos años asistía a sus conciertos).

Paralelamente, el consumo de alcohol entre los integrantes de Metallica se incrementó exponencialmente, al punto que la prensa llamaba sarcásticamente a la banda «Alcoholica». El apodo lo originó un fan europeo que se había hecho una camiseta del *Kill 'Em All* con pintura. Tenía la imagen del disco, pero en lugar de «Metallica», decía «Alcoholica» y en vez de «Kill Em All», se leía «Drink Em All». Después, en lugar del martillo y la sangre, había una botella de vodka derramada. A los músicos del grupo les gustó tanto la idea que luego diseñaron prendas similares.

Por esos días, los músicos de la banda consumían litros de vodka en estado puro. El contexto de ser una «banda de gira» les daba la confianza y el permiso tácito de hacer lo que quisieran (como destrozar hoteles, pelearse a puñetazos en cualquier lugar y disponer de mujeres a su antojo). Hetfield lo vivía como un sueño hecho realidad y experimentaba con orgullo esos nuevos placeres, hasta el punto que el consumo de alcohol se había tornado un problema dentro de Metallica, y Hammett y el propio Hetfield constantemente subían borrachos al escenario.

La vida de excesos de la banda no tenía límites. Era tocar, beber y también, por qué no decirlo, destruir. Algún que otro incidente en un hotel o algún disparo perdido en una habitación eran la comidilla acerca de las actividades de la banda.

No obstante, la frescura de la banda era innata y se trasladaba a sus *shows*, cada vez más incendiarios. Querían mostrarle al mundo que venían a cambiar las reglas del heavy metal. Sea cual fuera el coste, no iban a vacilar en desplazar a quien se interpusiera en su camino.

El thrash metal expande sus fronteras

La globalización comunicacional se ocupó de que el thrash metal desembarcara en Alemania, donde se consolidó como uno de los puntales de mayor jerarquía. Aquella enorme escena retomaba la base musical norteamericana. Pero el público alemán era más fervoroso y exigente, ya que desde muy jóvenes se volcaban a esta música, especialmente desde el plano interpretativo. Sodom, Destruction y Kreator eran los tres referentes alemanes del género. Estos grupos se caracterizaban por la utilización de voces guturales y feroces gritos. Kreator, oriundos de la ciudad de Essen, fue el conjunto que más trascendió. Su álbum *Pleasure to Kill* se convirtió en un clásico. Sus letras ponían el acento sobre el contexto político. Este cuarteto fue el encargado de propagar el thrash por Europa y, de este modo, en Suecia tomaron relieve bandas como Celtic Frost y Coroner. Mientras tanto, por esos años, en Canadá también se gestó una escena thrash, con Sacrifice, Anvil y Voivod, una de las bandas más sólidas, experimentales e innovadoras del género.

Si bien estos grupos tomaban influencias del nuevo metal norteamericano, Metallica fue el gran referente. Su vertiginosa popularidad, los posicionó como la columna vertebral de este género, hasta dejar atrás a fundadores como Megadeth, Manowar, Venom, Slayer o Anthrax. Su sonido tuvo como

característica particular una influencia musical que traspasó el metal de Motörhead y Maiden y se acercó al punk de los Sex Pistols y hacia los giros hardcore de The Misfits. De este modo, Metallica demostró que el heavy metal
podía ser masivo sin perder crudeza.

Ride the Lightning: otro paso en la consolidación

1984 fue un año políticamente intenso en Estados Unidos. El presidente Reagan se presentó para la reelección con el apoyo incondicional de su partido
(ningún dirigente republicano compitió contra él) y en los comicios celebrados el 6 de noviembre de aquel año obtuvo 54.455.472 votos (el 58,77% de
los sufragios). Fue una de las victorias más aplastantes en la historia de las
elecciones presidenciales estadounidenses. Reagan ganó en 49 estados, y su
principal opositor, Mondale, sólo pudo superarlo en su Minnesota natal (por
escaso margen) y en el distrito de Columbia.

Mientras tanto, Metallica ya reinaba en la escena del metal norteamericano.
En febrero de ese año, la banda empezó a trabajar en el material de su segundo álbum: *Ride the Lightning*. Mediada la grabación, comenzaron a escasear
los fondos económicos de Zazula, por lo que le tuvo que pedir un préstamo al
sello Music For Nations, quienes a cambio le pidieron al grupo que firmara
con ellos un contrato para la confección de otro disco (acuerdo que tuvieron
que aceptar). La producción estuvo a cargo del ingeniero de sonido Flemming
Rasmussen (que se convertiría en una persona clave en la parte técnica de la
banda). La grabación se llevó a cabo entre el 20 de febrero y el 14 de marzo
de 1984 en Sweet Silence, los estudios de Rasmussen situados en Copenhague
(Dinamarca), lugar de nacimiento del baterista Lars Ulrich.

Flemming Rasmussen
se convertiría en una
persona clave en la
parte técnica de la
banda.

Con este disco, publicado el 27 de julio 1984, el cuarteto dio un paso adelante en la consolidación de su carrera. El álbum fue editado por Megaforce Records. En el disco se percibe la madurez que iba adquiriendo el grupo. La producción de Rasmussen le brindó sensibilidad, identidad y estabilidad a las canciones, lo que se tradujo en un sonido consistente de principio a fin. A diferencia de *Kill 'Em All*, *Ride the Lightning* presentaba una variedad de texturas y climas que evidenciaban el crecimiento de la banda a nivel creativo y musical. El disco fue cinco veces platino en EE. UU. y dos en Canadá (de hecho, *Ride the Lightning* ha vendido más de cinco millones de copias alrededor del mundo).

Los singles que se editaron para este trabajo fueron «Fade to Black», «Creeping Death» (estos dos durante 1984) y «For Whom the Bell Tolls» (1985).

Como dato curioso, cabe mencionar que ese mismo año de la edición, el sello francés Bernett Records (perteneciente al periodista de *The New York Times* Sam Bernett y que ya había editado *Kill 'Em All*) lanzó al mercado un tiraje de 400 copias del álbum cuya imagen de portada, originalmente de color azul y violeta, se vio alterada por una gama de verdes ante un problema de impresión. Su singularidad convirtió esta pequeña edición en un jugoso botín para los fanáticos. A continuación, aparece la lista de temas del álbum:

RIDE THE LIGHTNING

1. «Fight Fire with Fire» (James Hetfield, Lars Ulrich, Cliff Burton) 4:45
2. «Ride the Lightning» (Hetfield, Ulrich, Burton, Dave Mustaine) 6:36
3. «For Whom the Bell Tolls» (Hetfield, Ulrich, Burton) 5:09
4. «Fade to Black» (Hetfield, Ulrich, Burton, Kirk Hammett) 6:57
5. «Trapped Under Ice» (Hetfield, Ulrich, Hammett) 4:04
6. «Escape» (Hetfield, Ulrich, Hammett) 4:24
7. «Creeping Death» (Hetfield, Ulrich, Burton, Hammett) 6:36
8. «The Call of Ktulu» (instrum.) (Hetfield, Ulrich, Burton, Mustaine) 8:53

Sencillos

1-*Creeping Death* (Editado el 23 de noviembre de 1984) «Creeping Death» - «Am I Evil?» - «Blitzkrieg»

EP

Creeping Death/Jump in the Fire: «Creeping Death» - «Am I Evil?» - «Blitzkrieg» - «Jump in the Fire» - «Seek & Destroy» (Live) - «Phantom Lord» (Live)

Curiosidades de *Ride the Lightning*

Este álbum comienza con «Fight Fire with Fire», que ofrece una contemplación nihilista sobre el destino de la humanidad. Hetfield canta con una voz de ultratumba y, sobre el final del tema, resuenan explosiones de bombas atómicas. En esta canción, la banda utiliza por primera vez una guitarra acústica de 12 cuerdas tocada por Burton.

La canción que da título al disco, firmada por Dave Mustaine, relata los segundos finales de una persona en la silla eléctrica. Metallica fija su postura con respecto al sistema de justicia de Estados Unidos (lo cual se evidencia desde la silla eléctrica que ilustra el centro de la portada de este álbum).

«Fade to Black» es el primer tema «lento/comercial» del grupo. La balada fue la primera herida narcisista que tuvieron algunos de sus fans. El reclamo por «venderse» y «perder las raíces» empezaría a hacerse sentir en cada giro estético de Metallica. Pero por otro lado, la exploración de nuevas líneas en «Fade to Black» llevó al grupo hacia un público nuevo.

En la letra de «Creeping Death» se retoma la historia bíblica sobre las diez plagas de Egipto. La inspiración vendría de la película *Los diez mandamientos*, en la cual Charlton Heston encarna a Moisés. Allí, el Ángel de la Muerte aparece representado a través de una nube verde. Y fue Cliff Burton quien ideó la «muerte sigilosa y progresiva» a partir de los coros de la canción. La letra y los arreglos de guitarra fueron mutando en el tiempo. Por su parte, Kirk Hammett realizó un aporte muy valioso a la canción. Su comienzo es similar al de «Die by the Hand», una demo que grabó con Exodus. Hammett (que en este álbum utilizó amplificadores Marshall y una Gibson Flying V) guarda todavía un cariño particular por «Creeping Death», ya que contiene uno de sus mejores solos de guitarra. Es una de las canciones que más disfruta a la hora de tocarla en directo. Los seguidores también la consagraron como un clásico de la banda y se convirtió en uno de los temas con mayor presencia en los conciertos (sólo superado por «Master of Puppets»).

Para el final de *Ride the Lightning*, Metallica se reservó una gema instrumental llamada «The Call of Ktulu», en la cual Hammett juega y se desplaza a través de «arpegios rotos», influenciado por el eximio Yngwie Malmsteen. Ésta fue la última obra que tuvo en los créditos a Dave Mustaine. No obstante, éste grabaría en 1990 «Hangar 18» en el álbum *Rust in Peace* de Megadeth. Las dos canciones cuentan con la misma progresión de acordes en la introducción. No conforme aún con esto, utilizaría el mismo comienzo en «When», del álbum de 2001 *The World Needs a Hero*.

La idea de la canción «The Call of Ktulu» se desprendió del libro *La sombra sobre Innsmouth*, de Howard Phillips Lovecraft. Sin embargo, el nombre de la composición fue extraído de *La llamada de Cthulhu*, un relato corto escrito en 1928. El nombre de «Ktulu» es una deformación del original «Cthulhu», debido a que la misma historia dice que mencionar el nombre de «Cthulhu» (en forma oral o escrita) implica convocar a la bestia. Por tal motivo, Metallica alteró el nombre original para no realizar un llamamiento indebido.

El fichaje por Elektra Records

A pocas semanas de editar *Ride the Lightning*, Michael Alago, representante del importante sello Elektra Records (que años atrás había fichado a The Stooges y The Doors), se acercó a un concierto que el grupo ofreció en Roseland (California), instado por K.J. Doughton (representante del Fan Club de Metallica). Los esperó en los camerinos. Tan pronto terminaron con las presentaciones, los citó para una reunión en su oficina. Sin embargo, a tono con aquellos días lascivos, Cliff Burton estaba más interesado en las provisiones de cerveza que les podía ofrecer que en el contrato. Alago, sabiendo de los placeres del grupo por el alcohol, los agasajó con gran cantidad de cervezas. El grupo aceptó unirse al sello, no por haber recibido una buena oferta económica, sino porque Elektra solía dejar una absoluta libertad creativa a sus artistas y estimulaba los nuevos proyectos musicales. La firma con una compañía de esta trascendencia les otorgaría una distribución más amplia de su material. Elektra les compró el contrato que tenía Zazula de Megaforce con el grupo y se desligaron de él.

Si bien, al principio, el vínculo del representante de Elektra con Hetfield no fue el mejor, tiempo después se encontrarían ambos rodando borrachos en la noche de San Francisco.

Con el respaldo de este nuevo sello, Metallica emprendió una nueva gira europea para presentar su reciente trabajo. Esta gira fue coordinada por la productora de espectáculos Q-Prime, liderada por Cliff Burnstein y Peter Mensch. Esta agencia también dejó de lado al asistente de la banda, Mark Whitaker, un personaje central en la construcción del movimiento de Bay Area. Su última colaboración técnica con Metallica fue en la presentación del 29 de agosto de 1984 en el Breaking Sound Festival de París. Su lugar de ingeniero de sonido fue ocupado por Mick «Big» Hugher (quien desempeña este trabajo todavía en la actualidad). Antes de trabajar con Metallica, Hugher era

Con tan sólo dos álbumes, Metallica había trastocado la historia del heavy metal. El cuarteto consolidó su identidad musical y marcó tendencias sobre las nuevas bandas.

operador de The Armoury Show, un grupo neoyorquino de New Wave. Por lo tanto, desconocía lo que era el heavy metal. En el comienzo de la gira, Pete Rusell fue operador de monitor y Hugher, de sala. Pronto, «Big» Hugher se convertiría en una pieza clave en el grupo por su manejo del P.A. (sonido direccionado hacia el público). Él le otorgó una nueva mezcla en vivo a partir de la incorporación de nuevos micrófonos para el bombo y los tonos de la batería que generó una verdadera renovación. Además, alteró la estructura de las pruebas de sonido, ya que considera que el sonido final se ve fuertemente influenciado por los micrófonos de aire (por lo tanto, a diferencia del resto, prueba sonido primero con la voz y luego con la batería). Esta búsqueda de un personal experto en grandes espectáculos hizo que el grupo perdiera el núcleo humano que lo había ayudado en sus comienzos y se rodeara de otro entorno. Robert Allen se ocupó de ser su mánager, y la gira se inició en Rusen (Francia) el 16 de noviembre de 1984 y finalizó el 20 de diciembre de ese mismo año en el London Lyceum de Londres, tras haber pasado por Alemania, Dinamarca, Suecia, Suiza, Italia y Finlandia con un enorme éxito de público.

Con esta nueva y sólida estructura, en el entorno de Metallica surgió la idea de realizar su primer videoclip y para ello se eligió la canción «For Whom the Bell Tolls» .

Sin embargo, la propuesta fue rechazada por los músicos ya que no consideraban idóneo realizar algo con el único fin de vender, sino que creían que la obra artística estaba primero. Uno de los máximos exponentes de esta postura era Lars Ulrich, que no quería aparecer en la MTV entre artistas inocentes que cantaban canciones románticas. Consideraba que esto podría dañar la sensibilidad del público más radical que tenía la banda.

Bandas paralelas y otros proyectos

En 1984, Cliff Burton formó el grupo The Agent of Misfortune junto a sus viejos amigos Jim Martin (guitarrista de Faith No More) y Dave di Donato (quien luego sería batería de Ozzy Osbourne). Su objetivo era ser parte de la Batalla de Bandas y mostrar al público un concepto de música experimental, algo absolutamente opuesto al de sus rivales orientados hacia el glam metal. A pesar de que las canciones de The Agent of Misfortune eran extensas, el grupo sólo tocó durante doce minutos, ya que ése era el tiempo permitido. Al terminar la canción, tanto el jurado como el público quedaron asustados con la singular propuesta sonora de la banda y el grupo quedó fuera del certamen.

Ese mismo año, Kirk Hammett se encargó de producir la primera demo (con cuatro temas) de Death Angel, titulada *Heavy Metal Insanity*.

A finales de 1985, Metallica y un séquito de grupos amigos formaron Spastic Children, una banda «en broma» que utilizaban para divertirse en el escenario. Sus actuaciones comenzaron a principios de 1986. Ese año fueron cinco y ha habido diez más hasta la actualidad (la última fue en enero de 1990 en San Francisco, al igual que las anteriores). En Spastic Children, sus integrantes tocaban otros instrumentos que los que habitualmente empleaban en sus respectivas bandas. El cantante James Hetfield se encargaba de la batería y el guitarrista de Faith No More, Jim Martin, estaba a cargo del bajo. La banda tuvo distintas formaciones: por ella pasaron Jumbo y James «Flunky» McDaniel (integrantes de Pillage Sunday), Doug Piercy (Heathen) y Paul Baloff y Gary Holt (Exodus). Además, estuvieron el cantante Cotton Fred, James «Flunky» McDaniel en la guitarra y Jason Newsted (músico que luego sería parte de Metallica) en el bajo. A parte de Hetfield, también Cliff Burton integraba esta banda fantasma. Kirk Hammett tomaría el lugar de Cliff tras su muerte. Las

Los miembros de Metallica haciendo el memo en su versión Spastic Children.

canciones, con gran influencia punk, se escribían mientras se ensayaba y tocaba, por lo que eran muy hilarantes. Las letras hablaban sobre borracheras, exnovias y accidentes estomacales. Sus miembros tomaban Spastic Children como una excusa para embriagarse y mofarse del público.

En vivo, utilizaban apodos: el de Hetfield era «Bobby Brady» y el de Hammett, «Maldita Sea».

En 1988, James Hetfield, fanático de The Misfits, contribuyó al álbum de debut de Danzig, excantante de la banda. En ese material, participó en las voces y coros de «Possession» y «Twist of Cain».

★

En menos de tres años, Metallica había trastocado la historia del heavy metal, con tan sólo dos álbumes. Estos cuatro jinetes del Apocalipsis venían a refundar la música. Su camino había comenzado y ya nada volvería a ser igual. El thrash metal dejaba los pequeños espacios de circulación y los medios alternativos, y acaparaba la primera plana de la escena musical, bajo el estandarte de la credibilidad y la empatía con un público que inmediatamente los adoptó como iguales. En la dupla compositiva Ulrich/Hetfield, brillaba la mejor carta del grupo. Mientras la popularidad de Metallica eclipsaba el resto de las bandas, este cuarteto consolidaba su identidad musical y marcaba tendencias sobre las nuevas bandas. Sin embargo, a Metallica le quedaría alcanzar su pico más alto de popularidad y surcar una tragedia que dejó al grupo al borde de la desintegración.

3

1986-1990

Metallica en la época de *Master of Puppets*, sin duda uno de sus mejores álbumes.

Contexto político

A partir de 1985, la potencia estadounidense comienza a sufrir sus primeros retrocesos. Las tasas de crecimiento bajan de manera lenta pero irremediable. El dólar, tras años de revaloración, se devalúa bruscamente entre 1985 y 1987 en más de un 50%. Estados Unidos se convierte en país deudor en 1985 tras haber sido durante 71 años un país acreedor. En consecuencia, en 1989 se registró la oleada de despidos más salvaje desde 1945, y no sólo la sufrieron los norteamericanos, sino todos los países industrializados. Desde 1985, se implementaron los contratos eventuales, se profundizó la brecha entre ricos y pobres, y se incrementó el número de estadounidenses por debajo del umbral de la pobreza. El trabajo fijo comenzó a escasear y apareció el subempleo.

Paralelamente, en noviembre de 1986 se desató el escándalo *Irangate*: la prensa desveló que el gobierno de Estados Unidos (a través de su presidente Reagan) autorizó la venta de armas a Irán (en su guerra contra Irak). Norteamérica se entrometió por su rechazo hacia el Islam y por su interés en el petróleo. El efecto rebote trajo más secuestros de norteamericanos en el Líbano, como una forma de venganza (y la respuesta de Reagan no se hizo esperar).

Al mismo tiempo, el intervencionismo político estadounidense también se hizo presente en Latinoamérica: Reagan financió la Contra nicaragüense (grupo armado que combatió al gobierno sandinista durante la Revolución nicaragüense). Pero el ímpetu colonialista del jefe de Estado norteamericano acaparaba todo los flancos. La Guerra Fría lanzaba sus últimos estertores y Estados Unidos (paladín del capitalismo occidental) realizaba algunos experimentos nucleares contra la URSS (exponente del comunismo oriental).

Las buenas costumbres vs. el Metal

La beligerancia del gobierno estadounidense no sólo se libraba en el campo de la política internacional, sino también sobre las nuevas corrientes musicales de su propio país. El heavy metal comenzó a ser el blanco de persecuciones a partir de 1985. El organismo que ponía en práctica estas medidas era el *Parents Music Resource Center* (Centro de Recursos Musicales para Padres) o PMRC. Aquí ocupaban cargos varias esposas de importantes políticos; tal era el caso de Nancy Thurmond (mujer del senador Strom Thurmond), Tipper Gore (la esposa de Al Gore, quien *a posteriori* sería vicepresidente de Bill Clinton) y Susan Baker (esposa de James Baker, jefe de Gabinete de la Casa Blanca, jefe del Consejo Nacional de Seguridad, consejero de política exterior y secretario del Tesoro, entre otras funciones).

Posteriormente, respaldaron la teoría de que el rock alentaba a los jóvenes hacia las violaciones y el suicidio, recurriendo a «Suicide Solutions» (Ozzy Osbourne), «No Fear The Reaper» (Blue Öyster Cult) y al clásico «Shoot To Thrill» (AC/DC).

El objetivo del PMRC consistía en prevenir a las familias sobre nuevas tendencias en la música popular, ya que consideraban que el rock fomentaba la violencia, el consumo de drogas, el suicidio y las actitudes criminales. Por lo tanto, creían prudente censurar o advertir sobre esta música. Este organismo surgió cuando Tipper Gore escuchó la canción «Darling Nikki» de Prince. En ese momento estaba junto a su hija y se impresionó con el contenido de la letra por sus alusiones a la masturbación y al sexo explícito. Luego, Gore vio espantada los videoclips «Hot for the Teacher» (Van Halen), «Rock You Like A Hurricane» (Scorpions), y «Looks That Kill» (Mötley Crüe). En paralelo, Susan Baker se alarmó por el mensaje de las canciones de Madonna que cantaba su hijo de siete años. En resumen, fueron estas «esposas de Washington» las que decidieron fundar el Centro de Recursos Musicales para Padres bajo el precepto de que la familia era el refugio moral que protegía a los niños de influencias nocivas, como podía serlo el rock. Una de las cartas más importantes que mostró el Centro de Recursos Musicales para Padres fue una lista con las «quince canciones asquerosas», en las que se especificaba por qué deberían ser censuradas. Aquí había una marcada presencia de temas metaleros. Entre otras, el contenido sexual fue denunciado en «Animal (Fuck Like a Beast)» (W.A.S.P.); «Eat Me Alive» (Judas Priest); «Let Me Put My Love Into You» (AC/DC); la violencia se advirtió en «Bastard» (Mötley Crüe); «We're Not Gonna Take It» (Twisted Sister); el consumo de drogas y alcohol, en «High 'n Dry» (Def Leppard), y en «Thrashed» (Black Sabbath); y el ocultismo, en «Possessed» (Venom), y en «Into the Coven» (Mercyful Fate). De este modo, el rap, el heavy metal y el pop fueron las principales víctimas de esta caza de brujas. Los vínculos del PMRC con la derecha religiosa americana eran evidentes. En las antípodas, el heavy metal reivindicaba la libertad sexual y el consumo de alcohol y drogas. El paso siguiente de esta institución fue asesorar a las discográficas sobre el contenido de las canciones de sus artistas y revisar los contratos de esos músicos. Así, lograron que los sellos pusieran carteles de advertencia en la portada de aquellos discos que tuvieran un «contenido explícito»

Megadeth, Slayer y Guns N' Roses fueron algunas de las bandas que tuvieron que colocar en sus portadas el célebre adhesivo promovido por la derecha norteamericana: *Parental Advisory Explicit Content*.

(para luego presionar a las cadenas de radio y televisión con el fin de no difundir a aquellos artistas que corrompieran las buenas costumbres).

En agosto de 1985, diecinueve compañías discográficas ya habían accedido a colocar el tristemente célebre adhesivo «*Parental Guidance: Explicit Lyrics*», a fin de advertir sobre el contenido de las letras. Esta tendencia rápidamente se propagó por los cinco continentes (en algunos países, esta advertencia representaba que el álbum estaba prohibido). En Estados Unidos, esta etiqueta acompañó el álbum homónimo de Danzig (1989); *Reign in Blood*, de Slayer (1986); *Killing Is My Business... and Business Is Good!*, de Megadeth (1985); y *Appetite for Destruction*, de Guns N' Roses (1987), entre muchos otros. Mientras tanto, a Metallica le ocurriría con *St. Anger* (2004) y con algunas copias de *Garage Inc.* que fueron acompañadas de la frase «*Parental Guidance*» (Supervisión de los padres).

Mientras tanto, en aquel 1985, el Senado norteamericano decidió realizar una audiencia sobre aquello que denominaron «rock porno». La senadora Hawkins llevó como acusación los videoclips «Hot for Teacher», de Van Halen, «Animal (Fuck Like a Beast)», de W.A.S.P., y «We're Not Gonna Take It», de Twisted Sister, así como las portadas de los discos *Pyromania*, de Def Leppard y *W.O.W*, de Wendy O. Williams.

En esta audiencia, participaron los representantes del Centro de Recursos Musicales para Padres y los músicos Frank Zappa, John Denver y Dee Snider (cantante de Twisted Sister). A este último, lo acusaban de que su canción «Under the Blade» trataba de un acto de sadomasoquismo, y él argumentó que la letra relataba la operación de garganta que le habían practicado a su guitarrista.

Como respuesta al PMRC, en 1988 Megadeth publicó su álbum *So Far, So Good... So What!*, que incluía «Hook In Mouth», cuya letra refleja la falta de libertad que proponía esta entidad. En 1987 Mary Morello (madre de Tom Morello, guitarrista de Rage Against the Machine) fundó «Padres a favor del rock y el rap», un grupo que defendía la libertad de expresión. Ya en 1993, en el festival Lollapalooza, en Filadelfia, Rage Against the Machine realizó una protesta contra la censura del PMRC permaneciendo en el escenario completamente desnudos durante 14 minutos y se colocaron cinta aislante en la boca y mostraron las letras «P», «M», «R», «C», escritas en el pecho de los músicos de la banda.

El lado oscuro del metal

A pesar de estas fricciones con el Centro de Recursos Musicales para Padres, la utilización de la estética satánica y ocultista está presente desde el inicio del metal (a finales de los 60) como consecuencia de su interés por creencias que se oponían a las pautas convencionales. Con todo, a pesar de que gran parte de la sociedad considera que los metaleros son satánicos, cabe aclarar que muchos de ellos poseen una formación religiosa cristiana. La banda emblema de este género, Black Sabbath, lleva a cada lugar una cruz metálica (fabricada por el padre de Ozzy), como amuleto de buena suerte. Black Sabbath no tocan si no hay una cruz. El mensaje cristiano se filtra en los temas «After Forever» y «Lord of this World» (del disco *Master of Reality*). Pero puede confundir que en la portada de los discos *Sabbath Bloody Sabbath* y *Heaven and Hell*, aparece el «666», ya que la utilización de la estética satánica sólo debe entenderse con fines comerciales (camino que también tomó la banda británica Venom). Con Alice Cooper también se especulaba que era un satánico que degollaba bebés en escena, aunque era tan sólo una representación teatral. Con el tiempo, se declaró cristiano.

En las antípodas está el black metal de Noruega, cuya subcultura posee un fuerte acento satánico. Uno de sus principales objetivos era prender fuego a las iglesias, como ocurrió con la bicentenaria Asane de Bergen, en 1992. El responsable fue Varg Vikernes, compositor de la banda Burzum (que solía realizar este tipo de atentados).

En el plano visual, fueron controvertidas las sangrientas portadas de Cannibal Corpse (como *Eaten Back to Life* y *Tomb of the Mutilated*), el disco de Iron Maiden titulado *The Number of the Beast* y el pentagrama invertido (símbolo satánico) en la tapa del álbum de Mötley Crüe titulado *Shout at the Devil* (en español, «Grítale al diablo»). La misma simbología utilizaría Slayer para la puesta en escena de sus actuaciones.

Por esos años, cobraba una especial popularidad la técnica del *backmasking* (poner el disco del revés para ofrecer mensajes ocultos). También en 1985 la banda Judas Priest era juzgada en Nevada debido al suicidio de dos de sus fans por un supuesto mensaje oculto en el tema en 1985 «Better by You, Better Than Me», perteneciente a su álbum *Stained Class*.

Gran parte de la idiosincrasia de la cultura metalera chocaba con la creciente influencia de grupos conservadores y sectores cristianos y evangélicos fundamentalistas de Estados Unidos. Las muertes del vocalista de AC/DC Bon Scott y del baterista de Led Zeppelin John Bonham, por causa del abuso de alcohol, representaron la excusa perfecta para la persecución de un género musical que ya era imparable.

Sobre el mejor relámpago

Aquel 1985 fue un año intenso para el grupo. En enero compartieron cartel con W.A.S.P. y con Armored Saint como teloneros en una gira por Estados Unidos (que resultó agotadora y que se extendió hasta marzo). Tocaban casi todos los días y tenían muy pocos días libres. Aquellos escasos días de descanso los utilizaban para desconectarse, toda vez que el alcohol circulaba a la velocidad del sonido. Allí es cuando ocurre el famoso incidente con un extintor que explica la mala fama de Hetfield en los hoteles. Una madrugada, los músicos de Metallica estaban tirando botellas de cerveza vacías por la ventana. De repente, James tiró la chaqueta de cuero de Joey Vera (Armored Saint) por la ventana. Juntos bajaron a buscarla. Tomaron el ascensor y quisieron arrancar el botón de emergencia. Esto hizo que empezara a sonar la alarma y el ascensor se detuvo entre dos pisos. Los de seguridad les gritaban para que salieran del ascensor. Cuando salieron el cantante de Metallica agarró un extintor de la pared y apuntó con él a Joey Vera para, a continuación, descargarle todo el contenido. Había mucho humo por todas partes. Los sensores del hotel detectaron que alguien había agarrado un extintor por lo que se activaron las alarmas contra incendios. En medio de ese caos, aparecieron policías y camiones de bomberos mientras evacuaban a la gente que estaba en pijama y ropa interior. Al final, James tuvo que pagar una multa.

Por esos días, antes del concierto del 10 de marzo en el Hollywood Palladium, Cliff andaba preocupado porque le habían avisado que habían recibido un mensaje de Geezer Butler —bajista de Black Sabbath— diciendo que iba a estar entre el público mirando muy especialmente lo que él hiciese. Cliff estaba muy preocupado.

Es en el marco de esta gira, en el concierto en el Palace West, de Phoenix (Arizona), que un joven bajista se ubicó en primera fila. Era Jason Newsted y estaba sentado justo enfrente de Cliff Burton, mirando el concierto y a él especialmente. Jason salió del recital fascinado con la banda y con la entrega del grupo.

Las actuaciones de la banda eran un éxito arrollador. El 17 de agosto se presentaron en Inglaterra en el festival Monsters of Rock, junto con Bon Jovi y Ratt. El público rondaba las setenta mil personas en las cercanías del castillo de Donington, próximo a la localidad de Leicestershire. Las palabras de Hetfield sobre el escenario escondían una clara alusión a Bon Jovi: «Si venís a ver pantalones ajustados de cuero, lápiz de ojos, maquillaje y palabras como "Oh baby" en cada puta canción, ésta no es la banda que estáis buscando».

A todo esto, Donington tenía la fama de ser el lugar donde más cosas se tiraban sobre el escenario. En el *show* de Metallica, aterrizaron corpiños, discos, ropa interior, flores y hasta en unas de sus canciones volaron restos de un cerdo muerto.

Pocos días después del multitudinario Monsters of Rock, Metallica ofrecía otro importante concierto. El 31 de agosto de 1985 se realizó el Day on the Green, en Oakland. Allí fueron segundos en cartel, que agrupaba a bandas como Ratt o Y&Y, mientras que los encargados de cerrar el concierto eran Scorpions. Aquellas noventa mil personas (muchas de las cuales eran ajenas al thrash metal) vibraron con la actuación del cuarteto. Los seguidores de Scorpions y Ratt no estaban familiarizados con el nuevo sonido arrollador de Metallica.

Ése fue el gran paso en la consagración del grupo.

Master of Puppets se lanzó el 3 de marzo de 1986 y fue el primer disco de oro de la banda. Con este tercer trabajo llegan a grandes masas de público tras haber obtenido el beneplácito de la crítica en sus anteriores producciones.

Los títeres se vuelven maestros

Master of Puppets es considerado por muchos músicos y periodistas de rock como el álbum mejor producido y más metalero de Metallica. Con este tercer trabajo llegan a grandes masas de público tras haber obtenido el beneplácito de la crítica en sus anteriores producciones. Ahora Metallica encontraba su lugar en la primera página de los medios. En paralelo, Q Prime cerró un acuerdo con Vertigo (subsello de Phonogram/Polygram) para que distribuyera el material por Europa, Oceanía y Latinoamérica, desplazando ahora a Music For Nations. El disco entró en las listas de álbumes más vendidos, ya como un número fuerte. Mientras tanto, Megadeth, Anthrax y Slayer firman contratos con discográficas multinacionales. Los cuatro grandes del thrash dejaban sus lugares de *ousiders* y alcanzaban el éxito y el reconocimiento de las masas.

Master of Puppets se lanzó el 3 de marzo de 1986 y fue el primer disco de oro de la banda. Bajo la tutela de Elektra Records, Vertigo Records y Music For Nations, y la producción de Flemming Rasmussen, alcanza el puesto 29 en la lista de los más vendidos de la revista *Billboard*. Con la salida de este disco, Metallica tenía sus tres álbumes en las listas: *Master of Puppets* ingresó inmediatamente en el *Billboard* y se encontró con *Ride the Lightning*, que ya estaba, y con *Kill 'Em All*, que había reingresado.

Si bien en esos años la MTV empezó a posicionarse como el referente de la cultura musical mediante la programación de videoclips, Metallica vendió más de quinientas mil copias en Estados Unidos sin tener ningún videoclip. Este número se incrementaría y con el paso de los años llegaría a los seis millones.

En *Master of Puppets* es trascendental la impronta de Cliff Burton. Su personalidad sobre el instrumento, su intuición de todos los rincones del diapasón y su insondable imaginación para los solos, sellaron a fuego esta producción. Hay extensas improvisaciones de bajo, cargadas de efectos de distorsión que desdibujan los contornos sonoros del instrumento. Ron McGovney aparece en los agradecimientos de *Kill 'Em All*, *Ride the Lightning* y *Master of Puppets*, a pesar de haber abandonado Metallica antes del lanzamiento del primer disco. La lista de temas del álbum es la siguiente:

MASTER OF PUPPETS

1- «Battery» (Hetfield, Ulrich) 5:09

2- «Master of Puppets» (Hetfield, Ulrich, Burton, Hammett) 8:37

3- «The Thing That Should Not Be» (Hetfield, Ulrich, Hammett) 6:36

4- «Welcome Home (Sanitarium)» (Hetfield, Ulrich, Hammett) 6:27

5- «Disposable Heroes» (Hetfield, Ulrich, Hammett) 8:16

6- «Leper Messiah» (Hetfield, Ulrich) 5:40

7- «Orion» (Burton, Hetfield, Ulrich) 8:27

8- «Damage, Inc» (Hetfield, Ulrich, Burton, Hammett) 5:32

Sencillo

Master of Puppets (Editado el 2 de julio de 1986)

Vinilo, edición francesa: «Master of Puppets» - «Welcome Home (Sanitarium)»

Master of Puppets es el disco que llevó a Metallica a la consagración ente el público y la crítica. Aquí, a diferencia de *Ride the Lightning*, no se presenta una idea de profunda renovación, sino que Metallica busca enriquecer el sonido sobre el cual había innovado. Se retoma el concepto sonoro de *Kill 'Em All* y se expande, sin olvidar el refinamiento que lograron con *Ride the Lightning*. Las canciones son más extensas —seis minutos de promedio— y poseen un mayor desarrollo en su lírica. Las letras se focalizan en la violencia de los individuos a través de la guerra, la alienación del ser humano y su manipulación a través del contexto social y religioso. en suma, la presión sobre el individuo que termina por convertirlo en una marioneta. El concepto aflora desde la portada del disco. La muerte con la que se enfrenta el individuo no es solamente corporal, sino también mental. La ilustración de la carátula muestra un cementerio en el que se aprecia el hilo que maneja el titiritero y que sale de cada tumba.

Curiosidades de *Master of Puppets*

Esta producción empieza, al igual que *Ride the Lightning*, con un sonido limpio y apacible; en este caso, de la mano de «Battery», con exquisitos arreglos de guitarras y una cadencia que se acerca al metal progresivo. Pasado el minuto, se descarga la furia de un tema que entrará entre los grandes clásicos de la banda. A los dos minutos retoma la melodía del principio, pero con un sonido más distorsionado. La línea de bajo de Burton en esta canción expone su influencia a lo largo del disco. La complejidad de algunos arreglos y el trabajo melódico del disco llevan la marca del talento de Cliff.

La letra presenta alusiones al control de la ira que puede producirse dentro de una persona. Una división interna del individuo al estilo Dr. Jeckyll y Mr. Hyde. Contrapone el lado positivo y el negativo que poseen las baterías. Por otra parte, la canción tiene un homenaje tácito al Old Waldorf Club de la ciudad de San Francisco, ubicado en la calle Battery.

El tema que da nombre al álbum es la canción que más veces ha interpretado la banda en vivo —1471 veces hasta octubre de 2012—. Es la pieza más larga del disco. En «Master of Puppets», el control sobre el individuo lo ejercen las drogas. La adicción es tan fuerte que se convierte en el amo que maneja su vida.

Después de que James Hetfield escribiera esta canción, empezó a entender su vulnerabilidad por los excesos.

La canción está considerada la tercera mejor canción de heavy metal en el *ranking* de VH1. En el *Top* 100 de canciones con guitarra de todos los tiempos, acabó en el puesto 22. Los lectores de *Guitar World* la ubicaron en el puesto 51 de los 100 solos de guitarra más importantes. Martin Popoff, en su libro *Las 500 canciones más importantes del heavy metal de todos los tiempos*, la ubicó en segundo lugar, detrás de «Paranoid», de Black Sabbath. Como gesto de admiración y camaradería, en el tema «I'm the Man» de Anthrax (incluido en su EP de 1987), hay un fragmento de casi dos segundos en que se escucha parte del coro de «Master of Puppets» de Metallica, un breve *mash-up*.

La siguiente composición de este álbum es «The Thing That Should Not Be», inspirada en el libro *La sombra sobre Innsmouth* de H.P. Lovecraft. En la canción aparecen algunos personajes de otros cuentos de este autor. El tema mantiene una atmósfera oscura y tensa en el relato de los hechos. Al mencionar el «*Crawling chaos underground*», se alude a un cuento llamado justamente «Crawling Chaos», que describe el efecto de una sobredosis de opio del narrador. En la canción se toma una de las frases más famosas de Lovecraft: «No está muerto lo que puede yacer eterno/y con extraños eones incluso la muerte puede morir».

La canción cuenta con numerosas versiones, como las realizadas por Primus, Adema, John Garcia, Kurdt Vanderhoof, Jeff Pilson y Jason Bonham (en *Metallic Assault, A Tribute to Metallica*), The Sins of Thy Beloved, Mendeed (para *Remastered: Master of Puppets Revisited*, el álbum tributo a los veinte años de la edición del tercer disco de Metallica que fue convocado por la revista *Kerrang!*) y Dream Theater (para su *bootleg Dream Theater Official Bootleg: Master of Puppets*). Además, fue utilizada por Beatallica, que la rebautizó como «The Thing That Should Not Let It Be», mezclándola con el famoso tema de The Beatles «Let It Be».

El cuarto tema de *Master of Puppets*, «Welcome Home (Sanitarium)», posee una letra oscura con fuertes alusiones a la locura en la que vive un individuo en un manicomio. Sus versos están inspirados en la película *Alguien voló sobre el nido del cuco*, protagonizada por Jack Nicholson. En el aspecto musical, el tema tiene un guiño a la canción «Tom Sawyer», de Rush, que figura entre los agradecimientos del disco. La canción cuenta con *riffs* pesados y densos que contribuyen a la atmósfera ominosa que propone la letra. Este tema cuenta con versiones de Anthrax, Apocalyptica, Limp Bizkit, Stone Sour, Dream Theater, Bullet For My Valentine, Humanimal, Razed in Black, Thunderstone y John Marshall, Mikkey Dee, Tony Levin y Whitfield Crane (esta última incluida en *Metallica Assault: A Tribute to Metallica*).

La letra de «Disposable Heroes» cuenta en primera persona la lucha de un joven en el campo de batalla. El contrapunto en las voces se mezcla con el fuego del bombo de Ulrich y el frenesí de las guitarras, al tiempo que el bajo de Cliff Burton brinda el soporte exacto. El coro del tema establecería un diálogo entre el soldado (la voz de Hetfield) y las órdenes brindadas por el alto mando («Volved a la parte delantera/Harás lo que yo diga, cuando diga/

En 1986, la gira de *Master of Puppets* permitió al grupo expandir su influencia dentro de Estados Unidos, donde actuaron como teloneros de Ozzy Osbourne.

Volved a la parte delantera/Morirás cuando yo diga, debes morir/Volved a la parte delantera»). A medida que transcurre la canción se aprecia la forma en que se van perdiendo los rastros de la propia humanidad, en un contexto de muerte y locura. El ritmo de la canción desarrolla los pensamientos, mientras que las órdenes que recibe y hasta los solos de guitarra reflejan las marchas y los enfrentamientos, como un intercambio de ametralladoras. Los cortes atrapan por su ubicación exacta en relación a la letra. Si bien el tema no es de los más conocidos de la banda, es uno de los más inspirados. En él, nuevamente, vuelve a repetirse la presencia de un *Master* que maneja la situación, así como la impotencia que esto genera. «Disposable Heroes» también deja entre líneas una crítica a la actitud de indiferencia de la sociedad con los soldados que regresan a la vida civil. En los bocetos del disco, esta canción tenía un puente que terminó siendo utilizado para «Damage, Inc» (último tema del álbum).

«Leper Messiah» es el sexto tema del álbum. Aquí se alude a la religión y a las diversas formas de difundirla. Al comienzo, la canción se refiere a un falso Mesías al cual comparan con un leproso —de ahí el título del tema—, por su escasa consideración por los problemas que acontecían al pueblo. Inmediatamente, el tema avanza y critica a los pastores evangélicos que aparecen en televisión para sanar las almas de los necesitados a cambio de su dinero. De hecho, la religión no brinda la salvación de que ellos presumen, ya que estos charlatanes sólo manipulan a sus feligreses con falsas promesas. En «Leper Messiah» la voz de Hetfield suena agresiva y vibrante. Cabe recordar que su madre murió cuando él era muy pequeño de un cáncer que no fue tratado por sus creencias en la Ciencia Cristiana (religión que estaba en contra de los tratamientos médicos). El falso final y Hetfield gritando «mentir, mentir» constantemente también contribuyen a la contundencia de la canción. Dave Mustaine afirmó haber compuesto el *riff* principal de esta canción y, como no figura en los créditos, sostenía que estaban utilizando su material sin autorización. Sin embargo, Kirk Hammett desmintió estas acusaciones.

Pero *Master of Puppets* no hubiese representado lo que es, si no fuese por el talento de Cliff Burton. La notable pieza instrumental «Orion» da cuenta de esto. La pieza empieza con una típica base metalera (cuyos sonidos en el bajo fueron obtenidos mediante un *wah wah*) que empieza a poco volumen para ir subiendo. Los primeros cuatro minutos del tema remiten a influencias más «progresivas», con un bajo distorsionado para después ingresar en un sector más melódico y críptico. La imaginación de Cliff en los solos es indescriptible, puesto que aquí compone un tema de más de ocho minutos en el que no disminuye la atención. De hecho, Burton utilizó su bajo de tal manera que hay dos solos en esta canción que suelen confundirse con guitarras. El tema se llamó «Orion» por el sonido espacial que se logra en el puente.

Para el final queda «Damage, Inc», que mantiene la cadencia de «Orion» y luego emprende la curva final del disco a toda velocidad. Aquí se toma como eje al individuo preso de una sociedad que le marca lo que debe hacer.

Ozzy, *groupies* y alcohol

El 27 de marzo de 1986, un mes después de haber editado *Master of Puppets*, Metallica emprende una gira junto a Ozzy Osbourne. El cuarteto de San Francisco estaba en el pináculo de su carrera y el Príncipe de las Tinieblas en su ocaso. Así que la banda hizo ganar muchísimo dinero a Ozzy, y la relación con él fue cordial. Además, el público norteamericano guardaba un gran respeto por la leyenda británica. Pero al principio Ozzy, cuando pasaba por el autobús de Metallica antes de los conciertos, escuchaba que el grupo estaba tocando viejas canciones de Black Sabbath, pero ellos no le hablaban y mantenían una distancia importante con él. Finalmente el mánager le dijo que era porque los Metallica pensaban que Ozzy era un dios y le tenían respeto.

Con todo, la gente estaba ansiosa por ver a Metallica, que ya contaba con un imponente espectáculo y una gran cantidad de seguidores. La gira permitió al grupo expandir su influencia dentro de Estados Unidos. Fue la oportunidad perfecta para llegar a un público que nunca los había oído y, por primera vez, Metallica viajó al centro del país. En el marco de esta gira, James, Lars, Cliff y Kirk se vieron seducidos por los clichés del rock. La banda gozaba de éxito, y las consecuencias de aquello eran notables.En esos días como teloneros de Ozzy, se acercaban al camerino los fanáticos y les ofrecían sus novias a los músicos de Metallica para que mantuvieran sexo con ellas. Aunque Lars siempre quiso aclarar que él nunca accedió a estas peticiones, se desconoce la respuesta del resto. Sin embargo, a sus 22 años, lo único que ansiaba Ulrich era tener sexo y emborracharse. Quería vivir todos los excesos de los que había escuchado hablar de una banda de rock.

Asimismo, Metallica fueron ganando consciencia de su éxito cuando se dieron cuenta no sólo de que tenían dos botellas de vodka en el *backstage*, sino de que además las botellas eran realmente de buena calidad. La banda salía del escenario hacia las duchas y el camerino estaba lleno de mujeres. Eran estrellas y allí pasaba de todo. En las duchas, había ocho mujeres bañándose con Hetfield. Pero no todo era diversión por esos días. El 26 de junio de 1986, a los pocos días de un recital, mientras Hetfield hacía *skateboarding*, se rompió la muñeca bajando una colina en Evansville, Indiana. Para no cancelar las fechas, continuó la gira únicamente como cantante. La guitarra quedó a cargo del asistente técnico de Kirk, John Marshall (integrante de Metal Church). La apretada agenda de la banda hizo que se aprendiera todas las canciones en sólo un día.

Cliff parte para la eternidad

Tras su actuación en el Solnahallen de Estocolmo (Suecia), Metallica continuaba en Copenhague para una serie de conciertos. El autobús en el que viajaba era de pasajeros y no estaba acondicionado para una banda en gira. Había cables tirados por todos lados, amplificadores sueltos y los asientos eran incómodos. La noche del 26 de septiembre, Cliff y Kirk estaban dilucidando dónde iban a dormir y decidieron dirimir el tema mediante un juego de cartas. Cliff sacó un as de picas y durmió en el lugar de Kirk, y éste se fue a descansar en la parte de delante. Alrededor de las 6.30 de la mañana del 27 de septiembre, el conductor del autobús perdió el control del vehículo en la carretera E4, cerca de la ciudad de Dörap, y trató de enderezar el volante para volver a la carretera, pero fue en vano y el autobús dio una serie de vuelcos. Los frenos rechinaron, el autobús vibró y luego dio vueltas y vueltas hasta que cayó de costado. Pese a las temperaturas bajo cero, Hetfield salió del autobús

La trágica muerte del bajista Cliff Burton marcó para siempre la historia de Metallica.

en ropa interior y calcetines. Todos gritaban y lloraban, pero el líder de Metallica se preocupó al no escuchar la voz de Cliff Burton. Al darse la vuelta, vio las piernas de Cliff asomando por debajo del autobús. Cliff había salido despedido por la ventanilla del autobús y éste le cayó encima para quitarle la vida al instante. Fue un hecho que marcó un antes y un después en la historia de la banda. Hammett se sintió especialmente conmocionado por lo acontecido, ya que Cliff había intercambiado con él el lugar para dormir. El guitarrista estaba en estado de *shock* y todavía hoy no se acuerda de lo que pasó en las siguientes cuatro horas. De hecho, sigue pensando que podría haber sido él quien sufriera aquella tragedia.

Pese a su responsabilidad, el chófer del autobús no destacó por su buena actitud. En un momento dado, quiso tapar el cuerpo de Cliff con una manta, por lo que James y Kirk le empezaron a gritar de malas maneras. Cuando intentaron levantar el autobús, tuvieron tanta mala suerte que se cayó nuevamente sobre el bajista. Después, ambos le reprocharon su responsabilidad en el accidente, ya que pensaban que el conductor estaba ebrio. Sin embargo, se piensa que la causa de la tragedia fue la existencia de una fina capa de hielo vidrioso, casi transparente, que permitía que pudiera verse el asfalto de la carretera a través de ella.

James no quedó conforme con la explicación y caminó unos kilómetros en ropa interior buscando aquella capa de escarcha sobre la autopista, pero nunca la encontró. En un arranque de furia estuvo a punto de matar al chófer, hasta que por fin entró en razón.

Según el informe médico del doctor Anders Ottoson, la causa de la muerte de Cliff fue una compresión torácica con contusión pulmonar. El informe policial no hace mención sobre ninguna placa de hielo sobre la carretera. Según el detective de Ljungby Arne Pettersson, la causa del accidente pudo haber sido que el chófer se quedó dormido al volante. Sin embargo, el conductor declaró bajo juramento que había dormido durante el día y su testimonio fue confirmado por su copiloto, encargado de llevar a la banda y sus equipos. De esta forma, el conductor fue exonerado de culpa en el accidente y no se levantaron cargos en su contra.

Para sofocar el dolor de la pérdida de su amigo y compañero de banda, Metallica recurrió al alcohol, un aliado incondicional por esos días. El grupo llegó al hotel y comenzó a beber de manera desenfrenada. Hetfield salió a la madrugada a caminar borracho buscando a Cliff por las calles, como si no asimilara su ausencia física. Hammett lo vio por la ventana y rompió en llanto.

Los restos del bajista de 24 años fueron llevados de regreso a Estados Unidos. Inmediatamente, Lars, James y Kirk viajaron al funeral, que se realizó el 7 de octubre de 1986 en la capilla del Valle, de Castro Valley (California). Su cuerpo fue incinerado y sus cenizas fueron arrojadas en el Maxwell Ranch —lugar donde había pasado mucho tiempo junto a sus amigos Jim Martin y Dave Di Donato—. Dave Mustaine también participó en la ceremonia. En el momento culminante del cortejo fúnebre, se formó un círculo alrededor de sus cenizas y cada persona, una a una, caminó hacia el centro del círculo, tomó un puñado de sus cenizas, pronunció unas palabras sobre Cliff y luego arrojaron sus restos. Al finalizar el funeral, se escuchó la canción «Orion».

La encrucijada de seguir o dejarlo todo

El último recital con Cliff Burton había sido en el Solnahallen Arena de Estocolmo (Suecia), el 26 de septiembre de 1986. Pero tras su muerte, la gira europea se suspendió y Metallica decidió replantearse el rumbo y su continuidad. Estaban anímicamente destrozados. Kirk sentía que había perdido a su hermano mayor. Hetfield mantenía con el bajista una relación muy estrecha, ya que Cliff le había enseñado teoría musical de la que James carecía. Era una mezcla de respeto y admiración hacía el. Su muerte lo trastocó y pasó un tiempo prudente hasta poder superarla. Mientras tanto, Lars pasaba sus días sumergido en sus placeres de estrella del rock.

La partida de Cliff causó un grave estremecimiento en el núcleo de la banda. Él era el músico por excelencia y el nervio motor de Metallica. Fue de gran ayuda en la composición de la banda, aportando conceptos melódicos y armónicos. Siempre se mantuvo alejado del brillo de la fama y el éxito, con los pies sobre la tierra y sin olvidarse de su origen. Afuera del escenario, Cliff seguía siendo el mismo chico de Bay Area que le gustaba tomar algo con sus amigos en vez de estar pendiente del dinero y de las demás tentaciones del *mainstream*. Alejado de la moda de los pantalones de cuero negro ajustados, él tenía la suficiente personalidad para usar los antiquísimos tejanos pata de elefante y lucir debajo de la camiseta su tatuaje en el brazo derecho de The Misfits. Era más pueblerino y su interés estaba apartado de la ostentación y los deseos que guiaban a integrantes como Lars. Cliff era completamente diferente.

Entre los numerosos homenajes que recibió el querido bajista de Metallica, destacó el disco *Among the Living*, de Anthrax (editado en marzo de 1987), que fue dedicado a su memoria. Tras la muerte de Burton, las decisiones del grupo pasaron a ser principalmente de Lars y, en segundo lugar, de James. Para muchos, Metallica comenzaba un nuevo rumbo; para otros, era el comienzo de una nueva etapa que, como poco, iba a dividir a los fans.

Jason Newsted se acopla al grupo

Finalmente, Metallica decide continuar, a pesar de la ausencia de Cliff. Haber abandonado la banda hubiese sido otro vacío insondable. Kirk, James y Lars

Después de innumerables pruebas para buscar al sustituto del fallecido Cliff Burton, saldría seleccionado Jason Newsted, bajista de Flotsam and Jetsam, una banda de thrash con muchas influencias de Metallica.

se aferraron enérgicamente a Metallica, ya que era lo único que tenían. La búsqueda de un nuevo bajista fue ardua. Se probaron a casi cuarenta músicos, pero Metallica no estaba preparada anímicamente para estas audiciones.

Entre los postulantes, se encontraban Troy Gregory (miembro de Prong) y Les Claypool (futuro creador de Primus). Claypool había conocido a Kirk Hammett en el De Anza High School. Lars le preguntó si tocaba ese tipo de música y como Claypool le dijo que no, el batería de Metallica le ofreció a modo de chiste improvisar con un tema de los Isley Brothers (banda de pop y soul). La broma no fue bien recibida. Para Hetfield, en cambio, Claypool era demasiado bueno y debía hacer su propio proyecto. Cuando Claypool se enteró de que no se quedaría en la banda se puso tan triste que comenzó a llorar. Durante esos días se especuló que Dave Ellefson (bajista de Megadeth) habría ofrecido sus servicios temporalmente, lo cual despertó el malestar de Dave Mustaine.

De esas tormentosas sesiones, saldría seleccionado Jason Newsted, bajista de Flotsam and Jetsam, una banda de thrash influenciada por Metallica.

Días atrás, Newsted lloraba sobre las páginas del periódico que anunciaban la muerte de Cliff Burton y ahora tenía la difícil tarea de ocupar su lugar. Pocos meses atrás, en julio de 1986 (tras formar parte del recopilatorio *Metal Massacre* VII), Jason Newsted había editado con la banda Flotsam and Jetsam su álbum de debut *Doomsay for the Deceiver*, a través de Metal Blade Records (un comienzo similar al de Metallica). La totalidad de las composiciones del disco habían sido realizadas por el bajista y fue calificado con cinco puntos sobre un máximo de seis puntos por parte de la revista *Kerrang!*. Flotsam and Jetsam era una prolongación de su anterior proyecto, Dogz, gestado en 1983, junto a Kelly Davidson y Erik AK.

Jason nació el 4 de marzo de 1963 en Michigan. Aprendió a tocar el bajo sin amplificador, por lo que tenía que tocar muy fuerte para poder oír lo que hacía. Posteriormente, esta característica definiría su técnica y su estilo. Él era fan de Metallica y habitualmente iba a verlos. Antes de la prueba y en pocos días, se había aprendido todos los temas de la banda. De este modo, pudo tocar cualquier canción que le pidieron. Su ingreso a la banda contó con la recomendación de Brian Slagel (Blade Records).

«Bienvenido a Metallica»

En su prueba, Hetfield advirtió que a Jason le faltaba coordinación con el bajo, pero tenía energía. Newsted temblaba tanto de miedo que tardó veinte segundos en conectar su equipo y Metallica, con una actitud fría, dijeron: «Siguiente». Aquel 28 de octubre de 1986, tras la audición, no avisaron a Newsted de que había entrado en la banda. Para darle la sorpresa, fueron todos a Tommy's Joint a comer y a tomar unas cervezas. Lars y Hetfield fueron al baño y, al salir, Lars le dijo: «Bienvenido a Metallica». Jason comenzó a saltar de alegría sobre las mesas y las sillas.

En el plano musical, Newsted estaba en las antípodas de Cliff. Tocaba con púa y no utilizaba técnica de dedos. Éste fue un punto de discusión, ya que la banda optó por sustituir a Cliff con un bajista de características diferentes.

Sin duda, la personalidad de Jason le valió su puesto como bajista; era la que mejor se ajustaba a ese tramo de la vida del grupo (luego, como retribución a lo que Jason había hecho por la banda, el resto de los integrantes le regalaron el disco de oro que habían recibido por *Master of Puppets*).

Gran parte de los seguidores de la banda se sintieron desolados por la muerte de Cliff y le construyeron un monumento en el lugar del accidente. Con la incorporación de Jason, la gran incertidumbre era si lo iban a poder aceptar. En el debut de Jason en Inglaterra, en The 100 Club, durante un concierto secreto, el bajista tuvo la mala fortuna de desmayarse debido a la escasa ventilación del local. Su lugar lo ocupó momentáneamente Brian Tatler, de Diamond Head.

El primer concierto oficial de Jason fue finalmente en el Country Club de Reseda, California, el 8 de noviembre de 1986 (entre los espectadores se encontraba la exnovia de Burton). Su segundo *show* fue la noche siguiente en Jezabelle's (Anaheim). Luego, un avión los transportó a Japón. Ésa fue la gira que marcó el ingreso de Newsted.

Pero todo esto aconteció tan sólo un mes después de la muerte de Cliff. La velocidad de los acontecimientos ubicaba a la banda, con un nuevo integrante, en la otra punta del mapa. Jason estuvo únicamente un par de semanas con Metallica antes de su debut en vivo. Lars, Kirk y James le realizaron un rito de iniciación que encubría cierto sadismo por su parte. Así ejercieron sobre el nuevo bajista todo tipo de bromas de mal gusto: cargaban lo que consumían a la cuenta de Jason, propagaban el rumor de que Jason era gay y lo atosigaban con agresiones.

En una ocasión, a las cuatro de la mañana y estando en un hotel de Nueva York, comenzaron a golpearle la puerta de su habitación para que se levantara a beber con ellos como parte del protocolo de ser un Metallica. Destrozaron la puerta, entraron, agarraron el colchón sobre el cual dormía y lo giraron con Jason encima. Pusieron sobre él las sillas, el escritorio y la mesa de la TV. Tiraron su ropa, sus casetes y sus zapatos por la ventana. Desparramaron toda la crema de afeitar en los espejos y llenaron de pasta de dientes todo el cuarto. Lo dejaron todo destrozado y se fueron corriendo mientras gritaban: «¡Bienvenido a la banda, Jason!».

Newsted sufrió muchas ocurrencias, pero lo soportó todo estoicamente con una sonrisa. Sin embargo, no podía estar tranquilo ni cinco minutos debido a todas las travesuras que le tendían sus compañeros. El inconveniente fue que esta situación se prolongó demasiado y la calma de Jason alcanzó su límite. Se sentía constantemente como «el nuevo» (los músicos del grupo lo bautizaron tempranamente como «*Newkid*»).

Habían llevado demasiado lejos su prueba. Esto generó culpa y cierto remordimiento en los tres integrantes del grupo. Jason lo consideró como un desafío para ver si podía ocupar el lugar de Cliff y ser un miembro de Metallica. La amistad y el compañerismo que mostró le hicieron ganarse rápidamente un lugar como integrante de la banda. Jason se convirtió en la válvula de escape ante la trágica pérdida de Cliff.

En sus primeras giras, el nuevo bajista consiguió la aprobación de los fans. Newsted complementaba su labor con coros y segundas voces (al igual que en su anterior proyecto Flotsam and Jetsam). Quedaba por ver cómo se desenvolvía en el estudio de grabación.

Editan el EP *Garage Days Re-Revisited*

A pocos días de haber comenzado 1987, más precisamente en febrero, en el marco del festival Aardshock de Holanda, Metallica invitó al escenario a Anthrax, Lääz Rockit y Metal Church (con quienes compartían cartel), y juntos interpretaron el tema «Blitzkrieg».

Al mes siguiente, en marzo, James volvió a sufrir las consecuencias del *skateboarding*: se fracturó un brazo en un lavabo vació en Oackland. Su accidente hizo que la banda suspendiera su actuación en el famoso programa de la televisión norteamericana *Saturday Night Live*. Nuevamente lo reemplazó temporalmente John Marshall en la guitarra rítmica hasta que Hetfield se recuperó.

Superado este incidente, el próximo paso que dio la banda fue la edición de *Garage Days Re-Revisited*. Este EP fue grabado en el garaje de la casa de Lars, en San Francisco, en julio de 1987 y se editó el 21 de agosto de ese año a través de Elektra Records. Allí, Metallica dio un paso hacia adelante pisando sobre seguro.

En lugar de lanzar un álbum con material nuevo, optaron por integrar a Jason Newsted grabando un disco de versiones de grupos que ellos admiraban (esto cerraría la puerta a cualquier crítica sobre la calidad de material nuevo de Metallica). En *Garage Days Re-Revisited* se incluyeron canciones de Budgie, The Misfits, Diamond Head y Killing Joke, entre otros. Con este EP, Metallica presentó al nuevo bajista —que apareció en los créditos como «Master J. Newkid»—. Por esos años, en el género del metal no era costumbre realizar tributos ni homenajes a bandas contemporáneas. El disco fue una reivindicación de aquellas bandas con las cuales se identificaron los Metallica en su adolescencia. Una clara vuelta a los inicios.

En su portada, el álbum tenía la particularidad de incluir el precio (en principio, $ 5.98 en formato casete, y luego, $ 9.98 en CD) para asegurarse que los fans no pagaran de más. El EP ha estado descatalogado por muchos años y está considerado como un artículo de colección. Sin embargo, las cinco canciones que integran *Garage Days Re-Revisited* serían incluidas más adelante en el doble-álbum de 1998 *Garage Inc.* Su elevado nivel de ventas, pronto lo convirtió en disco de oro. En el *ranking* de *Billboard* llegó al puesto 28 y escaló hasta el número 27 de las listas británicas. En este álbum incluyeron una extraña cita de la introducción de «Run to the Hills», de Iron Maiden. En ella Metallica interpretó ese tema de una manera libre, con los instrumentos desafinados y fuera de tempo, mientras la canción se pierde en un *fade out*.

Las composiciones de *Garage Days Re-Revisited* mantienen su esencia, aunque Metallica les aporta una impronta que rejuvenece el sonido (como en el caso de «Helpless»). Las canciones son las siguientes:

GARAGE DAYS RE-REVISITED
1-«Helpless» (Harris, Tatler) 6:38 (Diamond Head)
2-«The Small Hours» (Mortimer, McCullim, Bartley, Levine) 6:43 (Holocaust)
3-«The Wait» (Coleman, Walker, Youth, Ferguson)4:55 (Killing Joke)
4-«Crash Course in Brain Surgery» (Shelley, Bourge, Phillips) 3:10 (Budgie)
5-«Last Caress»/«Green Hell» (Glenn Danzig) 3:30 (The Misfits)

Cabe aclarar que en Inglaterra el álbum salió publicado sin «The Wait» para ajustarse a las normas del Reino Unido en cuanto a la extensión que puede tener un EP.

El 22 de agosto, al día siguiente de la publicación de *Garage Days Re-Revisited*, Metallica fue a presentar este material al festival Monsters of Rock que se hacía en el castillo de Donington (Inglaterra). Allí compartieron cartel con Bon Jovi, Dio, Anthrax, W.A.S.P. y Cinderella. Esa presentación del cuarteto no obtuvo un buen reconocimiento de la crítica ni de parte del público presente. Sin embargo, la lista de temas era inmejorable: «Creeping Death», «For Whom the Bell Tolls», «Fade to Black», «Leper Messiah», «Phantom Lord», «Welcome Home (Sanitarium)», «Seek & Destroy», «Master of Puppets», «Last Caress», «Am I Evil?» y «Battery».

Cliff para todos

A modo de homenaje, para finalizar el año, en diciembre de 1987. se editó *Cliff 'Em All!*, un vídeo casero sobre los tres años y medio que el bajista estuvo en la banda y que se editó casi simultáneamente con la boda de Kirk con Rebecca Hammett, celebrada el 3 de diciembre. La dirección de *Cliff 'Em All!* estuvo a cargo de Jea Pellerin y Doug Freel, mientras que la producción fue de Curt Marvis y Jeff Richter. El material contiene distintos registros visuales (como grabaciones de los fans en vivo), que se intercalan con escenas de Hetfield, Ulrich y Hammett tomando cerveza y subiendo el volumen de sus amplificadores y tocando a toda pastilla (una impronta que la banda buscaba dejar en el inconsciente del rock). En muchas ocasiones, la calidad de las imágenes y el sonido no eran los deseados, aunque servía como un registro fiel de la capacidad de Cliff en el escenario y de su grandeza como ser humano. El coste de realización de este documental fue tan ínfimo que ni siquiera alcanzó los mil dólares. Sin embargo, por lo emotivo de su contenido, se convirtió en uno de los vídeos caseros más vendidos de la historia.

A continuación figuran los distintos momentos que recoge el vídeo *Cliff 'Em All!*:

- The Stone, San Francisco, 19 de marzo de 1983: Segundo gran concierto de Cliff (este concierto fue grabado desde el suelo). Canciones: «(Anesthesia) Pulling Teeth» y «Whiplash».
- Chicago, 12 de agosto de 1983: Recibiendo a Raven en el Kill Em All For One Tour. Canciones: «No Remorse» y «Metal Militia».
- Oakland, 31 de agosto de 1985: Day on the Green. Canciones: «Solo de Cliff» y «For Whom the Bell Tolls».
- Alemania, 14 de septiembre de 1985: Metal Hammer Fest, con Venom y Nazareth. Canciones: «The Four Horsemen», «Fade to Black» y «Seek & Destroy».
- Detroit, 4 de abril de 1986: Recibiendo a Ozzy. Canciones: «Creeping Death», «Am I Evil?» y «Damage, Inc».
- Long Island, 28 de abril de 1986: En el marco de los conciertos realizados con Ozzy Osbourne. La grabación es realizada con una cámara desde el suelo, por encima del público. Canciones: «Master of Puppets».
- Dinamarca, 6 de julio de 1986: Festival de Roskilde. Participan Eric Clapton, Elvis Costello, Phil Collins y Big Country. Esta filmación tiene cortes. Canciones: «Welcome Home (Sanitarium)».

El recuerdo de Cliff los acompañaba permanentemente. Dos meses antes de la salida de su cuarto álbum, en mayo de 1988, Metallica participó en el Monsters of Rock que se celebró en Country Club (Los Angeles). Allí compartió cartel con Dokken, Van Halen y Scorpions (mientras se conocía que *Master of Puppets* llegaba a disco de platino). En esa edición del famoso festival, la banda estreno su *jet* privado, ya que tras la muerte de Cliff desarrollaron una terrible fobia a los viajes en autobús.

Una justicia dividida

Entre enero y mayo de1988, el cuarteto se recluyó para grabar en One On One Studios, de California, lo que sería *…And Justice for All*, su siguiente trabajo. El 25 de agosto se publicó a través del sello Elektra Records el cuarto disco de la banda, que fue el primero en ingresar en el *Top* 10 de *Billboard*.

El álbum fue producido por los músicos de Metallica y por Mike Clink (quien trabajó con Whitesnake, Guns N' Roses, UFO, Megadeth, etc.). Pero durante las sesiones, Clink fue sustituido, puesto que la banda no estaba satisfecha con su tarea. El lugar de Clink lo ocupó el danés Flemming Rasmussen (con quien Metallica había trabajado en sus dos anteriores producciones). Con él se partió casi desde cero. De las mezclas de Clink, sólo se conservaron algunas baterías de «The Shortest Straw» y «Harvester of Sorrow» y las versiones de Budgie y Diamond Head que luego acompañarían los *singles*. El resto del material fue descartado y rehecho de nuevo.

Las letras de *…And Justice for All* adquieren una oscuridad latente en torno a la crítica social y política (ya que, con el fin de encontrar tópicos sobre los cuales escribir, Lars y James componían los versos del álbum mirando las noticias del canal CNN). El eje coyuntural se apreciaba desde la portada del disco: la estatua de una mujer (con el tiempo conocida con el apodo de «Doris») que representa la justicia, aunque obscena (uno de sus pechos estaba al descubierto), maniatada (¿serán los mismos hilos que cuelgan de las tumbas de *Master of Puppets*?), ciega y con la balanza de la igualdad desnivelada. La frase «...And Justice for All», había sido escrita con una tipografía común que representa las pintadas que pueblan cualquier pared. La portada del disco fue realizada por Stephen Gorman, influenciado por las ideas de James Hetfield y Lars Ulrich.

En *…And Justice for All*, se aprecia la ambición de la banda por explorar el género hasta traspasar sus fronteras. El tema más corto del disco es de 5:13, lo que evidencia la complejidad compositiva que habían alcanzado. Pero este avance tenía como contrapartida un sonido rústico y crudo que la crítica no tardó en poner en evidencia. La ausencia del bajo en todo el disco fue uno de los acontecimientos en estudio más sorprendentes de la carrera del grupo y de los más criticados. Por tal motivo, fue la última vez que el cuarteto trabajó bajo la supervisión técnica de Rasmussen. Sin embargo, Ulrich y Hetfield fueron quienes solicitaron al productor que redujera la línea de bajo de Jason hasta casi silenciarlo en la mezcla final. Las razones fueron que Metallica no tenía suficiente confianza al nuevo integrante. Sin duda, en un disco de thrash metal la ausencia del bajo repercute notablemente en el sonido de una obra. No obstante, Newsted figura en los créditos como cocompositor de «Blackened», el tema que abre el disco. Por otro lado, en *...And Justice for All*, Kirk y James dejan sus amplificadores Marshall Full Stacks y comienzan a utilizar la Mesa Boogie, lo que les permite lograr un sonido más visceral. A continuación, se detallan las canciones del álbum.

...AND JUSTICE FOR ALL

1. «Blackened» (Hetfield, Ulrich, Newsted) 6:42
2. «...And Justice for All» (Hetfield, Ulrich, Hammett) 9:45
3. «Eye of the Beholder» (Hetfield, Ulrich, Hammett) 6:25
4. «One» (Hetfield, Ulrich) 7:26
5. «The Shortest Straw» (Hetfield, Ulrich) 6:35
6. «Harvester of Sorrow» (Hetfield, Ulrich) 5:45
7. «The Frayed Ends of Sanity» (Hetfield, Ulrich, Hammett) 7:43
8. «To Live Is to Die» (Burton, Hetfield, Ulrich) 9:48
9. «Dyers Eve» (Hetfield, Ulrich, Hammett) 5:13

El álbum tuvo una muy buena acogida en los medios. Logró los primeros puestos en Estados Unidos, Inglaterra, Suecia, Noruega, Suiza y Finlandia (mientras tanto, la edición japonesa incluía como *bonus track* «The Prince»). Los *singles* que se editaron fueron la canción que da nombre al disco, «Eye of the Beholder», «One» y «Harvester of Sorrow». Este último contenía dos lados B diferentes, cada uno con una versión distinta: «Breadfan» (de Budgie) y «The Prince» (de Diamond Head). El *master* contiene un error: al final de «Breadfan», se escucha una voz distorsionada que dice «*Mommy, ¿where's Fluffy?*». Esta frase era la introducción de la siguiente canción, «The Prince», pero se cortó el tema en el lugar equivocado. La banda decidió no corregir este error ni siquiera cuando los temas fueron incluidos en la recopilación de 1998 *Garage Inc.*

El sencillo que tenía «Breadfan» como lado B no tuvo mayor repercusión en las listas. «One», por su parte, logró el puesto 35 de *Billboard* y el 13 del *ranking* inglés. Este sencillo tuvo numerosas caras B, dependiendo del lugar del mundo donde se editó:

Sencillos

1- *Harvester of Sorrow* (Editado el 28 de agosto de 1988)
   - Sencillo internacional: «Harvester of Sorrow» - «Breadfan» - «The Prince»

2- *Eye of the Beholder* (Editado el 30 de octubre de 1988)
   - Sencillo EE. UU.: «Eye of the Beholder» - «Breadfan»

3- *One* (Editado 10 de enero de 1989)
   - Sencillo EE. UU.: «One» - «The Prince»
   - Sencillo internacional: «One» - «For Whom the Bell Tolls» (Live) - «Welcome Home (Sanitarium)» (Live)
   - Sencillo internacional 7": «One» - «Seek & Destroy» (Live)
   - EP japonés: «One» - «Breadfan» - «For Whom the Bell Tolls» (Live) - «Welcome Home (Sanitarium)» (Live) - «One» (Demo)
   - Sencillo de vinilo: «One» (Demo) - «For Whom the Bell Tolls» (Live) - «Creeping Death» (Live)

Curiosidades de *...And Justice for All*

El disco empieza con «Blackened», en cuya introducción se utilizaron guitarras puestas al revés (*backmasking*) y sobregrabaciones. La letra aborda la problemática de la destrucción de la naturaleza debido al consumismo y a la salvaje industrialización. Con cierto guiño bíblico, se proclama el fin del mundo a partir de la polución y la depredación de especies.

Luego, la canción que da nombre al disco, «...And Justice for All», utiliza variaciones rítmicas, lo cual hizo que no suela incluirse en las actuaciones en directo. Tensiona y distiende constantemente y propone abruptos cambios. Esta pieza fue interpretada en directo en 1989 y posteriormente en 2007 y 2009 para el CD y DVD grabado en Méjico.

La letra (que retoma aquellas palabras con que finaliza «La plegaria de la lealtad» que suele pronunciarse en las escuelas públicas en el izamiento de la bandera) hace referencia a la falta de justicia y a la corrupción que existe en el poder Judicial.

«Eye of the Beholder» inicia cada estrofa con una pregunta que se responderá en los versos siguientes. Se plantea un diálogo introspectivo sobre diferentes sentimientos, sensaciones y dudas. Aquí se reflexiona sobre la imposición de una homogeneidad que obtura la pluralidad de criterios en la sociedad. El título de esta canción se desprende de la frase «La belleza está en el ojo de aquel que mira. La libertad habita en la gente que ve las cosas de diferentes maneras». En la misma tónica, «The Shortest Straw» contiene una referencia a las persecuciones ideológicas en la época del macartismo. A diferencia de la gran mayoría de las canciones de Metallica, el estribillo de «Eye of the Beholder» está compuesto por un compás de 12/8 (aunque el resto del tema retoma un tiempo de 4/4, más habitual en la banda). Esta canción ha sido incluida pocas veces en sus actuaciones, aunque forma parte del recopilatorio que hicieron en los 90 con la idea de interpretar fragmentos del disco, pero no los temas en su totalidad debido a su complejidad.

La cuarta composición de *...And Justice for All* es «One», que entra tras un *fade in*. Esta pieza será medular en la historia de la banda. Fue el primer tema de Metallica en ingresar en el *Top* 40 de *Billboard*, concretamente ocupó el puesto 35. Su comienzo entre ametralladoras y helicópteros alcanzaba uno de los puntos más altos de toda su obra (la canción comienza con un tempo de 4/4 para después continuar en un 3/4 y un 2/4). Los primeros compases están inspirado en «Buried Alive», de Venom, y el solo de guitarra del medio es uno de los favoritos de Hammett, ya que cuando lo interpreta en vivo lo carga de mucha energía, porque mientras lo toca el público lo acompaña con cánticos.

La letra de «One» se basa en la novela *Johnny cogió su fusil*, de Dalton Trumbo, que relata la historia de un hombre que perdió sus extremidades, la vista, el oído y la voz al explotarle una mina terrestre en la Primera Guerra Mundial. La canción relata su despertar en la cama de un hospital y la forma en que lo conectan a distintos artefactos para mantenerlo con vida. Aquí se cruza el sueño del protagonista con su realidad y el deseo de poner fin a su propia vida. La letra se termina a los 5:20, pero la música se extiende (hasta los 7:25) con un sonido furioso que te atrapa.

«Harvester of Sorrow» refleja la historia de un joven que alcanzó un alto nivel de locura y descarga su furia contra su familia, a la que termina asesinando. Allí también existen alusiones a la guerra, al aborto y a la esclavitud.

«The Frayed Ends of Sanity» también recorre el tópico del desequilibrio mental de un esquizofrénico. Su extensa letra describe sus distintas sensaciones. La canción empieza con una melodía de guitarra oscura y lenta que también era cantada por los guardianes de la Bruja Malvada en *El Mago de Oz*, y que fue empleada en el episodio de *Los Simpsons* llamado «Rosebud». Los arreglos de batería y guitarra de esta canción son muy complejos, por lo que el tema nunca ha sido interpretado en directo. No obstante, tocaron parte de él en el recopilatorio musical que realizaron durante el *Live Shit: Binge & Purge* de 1989 en Seattle, aunque omitieron los primeros compases del tema. Tres años después, «The Frayed Ends of Sanity» formó parte del *Live Shit: Binge & Purge* grabado en San Diego.

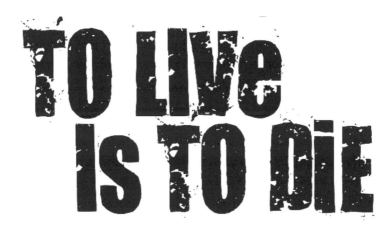

La máxima que Cliff Burton decía frecuentemente, «To Live is To Die», llevó al grupo a publicar un tema titulado así y basado en varios riffs del bajista desaparecido.

Como no podía ser de otra manera, Metallica incluyó en *...And Justice for All* un tema instrumental: «To Live Is to Die». La canción es un homenaje póstumo a Cliff Burton, ya que está basada en varios *riffs* que el exbajista había escrito en su estancia en el grupo. La banda consideró que sería una buena idea incluir una obra escrita por Cliff en el álbum, como muestra de agradecimiento por el tiempo que pasaron juntos. El título de la canción («Vivir es morir») es una frase que Cliff decía frecuentemente. «To Live Is to Die» nunca fue interpretada en vivo en su versión completa, aunque la parte lenta del interludio fue incluida en repetidas ocasiones, a finales de los 80 y principios de los 90, como final para el solo de bajo de Newsted, tras del cual continuaba «Master of Puppets», la canción favorita de Cliff Burton. «To Live Is to Die» fue interpretada entera en vivo por primera vez el 7 diciembre de 2011 en San Francisco, con motivo de los 30 años de la banda. Los distintos momentos que ofrece esta composición podrían simbolizar el sentimiento de furia y desolación ante la pérdida de Cliff. El solo de guitarra representa el sentimiento de culpa de Kirk Hammett ante lo acontecido. A mitad tema, aflora un sonido oscuro que se irá limpiando junto a la inclusión de mayores armonías. Esto representaría la aceptación de la pérdida y la voluntad de los tres integrantes de la banda de continuar con el proyecto que los había unido. El segundo solo contiene mayor templanza y, en su retorno a la parte pesada, se le rinde tributo a Cliff mediante la lectura del poema. Al llegar al final, la canción vuelve a los acordes de la introducción, simbolizando el recuerdo de Cliff como una forma circular. El corte repentino del final simboliza la forma abrupta en que la muerte atrapó a Cliff. El poema que se recita figura erróneamente como autoría de Cliff, aunque pertenece al escritor alemán Paul Gerhardt y, *a posteriori*, se popularizó en la película *Excalibur*, de 1981.

Manteniendo el espíritu de la canción anterior, aparece con toda la furia «Dyers Eve». En ella se describe con precisión la bronca de un adolescente hacia sus padres, por la sobreprotección y aislamiento al que lo habían sometido. Este reproche llega cuando el joven se encuentra lleno de dudas y sin ningún tipo de herramientas para enfrentarse a un mundo que se da cuenta que no conoce. Al igual que ocurría con los escritos de John Lennon, esta canción busca exorcizar fantasmas de la niñez (aunque Lennon lo hizo a través de la Terapia del grito del prestigioso psicólogo Arthur Janov). Hetfield pasó su infancia junto a un padre camionero que pronto lo abandonó y una madre que, aferrada ciegamente a la Ciencia Cristiana, encontró la muerte por un cáncer que contrajo tras rechazar el tratamiento por cuestiones religiosas. En esta canción, la ira de Hetfield con su familia se exterioriza de manera furibunda. Esta canción nunca la habían tocado de manera completa hasta 2004, cuando lo hicieron en el Metallica's Madly in Anger with the World Tour.

Para algunos periodistas y fanáticos del thrash *…And Justice for All* fue el comienzo del final de Metallica. La banda buscaría nuevos rumbos, sobre todo a partir del ingreso de Jason, un cambio que se evidenciaría particularmente en los conciertos en directo.

Dos viejos amigos se reencuentran

El 20 de agosto de 1988, se llevó a cabo una nueva edición del Monsters of Rock en Donington Park, Inglaterra. A pesar de que en esta oportunidad Metallica no tocó, Lars Ulrich fue invitado y compartió escenario con Dave Mustaine. Ambos se encontraron por primera vez después de que el guitarrista hubiera sido expulsado de Metallica cinco años antes. La reunión fue posibles gracias a Guns N' Roses, que eran parte de las bandas programadas del festival.

Gira Damaged Justice

A poco de publicarse *…And Justice for All*, el grupo montó una nueva gira (pero antes Kirk se comprometería con Rebecca Hammett el 3 de diciembre de 1987 y Newsted haría lo propio con Judy Newsted en 1988). En los festivales, a diferencia de las anteriores oportunidades, Metallica aparecía como el grupo principal. La repercusión de la gira se amplificó cuando una radio comenzó a retransmitir su concierto en Texas. El despliegue de su espectáculo era impactante, desde la escenografía, la puesta de luces y la estructura de sonido. Las ubicaciones donde se desarrollaba eran espacios con capacidad para más de 15.000 espectadores. Su popularidad era imparable. En esta serie de conciertos, Metallica se consolidó como el grupo de heavy metal más importante del mundo.Los grupos teloneros fueron The Cult, Faith No More y Queensrÿche, que se alternaron a lo largo de la gira.

La gira de presentación de este nuevo material se llamó Damaged Justice y fue el cuarto *tour* que realizó Metallica. En esta gira, como parte de la puesta en escena, sobre el escenario había una escultura gigante de Doris (la señora justicia que aparece en la portada del disco), y cuando tocaban la canción que da nombre a su disco se destrozaba en pedazos. El concepto escenográfico acompañaba la estética de su último trabajo. El primer concierto fue el 11 de septiembre de 1988 en Budapest (Hungría). La gira pasó por España (Plaza de Toros de Barcelona y Pamplona, y la Casa de Campo de Madrid) para luego recorrer Canadá, Brasil, Nueva Zelanda y Japón, entre otros países. La gira concluyó el 12 de octubre de 1989, en el estadio Luna Park de Buenos Aires (Argentina). La gira sirvió para posicionar *…And Justice for All* entre los seis lanzamientos más vendidos de Estados Unidos y alcanzar el doble disco de platino. Su éxito también le valió los primeros puestos de ventas en Japón y Europa.

Entre la Nueva Ola y la reina

Una vez finalizada la intensa gira Damaged Justice, de más de 250 conciertos en 13 meses, la banda se tomó un pequeño descanso de casi tres meses, lo que aprovecharon sus integrantes para realizar actividades personales. Ulrich voló a su Dinamarca natal para descansar y dedicarle tiempo a su primer matrimonio con Debbie Jones, una británica que conoció en la gira y con quien se casó en 1988. Al mismo tiempo, aprovechó eso días para comenzar junto a Geoff Barton (editor de la revista *Kerrang!*) su proyecto de un recopilatorio: *The New Wave of British Heavy Metal 79 Revisited*, que incluía a Iron Maiden, Def Leppard, Holocaust, Sweet Savage, Venom y Diamond Head, entre otros. Este álbum doble fue editado en 1990 a través de Caroline Records y posteriormente por Metal Blade Records.

En enero de 1990, los músicos de Metallica interrumpieronn sus vacaciones y se reunieron con el fin de realizar la versión de «Stone Cold Crazy», de Queen, para el recopilatorio *The Rubaiyat*, realizado por Elektra con el fin de celebrar sus 40 años. Tenían que grabar canciones de artistas o grupos del sello. En principio, su actitud fue reacia a participar. Luego, la idea era tomar una canción de Tom Waits, pero el resultado dejó poco convencido al grupo, ya que no pudieron amoldarlo a su sonido. En este recopilatorio doble, The Cure grabó una canción de The Doors; Pixies hizo lo propio con «Born in Chicago», de The Paul Butterfield Blues Band; John Zorn interpretó «T.V. Eye», de The Stooges.

Feos, malos y sucios

Coincidiendo con los seis años y medio de carrera, el 7 de mayo de 1990, Metallica edita en Reino Unido *The Good, the Bad & the Live*, un *box set* de seis vinilos de 12". Este título fue un juego de palabras con la película *The Good, the Bad & the Ugly (El bueno, el feo y el malo)*, cuya canción «Ecstasy of Gold» (compuesta por Ennio Morricone) ha sido históricamente utilizada por Metallica para iniciar sus conciertos.

El material recopilaba cinco EP de estudio ya editados (*Jump in the Fire*, *Creeping Death*, *Harvester of Sorrow*, *One* y *Garage Days Re-Revisited*) y uno nuevo en vivo (*The Six and a Half Year Anniversary*).

THE GOOD, THE BAD & THE LIVE
Jump in the Fire
«Jump in the Fire» / «Seek & Destroy»* / «Phantom Lord»*

(*Estas dos canciones simulan estar grabadas en vivo, ya que la banda hizo un montaje de voces en el estudio).

Creeping Death

«Creeping Death» / «Am I Evil?» / «Blitzkrieg» (Jones/Smith/Sirotto)

The $5.98 EP-Garage Days Re-Revisited

«Helpless» / «The Small Hours» / «The Wait» / «Crash Course in Brain Surgery» / «Last Caress» / «Green Hell»

Harvester of Sorrow

«Harvester of Sorrow» / «Breadfan» / «The Prince»

One*

«One» / «For Whom the Bell Tolls» (Live) / «Welcome Home (Sanitarium)» (Live)
*(Incluía un póster especial)

The Six and a Half Year Anniversary EP*

«Harvester of Sorrow» (Live) / «One» (Live) / «Breadfan» (Live) / «Last Caress» (Live)
*(Grabado en el Coliseo, Seattle, Washington el 29 y 30 de agosto de 1989).

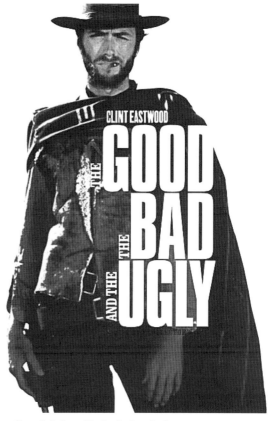

Cartel de la película de Sergio Leone en cuya banda sonora aparece el tema «Ecstasy of Gold», compuesta por Ennio Morricone y utilizada por Metallica para iniciar sus conciertos.

PRIMER VIDEOCLIP / «ONE»

Metallica estaba ya en la cima del rock y comenzaron a llegarle distinciones y reconocimientos. El 28 de septiembre, en medio de la gira Damaged Justice, Metallica recibió el Premio *Billboard* al mejor documental de música del año por *Cliff 'Em All*. En diciembre, rompieron sus prejuicios y filmaron el primer videoclip. «One» fue la canción elegida. La dirección estuvo a cargo de Bill Pope y Michael

Salomon, y fue rodado en Long Beach (California). La banda aparece en tonos azulados, tocando en una vieja habitación con grandes ventanales. Estas escenas se fusionan con imágenes y audios de la película *Johnny Got His Gun*, de 1971 (ya que la letra de la canción está basada en el libro homónimo). El videoclip debutó en la MTV el 20 de enero de 1989 y cuenta con tres versiones diferentes. La segunda era una versión más corta y la tercera no tiene las escenas de la película. En 2006, dos de estas versiones fueron incluidas en el DVD recopilatorio que lanzó la banda.

El escándalo con Jethro Tull

El videoclip y la canción de «One» le abrieron infinidad de puertas a Metallica, y la banda obtuvo nominaciones a los premios Grammy y a los MTV Video Music Awards. En los Grammy, celebrados en febrero de 1989, la banda se presentó paratocar la canción, incluida en *...And Justice for All*, álbum nominado en la categoría de «Mejor Interpretación de Hard Rock/Metal» (un premio creado ese mismo año). Fue el debut de Metallica en televisión y la primera vez que una banda de thrash metal tocaba en un certamen de estas características (fue transmitido para todo el mundo). En este premio, el grupo de Hetfield competía con Jane's Addiction, Jethro Tull, Iggy Pop y AC/DC. Metallica era considerado el gran favorito para llevarse el galardón, pero ocurrió lo impensado: ¡los anfitriones Lita Ford y Alice Cooper sonrieron con sorpresa al tener que anunciar que el Grammy a la «Mejor Interpretación de Hard Rock/Metal» lo había ganado Jethro Tull! Sus integrantes no estaban en la sala; por recomendación del mánager, no asistieron a la ceremonia: no creían tener posibilidades de alzarse con el galardón, ya que aquella categoría musical no les correspondía.

Si bien no se puede poner en tela de juicio la calidad de la obra del grupo, su premio al álbum *Crest of a Knave* generó controversia. Nadie consideraba a Jethro Tull una banda de hard rock, y menos aún de heavy metal. Esta decisión fue tomada como una ofensa para los metaleros: cuando el conjunto de Ian Anderson fue anunciado como vencedor, desde la platea del Shrine Auditorium de Los Angeles, se escucharon abucheos.

A raíz de estas críticas, Jethro Tull publicó un anuncio en la revista musical británica *Billboard* con una fotografía de una flauta traversa entre distintos hierros y metales, con la frase: «*The flute is a heavy, metal instrument!*» (en español, «¡La flauta es un instrumento pesado, de metal!»). En consonancia, y en un gesto de humor e ironía, Metallica agregó una etiqueta a su álbum que decía *«Grammy Award Losers»* (en español, «Perdedores del premio Grammy»).

En la entrega de los MTV Video Music Awards, ocurrió algo similar. Allí perdieron con «Sweet Child O'Mine», de Guns N' Roses. Sin embargo, cuando el bajista de la banda, Duff McKagan, subió a recibir el galardón, aclaró que en realidad se lo merecía llevar Metallica.

La presencia de Metallica en estos galardones en los que había figuras del mundo del espectáculo y de la jet set del rock, mezcladas con artistas pop, no le cayó en gracia a los fanáticos metaleros que acusaban al grupo de haberse vendido al *mainstream*.

La banda tendría su revancha al siguiente año, en la 32ª entrega de los premios Grammy. En esta ocasión, para que no se repitiera el incidente, se partió el galardón entre las categorías de «Hard rock» y «Metal». Así que, finalmente, fueron galardonados en la categoría de «Mejor Interpretación de Metal» por la canción «One». El premio causó una gran satisfacción a los músicos (sobre todo teniendo en cuenta que en la terna competían con grandes baluartes como Judas Priest, Anthrax y Megadeth). Sin embargo, creyeron que les fue entregado para remendar el error de la edición anterior.

Esta serie de distinciones y reconocimientos por parte de la industria musical no fue bien recibida por los seguidores de la primera etapa de Metallica, que tomaron esta actitud como una rendición de la banda al *mainstream* de las galas y las celebraciones con famosos.

Para volver a los pequeños clubes, entre enero y septiembre de 1989, aprovechando que la gira Damaged Justice los había llevado a Estados Unidos, el grupo realizó algunas actuaciones bajo el álter ego de The Spastic Children.

Un año después, en 1990, Kirk realizó un cameo para el videoclip de Primus «John the Fisherman», debido a la amistad de Kirk con el bajista y cantante de la banda, Les Claypool (habían ido juntos a la escuela y en 1986 estuvo entre los candidatos a suplantar a Cliff Burton).

★

Terminada la década de los 80, comenzará una nueva página en la música. Metallica se encontraba en la cresta de la ola, pero vendrían años agitados en su búsqueda musical y en su relación con sus seguidores.

4

1991-1995

Metallica en 1988 en el concierto Monsters of Rock.

Contexto político de principios de los noventa

La política y la economía en el mundo ofrecían una nueva página en su historia: Estados Unidos ganaba su guerra contra el comunismo. La esperanza roja se evaporaba con la caída del muro de Berlín en 1989, los sandinistas eran derrotados en Nicaragua en 1990 por la Unión Nacional Opositora (apoyados por el gobierno estadounidense) y la URSS llegaba a su fin en 1991 y ponía punto final a más de cuarenta años de Guerra Fría.

El neoliberalismo se mantuvo en Gran Bretaña con el tercer mandato de Margaret Thatcher hasta noviembre de 1990 y luego con John Major hasta mayo de 1997.

En los primeros días de 1989, en Estados Unidos tomó el mando presidencial George H.W. Bush (exdirector de la CIA y vicepresidente de la Administración Reagan) y en febrero de 1990 este nuevo Jefe de Estado lideró la Guerra del Golfo (secundado por potencias como Gran Bretaña) y conformó un bloque de 31 países que atacaron Irak con la excusa de haber invadido Kuwait. Al cabo de un año, este enfrentamiento fue ganado por la coalición. Esa región de Oriente Medio se convertiría en un foco de ataques y conflictos por sus reservas de petróleo.

La música se globaliza

En 1992 U2 realizó el Zoo TV Tour, con una mirada crítica sobre la insistente cobertura del canal CNN sobre la Guerra del Golfo. En este espectáculo, el grupo reparó en la mediatización constante que definió esos años y la influencia de los medios masivos de comunicación sobre la sociedad. La escena de Bono zapeando obre la inmensa pantalla montada en el escenario daba cuenta de la llegada de la globalización (interdependencia sociopolítica y cultural entre regiones). Este cambio fue muy significativo en el ámbito musical, principalmente por los avances en el proceso comunicacional y tecnológico: por esos días, la cadena MTV se expandía internacionalmente por fuera de los EE.UU. y acaparaba Europa (1987), Brasil (1990), Japón (1992), Latinoamérica (1993) China y Asia (1995), Reino Unido e Irlanda (1997) y, posteriormente, España (2000).

La peste rosa viste de negro el rock

El virus del SIDA comenzó a propagarse silenciosamente por el panorama artístico, cultural e intelectual, en el cual se promovía la libertad sexual y el consumo de drogas. En poco tiempo, el VIH puso de luto a la población, al llevarse a grandes referentes. Entre las figuras más ilustres fallecieron a causa de la «peste rosa»: en 1991, Freddie Mercury (cantante de Queen); en 1985, Ricky Wilson (guitarrista y fundador de la banda B-52's); en 1995, el rapero Eazy-E. En 1989, también murió Robert Mapplethorpe (expareja de Patti Smith, creador de la famosa portada de su disco *Horses* y uno de los fotógrafos más relevantes de los ochenta).

La explosión del grunge

Aquella sociedad de comienzos de los noventa, tras ver el derrumbe de las utopías, se sumergió en el postmodernismo del consumo y el individualismo. El fin de los paradigmas no sólo abordó el campo político, sino también el musical. La cultura del rock cambió drásticamente, y aquellos que no supieron actualizarse quedaron condenados al olvido.

A comienzos de aquella década, en Estados Unidos explotó un movimiento conocido como grunge. Esta nueva corriente provenía de Seattle, una ciudad ubicada en el estado de Washington. De allí eran Pearl Jam, Soundgarden y Alice in Chains. Sin embargo, la banda que dio una sacudida a todo el panorama del rock fue Nirvana, un trío oriundo de la pequeña ciudad de Aberdeen (Washington). El grunge se gestó casi diez años después del thrash metal. Fue la renovación que muchos estaban esperando, en un momento en que el thrash se había convertido en una música del *mainstream* que firmaba contratos millonarios y no representaba la realidad de los nuevos jóvenes. «Smells Like Teen Spirit» fue el primer *single* de su álbum de debut *Nevermind*, de 1991. La canción llegó a un público de escala mundial. En el videoclip, salían unas imágenes de chicos normales con tejanos y camisas de leñador, alejados de las melenas de la escena del metal. Durante la primera mitad de la década de los noventa, el grunge acaparó radios y televisiones. Era una fiebre que eclipsó a todos los demás géneros musicales. Nirvana fue la punta de iceberg e hizo visible todo un movimiento grunge que estaba casi en las sombras. Este grupo, liderado por Kurt Cobain, fue la punta de lanza de la Generación X, una camada de jóvenes norteamericanos que rechazaban la cultura imperante y todas las instituciones que conformaban el orden social. Estaban entre deprimidos y furiosos con su realidad y tenían reminiscencias punk a lo «no future» (mientras presenciaban caer las últimas grandes utopías, veían a sus familias sumergiéndose en la burbuja del consumo). Todo ello hizo que la popularidad de Nirvana nunca pudiera ser alcanzada, y cuando Cobain se suicidó en 1994 no hubo quien se adueñara de su trono. El grunge tal vez haya sido la última revolución en la cultura del rock.

Nirvana supuso la renovación que muchos estaban esperando, en un momento en que el thrash se había convertido en una música del *mainstream*.

La respuesta en «Madchester»

Durante la segunda mitad del siglo XX, EE. UU. y Gran Bretaña competían buscando ofrecer la novedad musical que cautivara a los jóvenes. Cuando en 1991 en Norteamérica estalló el grunge, su par europeo celebró la escena de «Madchester». A finales de los 80, el panorama político de ambos países era muy similar. Los jóvenes británicos habían aceptado la cultura lánguida impuesta por los conservadores. Aquellos días los pasaban mirando la televisión, sumergidos dentro de una población lobotomizada. En las discotecas británicas apareció el éxtasis y en el ámbito musical, The Stone Roses. Así, se inició la subcultura «Madchester». Los sectores populares acaparaban los clubes nocturnos en busca de diversión para escaparse de la vida cotidiana. La combinación de música bailable, cerveza y fútbol se intensificó. Al mismo tiempo, estos jóvenes reivindicaban las actitudes incorrectas y marginales. El cruce de estilos entre guitarras pop/rock de corte típicamente británico y ritmos provenientes del acid house fueron preponderantes desde 1988, «el segundo verano del amor». Las canciones contenían melodías simples y las letras apelaban a una fuerte comunicación con un público deseoso de escapar de la coraza conservadora. Aquellos jóvenes no conocían otra realidad fuera del thatcherismo. De ahí que se produjera una fuerte identificación del público con los artistas. Más aún con la imagen que proyectaban estos últimos de estrellas arrogantes deseosas de protagonizar peleas callejeras. Manchester centralizó la efervescencia creativa de una generación de grupos que ejercieron una notable influencia musical y dejaron huella en su época. La separación de The Stones Roses fue el preámbulo del final. Al poco tiempo (y con la misma intensidad del efecto provocado por las drogas sintéticas y su posterior «efecto bajada»), el atractivo poder hipnótico de la escena se diluyó. Muchas de esas bandas desaparecieron para desintegrarse en el anonimato.

Meses después, afloró con poca resonancia el movimiento *shoegazing* (en español, «mirada fija en los zapatos»). Ésa era la forma en que los músicos se presentaban a tocar, ya que no establecían contacto visual con el público: estaban obsesionados con los efectos de guitarra (como el *flanger*, *reverb* o *chorus*) y los ambientes espaciales que creaban. En esta escena destacaron grupos de culto como My Bloody Valentine.

Bob Rock, el quinto jinete

Metallica no estuvo ajena a estos cambios estéticos. Tras sus actuaciones entre mayo y junio de 1990 en Alemania, Holanda, Francia, Inglaterra, Escocia,

Canadá y Nueva York, la banda se centró en la preparación de su quinto trabajo. En septiembre, grabaron los demos de «Enter Sandman», «Sad But True», «Wherever I May Roam» y «Nothing Else Matters», y el 4 de octubre fue el turno de «The Unforgiven». Estos temas formarían parte del álbum que comenzaron a grabar el 6 de octubre. En principio, se había pensado en titularlo «Don't Tread on Me» (en español, «No me pises») e incorporar un dibujo de Pushead en la portada. La idea finalmente fue desechada y el disco se llamó simplemente *Metallica*, aunque entre el público se conoció como *El Álbum Negro*.

Este cuarto trabajo se registró en los estudios One On One, de California. Allí la banda estableció su base de operaciones y pudo plasmar sus ideas en un clima amigable y distendido: el lugar contaba con mesa de billar y ping-pong, videojuegos, diana, cocina y baños con duchas. Pero hubo una persona que trastocó parcialmente esta atmósfera de tranquilidad: Bob Rock. Su rol como productor de *El Álbum Negro* adquirió una importancia central. Él los había ido a ver en la gira Justice, cuando actuaron en Vancouver. Al poco tiempo, el mánager de la banda se puso en contacto con Bob para que fuera a mezclar su próximo disco. Pero Bob, además, le ofreció producirlo.

El cuarteto había terminado la gira de *...And Justice for All* y sentía que debía sentarse a componer canciones más simples. La banda había llegado al límite de sus conocimientos musicales y tecnológicos. Necesitaban una brújula para darle un nuevo rumbo a su propuesta. Y Bob Rock fue el encargado de encaminar a la banda, aunque muchas de sus ideas no coincidían con las de los músicos. Metallica dejaba de lado a su histórico productor, Flemming Rasmussen. Y como Bob Rock había trabajado en los exitosos álbumes de Aerosmith, Bon Jovi y Mötley Crüe, se especulaba con un cambio en la dirección musical de la banda.

Bob Rock sabía que iba a ser una tarea difícil, aunque le interesaba mucho el desafío. Con todo, las tensiones no tardaron en cristalizar. Bob se sentó con los integrantes de Metallica y fue visceral: les dijo que había visto varios de sus conciertos y que había escuchado sus discos, pero que aquellos álbumes no reflejaban lo que hacían en vivo. A los músicos no les sentó nada bien la crítica. Bob llevaba un cronómetro y tomaba apuntes de lo que hacía en el estudio. Las ideas musicales ya no eran solamente de Lars y James. Bob les marcaba las partes y los acordes que debían modificar. James estaba muy incómodo ante la situación de que alguien se entrometiera en sus canciones. Los primeros tres meses de grabación, incluyendo la preproducción, estuvieron cargados de fricciones. Metallica no confiaba en el trabajo de Bob y cada vez que sugería algo sobre alguna canción, se hacían los desentendidos o lo ignoraban directamente. Tuvieron que pasar meses para que empezaran a poner en práctica las ideas de Bob.

Los cambios también acapararon la forma de proceder en el estudio. Hasta entonces, cada miembro de la banda grababa por separado. Lars y James tocaban y, cuando terminaban, veían el resultado. Pero ese método resultó poco saludable, ya que no podían fluir con la música. Cuando llegó Bob Rock, trabajó con toda la banda junta en el estudio. De esta manera, creía que podían sentir mejor la canción. El problema se presentaba cuando les hacía repetir las tomas. Los músicos se enfadaban, ya que no estaban acostumbrados a tocar veinte veces lo mismo durante un día. Pero las diferencias comenzaron a apreciarse.

Luego, Bob buscó expandir al máximo el sonido de todos los instrumentos de la banda. Para la grabación de la batería, utilizaron diferentes tipos de micrófonos con el objetivo de lograr una sensación de expansión. También hubo un importante trabajo de ecualización. Pasaron varias semanas hasta encontrar el sonido de la batería.

En medios de estas sesiones, el 20 de febrero de 1991, la banda obtuvo un Grammy en la categoría «Mejor Interpretación de Metal» por «Stone Cold Crazy». Asimismo, durante esas semanas, la banda recibió el doble platino por las ventas de *Kill 'Em All* y *Master of Puppets*. Estas distinciones incrementaron sus expectativas y responsabilidades, lo que hizo que la grabación de *El Álbum Negro* fuese lenta y que en ella se pusiera el acento en los detalles. Así, la aparente simplicidad del disco abrió un espacio importante para el cantante. Bob buscaba que el público pudiera apreciar la persona detrás de la voz de Hetfield. Las letras que escribía también sufrieron una fuerte transformación. James nunca había sido de leer poesía o novelas para inspirarse. Su camino era un viaje desde lo interno hacia lo universal. Sus versos siempre expresaron sus sentimientos y sus reflexiones ante la vida. Creaba una melodía y luego escribía la letra, verso por verso. La lírica antes era tomada como un compromiso y casi como un aspecto de relleno en las canciones. El productor llevó a James a un plano musical más amplio, haciéndole probar diferentes sonidos, estilos, micrófonos, y focalizando su voz sobre las emociones y los estados de ánimo. También hubo modificaciones en la forma de mezclar la voz, ya que el productor la puso en primer plano dándole la importancia que se merecía. Se probaron cosas que nunca antes habían hecho (por ejemplo, si había una palabra mal pronunciada o fuera de tempo, se grababa encima).

De izquierda a derecha, James Hetfield, Jason Newsted, Lars Ulrich y Kirk Hammet tras un concierto en 1990.

Por otra parte, para lograr un sonido fuerte y seco en las guitarras se recubrió el lugar con mantas y maderas, mientras Bob les sugería rasgueos y arreglos sobre las canciones. La grabación de la batería también fue exhaustiva. Llegaron a haber 30 o 40 tomas de una misma canción, se buscaban las mejores partes y se combinaban en la mezcla final.

Con respecto al bajo de Jason, Rock creía conveniente que debía tener un protagonismo al nivel de la guitarra y amalgamarse con ésta. Así, Jason Newsted ganó presencia y un lugar importante (los discos anteriores estaban muy orientados a la guitarra y el bajo únicamente se escuchaba cuando disminuía el sonido de la guitarra). Se probaron una infinidad de efectos y modelos de bajos para lograr el sonido adecuado para cada canción. Sin embargo, todas aquellas pruebas generaban un ruido al golpear las cuerdas del bajo. Por tal motivo, pusieron goma espuma delante de los amplificadores para percibir el sonido con mayor claridad.

Con el paso del tiempo, la relación con Bob fue mejorando. Ambas partes cedieron para encontrar un punto de entendimiento. Si bien Bob tenía mucha visión musical, un cambio tan brusco venido desde alguien que había llegado desde afuera seguramente resultó muy violento. Sin embargo, Bob buscaba desarrollar la parte orgánica de sus canciones y llevar a Metallica hacia el próximo escalón musical. Dar una vuelta de página en el sonido de la banda y pensar la música de otra manera. Fueron nueve meses. Los músicos soportaron una situación traumática aunque hacia el final entablaron un buen vínculo con el productor. Si bien Lars y Bob se distanciaron completamente durante

1992, con el paso de los años entablaron un fuerte vínculo de amistad, y ahora Lars lo considera una persona imprescindible a la hora de grabar un disco.

La oveja negra del metal

El Álbum Negro dejó atrás la complejidad y la impronta de los discos anteriores. En lugar de eso, buscaron canciones de calidad y le restaron protagonismo al componente thrash. Los *riffs* de guitarra fueron la esencia de esta producción. Si bien en un principio había arreglos complejos y sofisticados, fueron puliéndolos hasta terminar en *riffs* de pocas notas y acordes abiertos. La idea era alcanzar un plano de masividad por fuera del circuito metalero (al igual que lo había hecho Judas Priest con su disco *Screaming for Vengeance*). En consecuencia, Metallica necesitaba suavizar su sonido a través de un mayor acento en las melodías y *riffs*. En su conjunto, las canciones ahora desarrollarían un sonido nítido, claro y pulido, y serían más cortas con el fin de lograr una mayor presencia en radio y televisión. El tema más largo del disco era «My Friend of Misery» con 6:47 minutos (mientras que en *...And Justice for All* el más largo era de 9:48).

Impulsados por la buena experiencia y recepción que tuvo el videoclip de «One», realizaron el vídeo de «Enter Sandman», el nuevo *single* —aunque a Hetfield le aburrían las largas sesiones de filmación—. A pesar de ello, la filmación se realizó en Los Angeles el 3 de julio y contó con la dirección de Wayne Isham. El estreno fue el 30 de julio de 1991.

El Álbum Negro significó una ruptura notable en la obra de Metallica. El trabajo de Bob fue fundamental y marcaría un punto de inflexión en la historia del conjunto. El disco les brindaría un puñado de clásicos que trascenderían el género para instalarse en el inconsciente de la historia del rock.

El Álbum Negro: un *riff* y el mundo a sus pies

El 3 de agosto de 1991, se llevó a cabo un preestreno en exclusiva de *El Álbum Negro* en el Madison Square Garden de Nueva York y en el Hammersmith Odeon de Londres (cuyas instalaciones se llenaron con seguidores de Metallica ansiosos por escuchar su nuevo material). Fue una experiencia particular para el cuarteto, estar en lugares tan importantes sólo para escuchar sus canciones. Tras varias semanas, el 12 de agosto de 1991 salió a la venta finalmente *Metallica*, el quinto disco. La demora fue una estrategia de marketing: el sello Elektra buscó hacer coincidir la edición del álbum con la participación de la banda en el festival Monsters of Rock que iba a realizarse cinco días después en Donington Park (Inglaterra) y en el que compartían escenario con AC/DC y Mötley Crüe.

El disco sería conocido como *El Álbum Negro* (en inglés, *The Black Album*), porque la portada sólo contiene, sobre un fondo negro, el logo de la banda en la esquina superior izquierda y el dibujo de una serpiente de cascabel en la esquina inferior derecha. Este concepto minimalista tiene como antecedente a The Beatles, que en 1968 lanzaron *El Álbum Blanco* (en inglés, *The White Album*), en el que solamente aparecía el nombre del grupo de manera muy tenue sobre fondo blanco.

Las extensas sesiones de *The Black Album* le costaron a la banda, un millón de dólares y el matrimonio de tres de sus integrantes: Ulrich se divorció de Debbie Jones en 1990 por la ausencia constante del baterista en la etapa de grabación de *The Black Album*; Kirk se separó de Rebecca Hammett ese mismo año y Jason rompió con su pareja, Judy Newsted a los pocos días. Paralelamente, fueron surgiendo distintas desavenencias en el seno del grupo a medida que pasaban tantas horas juntos encerrados en el estudio. Los graves problemas internos entre los integrantes condujeron a tomar decisiones drásticas. James y Lars intercalaron sus horarios para grabar. Lars lo hacía de noche y dormía de día, y James, al revés. James grababa las guitarras y las voces, y en los descansos tomaba el sol. Cuando terminaba, llegaba Lars a poner las baterías. Bob se quedaba las 24 horas despierto trabajando. A continuación, aparecen las canciones del disco.

METALLICA (THE BLACK ALBUM)

1- «Enter Sandman» (James Hetfield, Lars Ulrich y Kirk Hammett), 5:29

2- «Sad But True» (James Hetfield y Lars Ulrich) 5:24

3- «Holier Than Thou» (James Hetfield y Lars Ulrich) (3:47)

4- «The Unforgiven» (James Hetfield, Lars Ulrich y Kirk Hammett) 6:26

5- «Wherever I May Roam» (James Hetfield y Lars Ulrich) 6:42

6- «Don't Tread on Me» (James Hetfield, Lars Ulrich y Kirk Hammett) 3:59

7- «Through the Never» (James Hetfield, Lars Ulrich, Kirk Hammett) 4:01

8- «Nothing Else Matters» (James Hetfield, Lars Ulrich) 6:29

9- «Of Wolf and Man» (James Hetfield, Lars Ulrich, Kirk Hammett) 4:16

10- «The God That Failed» (James Hetfield, Lars Ulrich) 5:05

11- «My Friend of Misery» (James Hetfield, Lars Ulrich, Jason Newsted) 6:47

12- «The Struggle Within» (James Hetfield, Lars Ulrich) 3:51

Los *singles* incluían distintas caras B del álbum, versiones y grabaciones en vivo. Fueron editados entre 1991 y 1993:

1- *Enter Sandman* (editado el 29 de julio de 1991)

- Single en EE. UU.: «Enter Sandman» - «Stone Cold Crazy» (Mercury, May, Taylor, Deacon)
- Sencillo internacional (CD): «Enter Sandman» - «Stone Cold Crazy» - «Enter Sandman» (Demo).
- Sencillo de vinilo internacional 12" (4 temas): «Enter Sandman» - «Stone Cold Crazy» - «Holier Than Thou» - «Enter Sandman» (Demo).
- Sencillo de vinilo internacional 12" (3 temas): «Enter Sandman» - «Stone Cold Crazy» - «Enter Sandman (Demo)».
- Sencillo de vinilo internacional 7": «Enter Sandman» - «Stone Cold Crazy»
- Sencillo de vinilo Internacional 7" (*picture disc*): «Enter Sandman» - «Stone Cold Crazy»
- Sencillo australiano, de dos temas (CD): «Enter Sandman» - «Stone Cold Crazy»
- Sencillo japonés, de dos temas, (CD): «Enter Sandman» - «Stone Cold Crazy»

2- *The Unforgiven* (editado 28 de octubre de 1991)

- Sencillo en EE. UU.: «The Unforgiven» - «Killing Time»
- Sencillo internacional: «The Unforgiven» - «Killing Time» - «The Unforgiven» (Demo)
- Sencillo internacional de vinilo: «The Unforgiven» - «So What» (Exall, Culmer) - «Killing Time» - «The Unforgiven (Demo)»

3- *Nothing Else Matters* (editado el 20 de abril de 1992)

- Sencillo en EE. UU.: «Nothing Else Matters» - «Enter Sandman» (Live)
- Sencillo internacional: «Nothing Else Matters» - «Enter Sandman» (Live) - «Harvester of Sorrow» (Live) - «Nothing Else Matters» (Demo).

4- *Wherever I May Roam* (editado 19 de octubre de 1992)

- Sencillo en EE. UU.: «Wherever I May Roam» - «Fade to Black» (Live)
- Sencillo internacional: «Wherever I May Roam» - «Fade to Black» (Live) - «Wherever I May Roam» (Demo)
- Sencillo internacional en *digipack*: «Wherever I May Roam» - «Last Caress» (Live) - «Am I Evil?» (Live) - «Battery» (Live)
- EP en Japón: «Wherever I May Roam» - «Last Caress» (Live) - «Am I Evil?» (Live) - «Battery» (Live)

5- *Sad But True* (editado 8 de febrero de 1993)

   - Sencillo en EE. UU.: «Sad But True» - «So What»

   - Sencillo internacional parte 1: «Sad But True» - «So What» - «Harvester of Sorrow» (Live)

   - Sencillo internacional parte 2: «Sad But True» - «Nothing Else Matters» (Elevator Version) - «Creeping Death» (Live) - «Sad But True» (Demo)

   - Sencillo internacional en vinilo, 7": «Sad But True» - «Nothing Else Matters» (Live) - «Sad But True» (Live)

Curiosidades de *El Álbum Negro*

Este quinto trabajo de Metallica se inicia con «Enter Sandman». Al ser la primera canción, debía captar inmediatamente la atención del oyente. La pieza cumplió con creces esta responsabilidad y se convirtió en la más importante de la carrera de Metallica. El *riff* principal lo empezó a bosquejar Hammett escuchando los arreglos de guitarra que había realizado Soundgarden en el tema «Gun», correspondiente al álbum *Louder Than Love*. Con esta influencia, Kirk buscó componer un rabioso *riff*. Entonces resolvió empezar el tema con un *riff* extenso de dos partes, pero Ulrich le sugirió que repitiera las primeras notas tres veces. Hammett compuso así la primera melodía de la banda que sería notablemente popular. Este tema fue el primero que se grabó para el álbum, pero el último en terminarle la letra. Hetfield sentía que la canción sonaba comercial y trató de contraponerle una letra fuerte, con alusiones a la muerte súbita por un infarto. Ulrich y Bob Rock no quedaron conformes con la letra y le dijeron que siguiera componiendo: creían que podía ofrecer algo mucho mejor. La letra que finalmente quedó relata el sueño inocente de un niño en un mundo de fantasía en el que de repente afloran pesadillas espantosas. Esta temática propagaba la leyenda de Sandman y, por este motivo, la canción fue censurada temporalmente en distintas radios locales de EE. UU.

En el plano técnico y musical, «Enter Sandman» lleva un tempo de 123 pulsaciones por minuto a lo largo de 5:32. Comienza con un *riff* en mi menor, utilizando un *wah wah* y otras distorsiones, al tiempo que se hacen variaciones tritonales sobre las notas mi y si bemol.

La composición posee una estructura habitual de estrofa, puente y estribillo. En el estribillo y el puente, la canción cambia un tono entero, hacia fa#. Tras el segundo estribillo, Hammett interpreta el solo de guitarra con el *riff* principal, el del puente y el del estribillo. Mientras tanto, con el *wah wah* recorre una amplia gama de sonidos, que incluyen la escala menor pentatónica en si

menor, fa# menor, mi menor y el modo de mi dórico. Sobre el final, se escu-
chan las últimas notas del solo de Kirk como un eco y, de fondo, aparece la
voz de Hetfield y la hija pequeña de Bob Rock rezando «Now I Lay Me Down
to Sleep» (en español, «Ahora me acuesto a dormir»), una oración tradicional, con una variación de la canción de cuna «Hush Little Baby», donde se lo
escucha a él diciendo: «Calla pequeña y no digas ni una palabra. No importa
el ruido que escuchaste. Son sólo las bestias debajo de tu cama, en tu armario,
en tu cabeza». Después del segundo estribillo, la canción se pierde en un *fade
out* mientras la banda toca las mismas notas del *riffs* pero en orden invertido.

La música tuvo un trabajo complejo. El tema posee un acompañamiento de
tres guitarras rítmicas, tocadas por Hetfield. De la batería, se hicieron casi 50
tomas hasta encontrar la definitiva. Era una tarea delicada poder conseguir en
una primera toma la intensidad necesaria, por lo que fueron seleccionadas varias tomas y, después, se editaron distintas partes de cada una para la canción
final. Se utilizaron entre 40 y 50 micrófonos distribuidos por todo el estudio
para encontrar el mejor sonido de la batería. La misma técnica fue utilizada
para grabar las guitarras.

Ulrich plasmó esta canción como eje sobre el que se desarrollaría el resto
del disco. Además, logró que «Enter Sandman» fuera el primer tema, si bien
Bob Rock y Hetfield consideraban que debía ser «Holier Than Thou». Lars
defendía su posición, incluso antes de empezar a grabar (sólo habiendo escuchado los demos).

«Enter Sandman»

Esta canción ha marcado a fuego la carrera de Metallica y se ha convertido en
la más popular de la historia del grupo. De hecho, «Enter Sandman» cuenta
con numerosas versiones realizadas por artistas muy heterogéneos (como Motörhead, Richard Cheese, Pat Boone y Apocalyptica, entre otros). La adaptación de Motörhead fue nominada a los premios Grammy 2000 en la categoría
de «Mejor Interpretación de Metal», aunque el galardón se lo llevó Black Sabbath por «Iron Man».

Por otra parte, «Enter Sandman» todavía hoy se utiliza como musical de
fondo en partidos de béisbol, fútbol americano y encuentros de lucha libre.
Con ella, por ejemplo, hace su ingreso a la cancha el lanzador de los New
York Yankees Mariano Rivera y el luchador Jim Fullington. Pero su gloria no
fue tan impoluta: en 2003 Metallica fue acusada por los exmiembros de la ban-

da punk Excel porque consideraban que el clásico «Enter Sandman» era un plagio de su canción «Tapping into the National Void», editada en el álbum *The Joke's on You*, de 1989 (dos años antes que *El Álbum Negro*). El conflicto no llegó a la justicia, pero generó un importante revuelo —Dave Mustaine se manifestó abiertamente en defensa de Excel—. En cierto aspecto, no estaba tan errado: parte de los arreglos de guitarra, la melodía vocal y la cadencia del tema guardan una notable familiaridad.

El sencillo de «Enter Sandman» se lanzó el 2 de agosto de 1991, once días antes de la salida del álbum. El lanzamiento fue un éxito: consiguió el primer puesto del *ranking* de *Billboard* e inmediatamente llegó a vender quince millones de copias en todo el mundo. Asimismo, alcanzó el primer lugar en Noruega, Canadá y Finlandia, y el puesto 5 del *ranking* británico. La critica enalteció el *single* con observaciones que la consideraban desde «la primer canción de cuna del metal» hasta un «tema dramáticamente psicópata». El 30 de septiembre se convirtió en el segundo sencillo del grupo en alcanzar el disco de oro tras vender más de 500.000 copias en EE. UU.

La segunda canción de *El Álbum Negro* es «Sad But True». La letra está basada en *Magic*, una película de 1979 cuya temática gira alrededor de un ventrílocuo que es controlado por su muñeco. No obstante, a través de la letra de «Sad But True» se percibe como segunda lectura una alusión a las distintas manipulaciones (política, religiosa, etc.) a las que se somete a la población. La música del tema fue realizada en la afinación de re, aunque en la demo original estaba en mi. Bob Rock se había metido en la preproducción de «Sad But True» como en ninguna otra. Les hizo notar que la canción estaba en mi y les instó a realizar una afinación más baja. Les comentó que el disco *Mr Feelgood*, de Mötley Crüe —que a ellos tanto les gustaba—, se había grabado todo en re.

Después de largas discusiones, ya que le encontraban una influencia de U2 que no fue destacada en la mezcla final, Metallica cambió hacia esa afinación en re. Y ahí el *riff* ganó en contundencia.

El grafismo de la portada del sencillo fue encargado a Pushead (Brian Schroeder), quien diseñó una imagen de dos calaveras mirándose entre sí. Cuando Hetfield vio el boceto final se asombró, ya que la

La imagen del single de *Sad But True*, la dualidad entre el bien y el mal.

gente entendió el sentido de la letra: la dualidad entre el bien y el mal; el «Hetfield» estrella de rock y el «Hetfield» en su vida privada.

En el tercer corte, «The God That Failed» (en español, «El dios que falló»), emerge el tema de la religión y James vuelve a cargar contra el fanatismo religioso. La canción relata la historia de un creyente que ve como Dios falla al tratar de curarlo de su enfermedad. Sobre las estrofas, sobrevuela la situación que tuvo que padecer el líder de Metallica con la muerte de su madre, quien falleció de cáncer por no permitir que la intervinieran (creía que su fe en Dios la iba a salvar).

En lo musical, el bajo de Jason abre la caja de las esencias de uno de los mejores temas del disco, mientras la interpretación de Hetfield tiñe de rabia cada verso. Uno de los efectos que incluye el tema es el sonido de recarga que James hace con su rifle, que junto con la forma desgarradora de cantar y el final al grito de «Betrayal» (en español, «traidor»), componen un panorama perfecto para el trasfondo de la letra.

El solo guitarra de Hammett es emotivo y melódico, mostrando otras vertientes más allá de la velocidad y la potencia que lo identificaban como músico. Sin embargo, los arreglos de guitarra originales no se acoplaban, ya que tenían tintes de blues. Entonces, Kirk se juntó con Bob Rock y finalmente compusieron una melodía que luego terminó tocando una octava más arriba. El solo que se incluye en «The God That Failed» es el compendio de las doce mejores partes sobre las que estuvo trabajando. Es uno de los solos predilectos de Hammett. Hetfield tocó la guitarra rítmica en este tema y luego le agregaron las armonías con otras guitarras.

La cuarta composición es «Holier Than Thou». Aquí la verborrea de Hetfield descarga su desprecio por las personas que opinan y se entrometen en las vidas ajenas: «¿Por qué no te preocupas de ti mismo?/¿Quién eres tú? ¿Dónde has estado? ¿De dónde eres?/ Los chismorreos arden en la punta de tu lengua/ Mientes tanto que no crees en ti mismo/No juzguéis para que no seáis juzgados/Que te juzguen a ti mismo».

Dedicatoria a Bob Rock

El tema ofrece una dedicatoria entre líneas a Bob Rock, el productor del disco que les marcó las pautas a seguir. A él le interesaba incluir «Holier Than Thou» como *single* en la etapa en que algunas canciones, como ésta, aún no tenían letra. Lars no estaba convencido, creía que «Enter Sandman» era la canción que debía representar el disco. Pero ya que a Bob Rock le gustaba ese tema, la banda escribió la letra inspirándose en él. Sin embargo, a medida que continuaron grabando las otras canciones, muchas de ellas tuvieron un gran desarrollo, por lo que «Holier Than Thou» no fue elegida como sencillo. A pesar de que James la considera una de las canciones más estúpidas que ha escrito, y es por eso que ha quedado como un chiste de consumo interno entre los músicos y el productor.

En *El Álbum Negro* aparecen varias baladas (tal y como había ocurrido en los discos anteriores con «One» o «Fade to Black»). La primera es «The Unforgiven». Su introducción (con la cinta puesta al revés) se tomó de *Los imperdonables* (en inglés, *The Unforgiven*), un *western* dirigido por Clint Eastwood. Los arreglos de cornos también fueron mezclados con la misma técnica. Además, posee acompañamientos de sintetizadores y guitarras acústicas. A diferencia de las anteriores baladas, esta canción no ofrece versos melódicos junto a un coro pesado. James se inspiró en la forma de cantar de Chris Isaak en su tema «Wicked Games». De este modo, buscaba darle un giro a su voz y cantar; ya no quería gritar. En el pasado, había duplicado su voz, pero no había realizado armonías vocales. Bob Rock aconsejó a James grabar su voz, pero en lugar de escucharse en los auriculares le sugirió que lo hiciera por los altavoces. La diferencia fue asombrosa. Al oírse mejor, abrió un nuevo horizonte para su voz. Era inmensa, cálida y cautivadora. Hasta su excompañero Dave Mustaine declaró que «The Unforgiven» era su canción favorita de *El Álbum Negro*; le pareció que era la primera vez que escuchaba cantar realmente bien a James. Gran parte de este progreso fue obra de Bob Rock. Él tenía la premisa de que las canciones lentas ofrecían la oportunidad de incorporar mayor riqueza musical y diferentes texturas, en contraste con los temas rápidos.

La participación de Kirk en *El Álbum Negro* fue una de las más simples que tuvo como arreglador. Las canciones estaban compuestas para una determinada variedad de solos. Esas determinaciones corrieron por cuenta de Lars Ulrich y Bob Rock. Este productor consideraba que Kirk necesita trabajar bajo presión para rendir mejor: lo instaba a que en cada momento del día, mientras comía, dormía y respiraba, montara el solo de «The Unforgiven». Buscaba sacar lo mejor de él. Pero a Kirk esa presión constante lo irritaba. Un día, ilusionado, les mostró un solo complejo, pero a nadie le gustó y tuvo que rehacerlo. Bob le bajaba su autoestima diciéndole que lo que componía era tan simple que lo podía hacer cualquiera. Finalmente Kirk grabó su parte enfadado y hastiado. Y fue esa toma la que se incluyó en el disco.

La otra balada que incluye *El Álbum Negro* es «Nothing Else Matters». Aquí, al igual que en «Wherever I May Roam», las extensas giras, lejos de la familia, volvían a ser el eje central. La letra describe la distancia respecto de los seres queridos. Sin embargo, aquellos viajes en la ruta solidificaban la fraternidad y la camaradería entre los miembros de la banda. La letra de «Nothing Else Matters» fue compuesta mientras James hablaba por teléfono y, en la otra mano, tenía la guitarra. Empezó a jugar con cuatro cuerdas y encontró la idea. Luego, le agregó otras partes. La canción, en principio, no estaba pensada para la banda. James la escribió para sí mismo. Quería captar una impresión personal. Nunca pensó en mostrársela a la banda y que les podía llegar a gustar. Pero un día, casualmente, el resto de los músicos la oyó y les gustó. En su primera versión, James la tocaba sólo con la técnica de dedos. Además, tenía armonías vocales, un recurso que él nunca había utilizado. De hecho, la canción tuvo un desenlace inesperado: James fue invitado a la sede de los *Hell's Angels* en Nueva York, y le mostraron una película sobre uno de sus «hermanos caídos». La banda sonora era «Nothing Else Matters».

Por otro lado, la instrumentación de este tema recibe influencias de las armonías triples de Brian May, el excelso músico de Queen. James escribió las partes de guitarra con un *E-bow* (arco magnético que se utiliza para hacer sonar las notas sin pulsar las cuerdas, tan sólo acercando el dispositivo a poca distancia). Su introducción es un arpegio de mi menor que comienza con las cuerdas mi, sol, si y mi agudo, al aire. Al escuchar las primeras demos de «Nothing Else Matters», Bob sugirió utilizar una orquesta como acompañamiento. Su idea sorprendió a James, que se sintió intimidado ante esta posibilidad. No sabía escribir música ni cómo explicarle a los músicos lo que debían hacer. Bob se encargó de conseguir una persona que pasara la canción a partitura. La orquesta fue dirigida por Michael Kamen, de la Sinfónica de San Francisco (quien trabajó con Aerosmith, Eric Clapton, David Bowie y Pink Floyd, entre otros). Para componer los arreglos de «Nothing Else Matters», Kamen pensó en seguir los tonos de la canción, pero desistió al considerarlo monótono. Cuando tuvo su parte finalizada, les envió la cinta, pero Metallica nunca le respondió.

En la versión de *El Álbum Negro* quedaron muy pocos arreglos orquestales de Kamen. Durante la mezcla, se bajó el volumen cada vez más, aunque no fue descartada del todo. Por el contrario, para el sencillo de «Sad But True» (en el que «Nothing Else Matters» se publicó como cara B) se cortó la toma que incluía la orquesta, junto con la voz y la guitarra de James. En el núcleo de la banda, la llamarían la «versión del ascensor» (por su música suave).

La banda en la época de *The Black Album*.

La apertura musical y compositiva se aprecia también en «Wherever I May Roam», que comienza con un sitar eléctrico (una variante que antes era impensable para un grupo como Metallica). También se incluye un bajo de doce cuerdas tocado por Jason. La letra es una oda a los erráticos que viven en la ruta y refleja la vida que los miembros de Metallica llevan desde los 19 años.

Mientras James grababa esta canción, sufrió un infortunio en su voz: quedó afónico por forzar demasiado las cuerdas vocales. Tenía nódulos en la garganta. Así que decidió empezar a tomar lecciones de canto y a cuidarse la voz. Impulsado por el pánico, fue a consultar a un cantante de iglesia. Éste tenía un piano y le hizo vocalizar. Al principio no se sintió cómodo, pero con el paso de las clases, vio que aquello daba resultado. Finalmente, recuperó su voz y su confianza para volver a cantar.

La sexta canción de *El Álbum Negro* es «Don't Tread on Me». Sus versos giran en torno de sentimientos patrióticos (la réplica de *...And Justice for All*, en el que anidaba un pesimismo sobre el «sueño americano»). James consideraba que Estados Unidos era un buen lugar para vivir (conclusión a la que llegó después de recorrer los cinco continentes). En «Don't Tread on Me» aparece la frase «No me pises» propia de la bandera de Gadsden, utilizada durante la Guerra de la Independencia de los Estados Unidos, junto a la serpiente de cascabel (que ilustra la portada del disco). Al principio, la canción se mezcla por unos segundos con el tema «América» de la película musical *West Side Story*. Después se incluye una máxima escrita por Vegecio: «Para lograr la paz, hay que prepararse para la guerra». La representación de las serpientes de cascabel está inspirada en los ensayos de Benjamin Franklin, quien sostenía que esa serpiente era un símbolo perfecto del espíritu norteamericano. Benjamin Franklin plasmó esta imagen en el primer cómic político del mundo, en 1754. Debajo de la serpiente, aparecía la frase «Unirse o morir».

A mitad de *El Álbum Negro* aparece «Through the Never». Por sus características, daría la impresión que esta canción podría pertenecer a algún disco anterior de la banda. La letra reflexiona sobre el ser humano y su alienación. Tomemos estos versos como ejemplo: «Pensamientos perturbadores, preguntas pendientes/Limitaciones de la comprensión humana/Demasiado pronto para criticar/Obligación de sobrevivir/Tenemos hambre para poder estar vivos».

El disco continúa con «Of Wolf and Man». Su velocidad también recuerda a los álbumes anteriores. La canción narra la historia de un hombre que se convierte en lobo. No obstante, sus estrofas ofrecen una segunda interpretación: reivindica el lado salvaje del ser humano, retomando la teoría de Thomas Hobbes («En lo salvaje está la preservación del mundo/Así que busca al lobo en ti mismo/Tierra regalo/Vuelve al significado del lobo y el hombre»*)*.

La penúltima composición de *El Álbum Negro* es «My Friend of Misery» (primera pieza en la que Jason apareció como coautor). La música abre con su sonido de bajo (que con el paso del tiempo Newsted utilizaría como parte de su solo en las actuaciones en vivo). Originalmente, el tema iba a ser instrumental, pero a última hora se decidió agregarle la letra (por lo tanto, este quinto disco se diferencia de los anteriores por no incluir ninguna pieza instrumental). Sus versos reflejan la visión de una persona pesimista acerca de su futuro y el del mundo. La canción contiene casi siete minutos y es la más extensa del álbum.

El cierre de *El Álbum Negro* llega con «The Struggle Within» (que no sería tocada en directo hasta el concierto del 7 de mayo de 2012 en Praga, República Checa). La música trepa hasta alcanzar el sonido más visceral del disco. «The Struggle Within» fue compuesta pocas horas antes de abandonar el estudio. Sus versos reflejan las luchas internas de las personas y los fantasmas que los azotan y que los someten a intervalos de furia y desesperanza.

VIDEOCLIP
«ENTER SANDMAN»

Los videoclips fueron concebidos por Metallica como producciones artísticas. Como tales, están cargados de simbologías y metáforas. En este caso, «Enter Sandman» fue dirigido por Wayne Isham y filmado en Los Angeles.

En él se relata la historia de un niño cuyos sueños son guiados por Sandman (un ser imaginario que adormece a los niños) y terminan convirtiéndose en pesadillas espantosas.

El videoclip no posee una narración lineal: se mezcla la realidad onírica del niño y la banda tocando. Algunas escenas del comienzo se repiten al final, como una historia circular de la que no se puede escapar. Por momentos, se utilizan transparencias y superposiciones de imágenes y texturas. En la introducción, la parte visual fue realizada a través de técnicas como el *motion blur* y parpadeos de un plano a otro, que generan la sensación de sosiego. En la estrofa se incluyen sombras, fundidos en negro, fueras de foco y claroscuros para componer una atmósfera de intriga.

Los colores se desplazan dentro de una paleta de tonos fríos y neutros que representan los sentimientos del niño. La sinergia audiovisual es muy lograda. En el estribillo la canción se acelera y se utiliza la luz de *flash* para realizar cortes, cambios de planos y acompañar el clima de suspense y terror. Se trabajó con un montaje analítico (escenas breves y captadas de cerca) y sólo se ven los rostros y los instrumentos de los músicos.

En algunas escenas se utilizaron cámaras desplazadas con brazos de grúa por encima del chico, marcando su fragilidad. El niño intenta escapar de esa pesadilla en la que se encuentra: se escabulle bajo el agua, corre por una carretera y por las cornisas de los edificios hasta arrojarse de cabeza al vacío (escena que se filmó con una cámara subjetiva cayendo en 90° hacia el suelo). Pero al final del abismo, lo esperaba nuevamente su cama.

En las últimas escenas, aparece una serpiente que representa la tentación del mal en los sueños.

Luego, un camión a toda velocidad destroza la cama del niño e inmediatamente lo persigue para atropellarlo (este fragmento de la pesadilla simboliza el peligro).

VIDEOCLIP
«THE UNFORGIVEN»

Este videoclip estuvo a cargo de Matt
Mahurin. Rodado en blanco y negro,
«The Unforgiven» narra la vida de un
niño encerrado entre bloques de pie-
dras. El inicio ofrece un montaje ideológico cargado de gestos y emociones
que guían el desarrollo de las escenas. Luego, prevalece la interacción entre la
realidad del niño en cautiverio y la banda tocando en un ambiente cerrado. Los
días pasan y el protagonista se vuelve anciano. Algunas escenas están realizadas
a cámara lenta para intensificar el dramatismo de la historia. Los planos detalle
y los primeros planos dejan entrever más bien poco del contexto. Destaca la
composición fotográfica de las imágenes, en las que predomina el claroscuro,
las sombras y las luces tenues y focalizadas. Las texturas y la incidencia de las
luces sobre las formas terminan por componer el relato metafórico.

En este videoclip se utilizan cámaras fijas y otras que efectúan suaves des-
plazamientos, con fundidos encadenados, fundidos en negro y cortes directos. El concepto del guión expresa la incapacidad que tiene una persona para
expresar lo que siente. No sabe lo que su vida podría haber dado de sí, ya que
nunca hizo nada por sí misma y vivió recluida y acomplejada por el miedo a
lo que pudiera decir la gente. Esta idea remite a la alegoría de la caverna de
Platón. Al final del videoclip, la luz del sol baña su oscura morada y una llave
cae sobre el protagonista, brindándole la libertad. Pero ya era tarde: el anciano estaba agonizando.

El sueño y el dolor de los fans

Tanto Bob Rock como Metallica quedaron muy satisfechos con el resultado
final del álbum. La voz de James había dado un salto cualitativo y ahora podía
transmitir lo que realmente quería. Lars tenía la intuición de que iba a ser una
gran explosión; en cambio, James pensó que iba a ser un disco más.

La minuciosa producción de *El Álbum Negro* había logrado acaparar el interés de una franja mayor de público. En consecuencia, la banda tuvo que
enfrentarse a los nuevos fans, que eran completamente distintos de sus seguidores habituales. La primera camada del público de Metallica ya había puesto

el grito en el cielo con la aparición, primero, de «Fade to Black» y, luego, con «One». Ahora sus quejas volvían a resonar, definiendo a la banda como «vendidos», toda vez que *El Álbum Negro* alcanzaba una repercusión masiva imparable. Las nuevas canciones eran escuchadas por un ama de casa, un abogado o un policía. El sonido marginal y discordante había quedado en el pasado. *El Álbum Negro* se convirtió en un gran disco de rock y el thrash metal pareció quedar recluido en el tiempo.

Pero los seguidores de este género mantienen una relación muy fuerte con las bandas. Sus palabras son llevadas como estandartes y su fidelidad es tan grande que un giro hacia lo comercial suele representar una traición para los fanáticos. El músico es considerado una persona que comienza desde abajo y que no lo debe olvidar (Kirk Hammett vendía hamburguesas en Burguer King antes de ser miembro de Metallica). Los fans sienten que son una parte imprescindible del mundillo. Los metaleros son aquellos individuos incomprendidos del sistema que en los conciertos encuentran su espacio de comprensión y de desarrollo de su propia individualidad. Por lo tanto, aunque Metallica sea la banda más popular del planeta, ellos seguirán siendo *outsiders*.

A pesar de la herida narcisista que Metallica había causado en sus primeros fanáticos con la publicación de *El Álbum Negro*, la banda se alzó con el primer puesto del podio del rock sin pedirle permiso a nadie. El grupo continuaría evolucionando y abriendo nuevos caminos, aunque esto pusiera en peligro la fidelidad de su propio público.

Kirk perdió su coche por culpa del éxito

Hetfield y Hammett albergaban pocas expectativas acerca del éxito que pudiera alcanzar *The Black Album*. Tal vez por eso, Kirk apostó con el *tour manager* del grupo, Tony Smith, que sus ventas no superarían los 10 millones de copias; si eso ocurría, el guitarrista del grupo le daría su coche al primero. Tan sólo la primera semana, se comercializaron 500.000 unidades. Pocos años después, durante una de las giras promocionales, llegó la esperada noticia: *The Black Album* recibía su décimo disco de platino tras llegar a los 10 millones de copias vendidas (este número luego seguiría incrementándose hasta alcanzar los 16 millones de ejemplares). Por lo tanto, Kirk tuvo que desprenderse de una de sus joyas más preciadas: un Porsche 911 Carrera 4 de 1989. Tiempo después, Smith lo puso a la venta en el portal de Internet «eBay» y le incorporó una gran cantidad de objetos de colección de Metallica muy difíciles de conseguir (recibos de gasolina, fotos firmadas por Kirk Hammett, entradas de conciertos, una carta firmada por el guitarrista contando la historia del coche, pases de *backstage*, púas, guías de diferentes giras, etc.). El Porsche incluía además el equipo de música original que le instalaron a Hammett en 1990 y que le costó 20.000 dólares. Actualmente se desconoce el importe por el que fue vendido y el nombre del comprador.

VIDEOCLIPS
«NOTHING ELSE MATTERS»
«WHEREVER I MAY ROAM»
«SAD BUT TRUE»

Estos tres videoclips se caracterizan por tener un hilo conductor en su relato. Su concepto y realización es más simple. No hay ficción, sino que documentan la vida de la banda.

«Nothing Else Matters» fue dirigido por Adam Dublin e incorpora escenas del *backstage* de la grabación del tema y de los ratos libres de los miembros de la banda divirtiéndose mientras juegan al billar y al baloncesto.

Por su parte, «Wherever I May Roam» compagina escenas de su concierto en San Diego (California) en enero del 92 con distintas imágenes de la gira por Estados Unidos realizada dos meses después (carreteras, camerinos y *backstage*). Nuevamente aquí se utiliza el montaje rítmico: el golpe del gong inicial coincide con la irrupción de una llamada de fuegos artificiales en el escenario y los cortes de batería del comienzo armonizan con los cambios repentinos de planos y loa fogonazos de luces en las escenas rápidas. Durante las lentas estrofas, se reiteran los planos secuenciales y las imágenes subjetivas captadas desde una pequeña videocámara de mano. El videoclip, realizado también por Wayne Isham, intercala partes en color y en blanco y negro, con transparencias y superposición de imágenes.

El último videoclip de *El Álbum Negro* fue «Sad But True» (también dirigido por Isham). De nuevo son las luces las que enaltecen las imágenes en blanco y negro y en color. Aquí se muestra la sinergia entre los músicos de Metallica y sus seguidores. La cámara se mueve con brusquedad y se desplaza precipitadamente entre el público y el escenario para revelar el trasfondo de los conciertos.

Serpientes rodantes

En septiembre de 1991 el grupo se presentó a los MTV Video Music Awards para interpretar el primer tema de *El Álbum Negro*, «Enter Sandman». Además, en esta gala actuaron desde Van Halen y Mariah Carey, hasta Prince y Guns N' Roses, mientras REM cosechaba infinidad de premios con el tema «Losing my Religion»).

Tras esta actuación para la MTV, Metallica programó un concierto en Moscú (Rusia), en el marco del festival Monsters of Rock, junto a bandas como AC/DC y Pantera. A su llegada en el aeropuerto fueron recibidos por una horda de rusos, fanáticos de su música. El 28 de septiembre de 1991, apenas un mes después de la caída del comunismo en la URSS, Metallica ofreció un concierto gratuito al aire libre al que asistieron más de 500.000 personas. A pesar de los incidentes con las fuerzas de seguridad, se recuerda como una de las actuaciones más emblemáticas del grupo.

El 12 de octubre del 91, la banda actuó por primera vez como cabeza de cartel en el prestigioso festival Day on the Green de Oakland (California). Aquella noche, compartieron escenario con Queensrÿche, Soundgarden y Faith No More. La lista de temas que Metallica tocó en esa actuación fue la siguiente:

1. «Enter Sandman»	2. «Creeping Death»
3. «Harvester of Sorrow»	4. «Welcome Home (Sanitarium)»
5. «Sad But True»	6. «Wherever I May Roam» (Estreno)
7. «My Friend of Misery»	8. «Through the Never» (Estreno)
9. «The Unforgiven» (Estreno)	10. «Master of Puppets»
11. «Seek & Destroy»	12. «For Whom the Bell Tolls»
13. «Fade to Black»	14. «Whiplash»

Bises:
15. «No Remorse»/«The Four Horsemen»
16. «One»
17. «Mistreated»/«Funeral March of a Marionette»
18. «Holier Than Thou» (Estreno)

Bises 2:
19. «Last Caress» (versión de The Misfits)
20. «Am I Evil?» (versión de Diamond Head)
21. «Battery»

Dos semanas después del Day on the Green, el 29 de octubre de 1991, el grupo inició el Wherever We May Roam Tour. Estos conciertos se extendieron hasta el 5 de julio de 1992. Mientras tanto, las canciones de su quinto disco sonaban incesantemente en radios y en canales como la MTV, y eran aceptadas por el público medio. El 25 de febrero de 1992, durante la gira, se realizó la 34ª edición de los Grammy en el Radio City Music Hall de la ciudad de Nueva York. Allí Metallica recibió el galardón en la categoría de «Mejor Disco de Metal» por *El Álbum Negro* (derrotando a *Attack of The Killer B's*, de Anthrax; *Badmotorfinger*, de Soundgarden; *1916*, de Motörhead, y *Rust in Peace*, de Megadeth). Los cuatro integrantes subieron a recibir el galardón y Lars dio las gracias al público y agradeció a Jethro Tull por no haber publicado ningún álbum aquel año, ya que en la edición 1990 se habían quedado con el premio. Además «Enter Sandman» fue nominada como «Mejor Canción

El 28 de septiembre de 1991, apenas un mes después de la caída del comunismo en la URSS, Metallica ofreció en Moscú un concierto gratuito al aire libre al que asistieron más de 500.000 personas. A pesar de los incidentes con las fuerzas de seguridad, se recuerda como una de las actuaciones más emblemáticas del grupo.

de Rock» (aunque la estatuilla se la llevó Sting por «The Soul Cages») y fue interpretada en directo durante la ceremonia de entrega.

Las primeras actuaciones del Wherever We May Roam Tour en Estados Unidos coincidieron con el apogeo comercial del disco y del sencillo «Enter Sandman». Después de tocar el 31 de diciembre en el Tokyo Dome (Japón), Metallica arrancó el año 1992 con la misma intensidad. Los compromisos de la gira llevaron a la banda a actuar el 4 de enero en Las Vegas (EE. UU.). Aquella gira coincidió con el concierto en homenaje a Freddie Mercury, realizado el 20 de abril de 1992 en el estadio de Wembley (Londres), junto a Guns N' Roses, Def Leppard, Extreme, George Michael, Elton John y Robert Plant, entre otros. Aquella noche, Metallica interpretó «Enter Sandman», «Sad But True» y «Nothing Else Matters» para que luego James y el guitarrista de Black Sabbath, Tony Iommi, ofrecieran el clásico de Queen «Stone Cold Crazy» (tal vez el primer tema thrash de la historia). Esta actuación del grupo fue grabada y editada en un disco de 12". Los fondos recaudados se destinaron a la Mercury Phoenix Trust (fundación orientada a la lucha contra el SIDA y creada por los exintegrantes de Queen tras la muerte de su cantante).

En aquel mes de abril, Metallica recibió el doble platino por *Ride the Lightning* y el triple platino por *...And Justice for All*. Dos meses después, alcanzaron el quíntuple platino por *El Álbum Negro*, de manera que se convertía en uno de los álbumes de rock más vendidos de la década. Tan sólo diez años después de haberse formado, Metallica ya había vendido más de veinte millones de discos en todo el mundo.

Sin embargo, la banda no descansaba en los laureles y continuaba con los compromisos de su gira Wherever We May Roam Tour: así llevaron sus conciertos a Canadá, Irlanda, Bélgica, Holanda, Francia, España, Italia, Suiza, Alemania, Austria, Dinamarca, Noruega y Finlandia, para terminar en Suecia.

Esta gira, a diferencia de las anteriores, no contó con ninguna banda de soporte. En su lugar, minutos antes de que Metallica subiera al escenario, se proyectaba un vídeo con postales de la ciudad, imágenes de los músicos comprando en las tiendas locales y de Lars Ulrich en el *backstage* hablándole a la cámara. El vídeo concluía con la aparición de «Enter Sandman» y fragmentos de la película *El bueno, el feo y el malo*.

Los espectáculos de la banda cada vez eran más originales. Para estas actuaciones se diseñaron entradas en las que ponía: «*An Evening with Metallica/No Opening Act*» («Una velada con Metallica/Sin espectáculo de apertura»). Se diseñó un escenario con forma de diamante que se situaba en un extremo del estadio y, de este modo, permitía a la banda acercarse a sus fans desde todos los ángulos. La gira contaba con una nutrida sección de luces y espectáculo pirotécnico. Sobre el escenario había una enorme pantalla para que los espectadores pudieran seguir el recital con todo detalle. Todo el espacio libre que dejaba la cancha se ocupaba. Incluso se dispuso un foso exclusivo para que unos pocos agraciados recibieran de manos de los músicos las invitaciones al «Nido de las serpientes» (en inglés, «Snake Pit»), ubicado en el centro del escenario. Pero Metallica también se acercaba hacia a los fans, y en «Seek & Destroy» James cantaba junto al público, en algunos casos, cara a cara.

En esta gira, se autorizó un sector para que los fans pudieran grabar el recital en formato VHS. Con esta idea, Metallica buscaba desarticular la piratería de sus conciertos en vivo, unos artículos que se vendían a precios colosales. La espaciosa estructura del escenario permitía a la banda incluir dos *sets* completos de baterías y, de esta manera, Lars podía ser apreciado desde varios ángulos del recinto. Paralelamente, se utilizaban ambas baterías al mismo tiempo para realizar un dueto entre Hetfield y Ulrich, que consistía en uno de los puntos más celebrados del *show*. En el Wherever We May Roam Tour, también se colocaron casi una decena de micrófonos en distintos puntos del escenario, con el objetivo de que James se desplazara libremente de un lugar a otro. La actuación de la banda tenía una duración de tres horas. En esta gira destacó el hecho de que la banda incorporara en sus canciones guitarras acústicas por primera vez.

Metallica guarda secretos en sus manos

Por esos días, James lucía en el anular de su mano derecha un anillo con una calavera cromada. Antaño este accesorio era propiedad de Cliff Burton (quien se lo colocaba de la misma manera). El cantante, en una muestra de afecto, comenzó a utilizarlo después de la trágica muerte del bajista.

Por otra parte, Kirk Hammett usaba un apósito adhesivo horizontal sobre los nudillos y la palma de su mano derecha (ya que tenía una piel sensible y delicada con arrugas en los laterales). Cuando en los *shows* desataba su lado agresivo o acudía al muteado (palm-mute), su mano derecha recibía un desgaste. Por lo tanto, la cinta evita que esas arrugas de sus dedos comiencen a cortarse y sangren. El dolor era aún mayor si una cuerda se rompía y daba de pleno sobre sus manos. Pero Kirk sólo utiliza estas cintas adhesivas blancas (y en algunos casos también transparentes) durante las giras, ya que exigía sus dedos durante horas. En videoclips, ensayos o *jam sessions*, usualmente no las llevaba. En vivo, Hetfield además se ponía —en ambas manos— una muñequera de toalla similar a la de los tenistas. Su función era absorber la transpiración, ya que si llegaba a las manos dificultaba la ejecución con su guitarra. Esta misma precaución la solía adoptar Jason Newsted. Ulrich también se ponía esparadrapos en las falanges de ambas manos, algo habitual en los bateristas. La función era evitar la formación de ampollas y que el sudor le indujera a desaciertos con el instrumento. Además, en los palillos incorporaba un *grip* (cinta que llevan las raquetas de tenis en el mango para evitar que se deslicen de las manos).

Fricciones y giros en el thrash metal

En paralelo a este crecimiento, el thrash metal mostraba su otra cara. La colaboración de Anthrax con grupos de rap (primero en 1987 con UTFO y 4 años más tarde junto a los populares Public Enemy) daba señales de que su camino comenzaba a ramificarse. Al mismo tiempo, ponía sobre la mesa una realidad insoslayable: la unidad entre las bandas más importantes e influyentes del thrash metal empezaría a resquebrajarse. La confrontación de egos ponía en evidencia nimiedades que brotaban en los espacios menos oportunos: en 1990 Megadeth (grupo encabezado por Dave Mustaine) editó su cuarto disco, *Rust in Peace»*, e inmediatamente se unió al Clash of the Titans Tour, con el objetivo de presentar su nuevo trabajo. Pero al año siguiente, compartiendo el tramo de esta gira por Estados Unidos junto a Slayer, Anthrax y Alice in Chains, la alineación del cartel estuvo a punto de cancelarse. Las constantes peleas y fricciones entre los miembros de Slayer y Dave Mustaine se hicieron insostenibles. El ex-Metallica había realizado declaraciones descalificadoras a la prensa sobre Tom Araya (cantante y bajista de Slayer) y éste le dio de su propia medicina. Además, el líder de Megadeth se burló de Kerry King, diciendo que las ventas de Slayer eran muy inferiores a las de su banda. También cuando los organizadores estaban definiendo quién de los dos grupos cerraría el festival, se registró uno de los primeros altercados entre ambos grupos, disputa que se extendió entre sus seguidores. Sin embargo, la raíz del conflicto se remonta a los inicios de Megadeth: en 1984, Mustaine le ofreció al guitarrista de Slayer, Kerry King, que se uniera a su banda. Él aceptó por un breve lapso, en el cual tocó en vivo y grabó la primera demo de Megadeth. Pero a los pocos días, retornó a su grupo original, lo que causó el malestar de Dave.

Aquellos comentarios desafortunados de Mustaine coincidían con el período en el cual se intensificaron sus problemas con las drogas; en 1992 —al año siguiente del altercado con Slayer—, durante la gira de presentación de *Countdown to Extintion*, a Dave le sobrevino una sobredosis y estuvo clínicamente muerto durante varios minutos. Lo llevaron de emergencia al hospital y llamaron a su mujer para notificarle que su marido acababa de fallecer. Tras tocar fondo, Mustaine inició un tratamiento de recuperación que paulatinamente fue devolviéndolo a una vida más sana y familiar.

Sin embargo, en esa gira, surgió una rivalidad con su grupo telonero: Pantera. En repetidas ocasiones, desde el escenario, el cantante Phil Anselmo insultó a la banda y especialmente a Mustaine, minutos antes de que Megadeth subiera al escenario. Este conflicto presenta una raíz similar al mantenido con Slayer: Dave le había ofrecido al guitarrista de Pantera, Dimebag Darrell, unirse a su grupo en 1987. Sin embargo, Dimebag puso como condición que también ingresara su hermano Vinnie (con quien había fundado Pantera en 1981). Pero Mustaine lo rechazó, ya que Megadeth tenía como batería a Nick Menza.

Metallica llega a los dibujos animados

En 1992, cuando aún la MTV era un canal de rock, se exhibió la serie cómica de dibujos animados *Beavis and Butthead*. Estos dos jóvenes reflejaban algunos

Beavis and Butthead reflejaban algunos aspectos de la cultura estadounidense de los 90. Beavis utilizaba una camisa azul de Metallica, mientras que su amigo lucía una de AC/ DC.

aspectos de la cultura estadounidense de los 90, como las palabras en argot. Sus vidas se resumían en ver programas de televisión para evadirse, ingerir comida basura, buscar mujeres para la ocasión, salir de compras, escuchar música y ver vídeos de heavy metal. Ambos trabajan en un local de hamburguesas. Lo anecdótico era que Beavis utilizaba una camisa azul de Metallica, mientras que su amigo lucía una de AC/DC. Entre los personajes secundarios de la serie aparecía Daria (una chica a la que le gustaba el rock alternativo que con el tiempo se convirtió en una estrella en su propia la serie) y Stewart (vecino menor de Beavis y Butthead que llevaba una camiseta de Winger, el grupo neoyorquino integrado por los músicos de la banda de Alice Cooper).

El grave accidente de Hetfield

Tan sólo doce días después de finalizar el Wherever We May Roam Tour, aquel 17 de julio de 1992, comenzó el Guns N'/Metallica Stadium Tour, que los trasladó a distintas ciudades de Estados Unidos. Esta pequeña gira se producía en medio del Use Your Illusion Tour, en el que la banda liderada por Axl Rose promocionaba el álbum doble *Use Your Illusion I & II*.

Como bandas teloneras del «Guns N'/Metallica Stadium Tour estuvieron Faith No More y Skid Row. Previamente, el cantante de Guns N' Roses tentó a Nirvana para que se uniera a la gira con ellos, pero Kurt Cobain rechazó la invitación: la relación entre ambos músicos no atravesaba su mejor momento.

Este *tour* fue caótico y accidentado. Metallica miraba con desdén el andar errático de Axl Rose. Además, tras el trabajo que les había significado *El Álbum Negro* no querían volver a caer en ningún exceso.

Sin embargo, el 8 de agosto de 1992 ocurrió una tragedia durante la actuación en el Estadio Olímpico de Montreal (Francia). A la mitad del recital, James Hetfield se paró por error muy cerca de donde salían los fuegos artificiales que acompañaban la balada «Fade to Black» y sufrió quemaduras de segundo y tercer grado en su brazo izquierdo. James no sabía bien en qué lugar del escenario ubicarse. Al caminar hacia atrás emanó una enorme llama de debajo de él y le quemó el brazo y la mano. Al girarse, sufrió quemaduras también en la cara, en el pelo y en parte de la espalda. La piel le había quedado hinchada y llena de ampollas.

Debajo del escenario, las 50.000 personas presentes, no sabían lo que había ocurrido. Lars le pedía calma al público. A todo esto, un encargado de seguridad sin querer se apoyó en la mano accidentada de James que gritó y le dio un golpe en la ingle. Hetfield pedía desesperadamente ser asistido. Finalmente llegó una ambulancia y lo trasladaron a un hospital cercano donde le realizan las primeras intervenciones. Nadie sabía qué desenlace tendría y cuál era el estado de gravedad de la situación.

Mientras tanto, en el estadio, el público aguardaba impaciente la actuación de los Guns N' Roses. Después de una larga espera, el grupo de Axl salió a escena. El sonido no era el apropiado y menos aún la imagen de vídeo. Pocos minutos después de subir al escenario, Axl Rose esgrimió unos supuestos problemas en la garganta y abandonó el escenario. Los espectadores se sintieron estafados; salieron a la calle y descargaron su furia contra todo lo que se interpuso en su camino. Se propagaron hechos de vandalismo y violencia. La gente rompió y quemó automóviles y destrozó los escaparates de los comercios, mientras la policía reprimía y provocaba aún más ira. Finalmente los asistentes llevaron el problema a la justicia y demandaron a los grupos y organizadores del concierto, en un juicio que se extendió por más de dos años. El magistrado falló a favor de los querellantes y en detrimento de Metallica y Guns N' Roses. El dinero de la demanda fue destinado a obras benéficas.

Sin duda, la actitud de Axl Rose durante el concierto no fue acorde con la situación. Los miembros de Metallica consideraron un despropósito que hubiera suspendido el recital; si bien el cantante de Guns N' Roses acusó dolor de garganta, cuando bajó del escenario, estaba fumando y bebiendo champán, despreocupado de todo.

James salió del hospital al día siguiente y su salud despertó una serie de interrogantes sobre la continuidad de la banda. Hetfield estaba recuperado, pero tenía una venda en su extremidad izquierda, por lo que comenzó una rehabilitación que consistió en ejercicios de 90 minutos para recuperar el movimiento de su mano. Primero, debía lograr que la mano obtuviera la fuerza necesaria para cerrar el puño y luego para presionar las cuerdas de la guitarra. Su voluntad le permitió sortear este nuevo obstáculo que le ponía el destino. Mientras se recuperaba, buscaron reemplazarlo en su papel de guitarrista rítmico con Pepper Keenan, de Corrosion of Conformity, y Andreas Kisser, de Sepultura. Sin embargo, llamaron nuevamente a John Marshall para que se encargara de la Explorer negra mientras James cantaba. De esta manera, prosiguieron con los conciertos. El infortunio de Hetfield causó algunas alteraciones en el calendario de la gira, ya que al posponer los conciertos Faith No More no pudo actuar en algunas fechas por cuestiones de agenda. Ante esto, la gira contó con la participación de Body Count como teloneros.

Dos semanas después del accidente, el 25 de agosto, Metallica se presentó en Phoenix, Arizona, dando una muestra de compromiso muy pocas veces vista en una banda. Nada parecía detener a Metallica. La lista de temas para esos conciertos era la siguiente:

1. «Sol Capa»
2. «Creeping Death»
3. «Harvester of Sorrow»
4. «Welcome Home (Sanitarium)»
5. «Sad But True»
6. «Wherever I May Roam»
7. «Of Wolf and Man»
8. «For Whom the Bell Tolls»
9. «The Unforgiven»
10. «The Shortest Straw»
11. «Fade to Black»
12. «Master of Puppets»
13. «Seek & Destroy»
14. «Whiplash»
15. «Nothing Else Matters»
16. «Am I Evil?» (v. Diamond Head)
17. «Last Caress» (v. The Misfits)
18. «One»
19. «Enter Sandman»

Antes de finalizar el año, el 25 de octubre de1992, en el estadio de Wembley, la banda interpretó junto a Animal, vocalista de Anti-Nowhere League, «So What» y una versión libre de «Of Wolf and Man». Entretanto, en noviembre, en Birmingham (Inglaterra), Metallica interpretó dos temas de Diamond Head («Am I Evil?» y «Helpless») junto a los músicos de esta banda.

Ya recuperado completamente del accidente, Hetfield se tatuó el brazo atacado por el fuego para ocultar las cicatrices. El dibujo que eligió fueron cuatro naipes en llamas que juntos formaban la fecha de su nacimiento: 1963.

Vagando a través del universo

El 22 de enero de 1993, la banda inició la gira Nowhere Else to Roam, que los llevó por Estados Unidos, Canadá, Japón, Argentina, Brasil, Méjico, Australia, Indonesia, Tailandia, Chile, Turquía, Grecia e Israel. Entre el 25 de febrero y 2 de marzo, Metallica realizó cinco conciertos en el Palacio de Deportes de Méjico DF. Allí conocieron a Robert Trujillo, bajista de Suicidal Tendencies. Aquellos recitales fueron grabados y esa grabación formó parte del primer disco en directo de Metallica: *Live Shit: Binge & Purge*. Las constantes obligaciones de la gira encontraban a los músicos anímicamente enteros y maduros. Durante dos años estuvieron recorriendo el mundo de un extremo al otro. Los excesos ya habían amainado. Los músicos ahora pensaban en las 50.000

Espectacular imagen del concierto de Metallica en Moscú en 1991, extraída del film *For those about to Rock: Monsters in Moscow*, dirigido por Wayne Isham.

personas que habían pagado la entrada para verles dar su mejor actuación. Su mentalidad había cambiado. Ya no eran aquellos chicos queriendo jugar a ser estrellas de rock.

Soy tus ojos mientras estás lejos

Después del éxito de *Cliff 'Em All!*, el 12 de agosto de 1992, el grupo lanzó su segundo vídeo: *A Year and a Half in the Life of Metallica* (Un año y medio en la vida de Metallica). El documental (dirigido por Adam Dublin y producido por Juliana Roberts) reproduce el *backstage de* la grabación de *El Álbum Negro*, los tres videoclips del disco y su gira de presentación. En su versión original, el material fue editado en un doble VHS. La respuesta del público ante este nuevo vídeo fue inmediata y ya en los primeros meses alcanzó el millón de copias.

Dos meses más tarde, se editó la película *For those about to Rock: Monsters in Moscow*. Cinta que reproducía los conciertos del Monsters of Rock en Rusia que contó con la participación de Metallica, The Black Crowes, Pantera, AC/DC y los rusos E.S.T. El film, de 84 minutos de duración, fue dirigido por el notable Wayne Isham (quien dirigió «Enter Sandman» y videoclips de bandas como Megadeth, Kiss, Pantera y Mötley Crüe, entre otros). De aquel recital en agosto de 1991, aparecen las canciones «Enter Sandman», «Creeping Death» y «Fade to Black».

En el ámbito político, George H.W. Bush dejó el mando presidencial al demócrata Bill Clinton, que asumió el cargo el 20 de enero de 1994. Cinco días después, el 25 de enero, la banda actuó en la entrega de premios de la 20ª edición de los American Music Awards, interpretando «Wherever I May Roam». Paralelamente, Metallica obtuvo el galardón en la categoría «Mejor Artista de Heavy Metal/Hard Rock», cuya terna compartían con Red Hot Chili Peppers y Def Leppard.

El 5 de junio, a poco menos de un mes de la finalización del Nowhere Else to Roam Tour, Metallica compartió nuevamente escenario con Megadeth, esta vez en el National Bowl de Milton Keynes (Inglaterra). Este espectáculo fue un lenitivo para el público local, ya que ese año no se pudo realizar el festival de Donington.

Coincidiendo con el día de la Independencia de los Estados Unidos, Metallica dio por finalizado el Nowhere Else to Roam Tour. La banda había registrado los audios y vídeos de varios conciertos con el objetivo de editar en breve ese material. La fecha tentativa era septiembre, pero la discográfica presionó al grupo para postergar la publicación. Su argumento era que los álbumes en vivo de bandas de hard rock y heavy metal que habían salido ese año (AC/DC, Ozzy Osbourne, Van Halen y Kiss, entre otros) no hubieran permitido alcanzar buenas ventas. Por primera vez en la carrera de Metallica, un sello neutralizaba una decisión. Siempre habían trabajado a su antojo. Ahora su entorno hacía un análisis de mercado antes de mover ninguna pieza. La intención de lanzar aquel disco en directo era dejar constancia de casi dos años de conciertos y brindarle a los fans un material oficial en vivo, tras más de 10 años de carrera. Las grabaciones clandestinas (en inglés, *bootlegs*) se habían propagado considerablemente y circulaban en grandes cantidades por Nueva York y Europa. En definitiva Elektra editó *Live Shit: Binge & Purge* el 23 de noviembre de 1993, en vísperas de la navidad (el mismo día en que salió a la calle *The Spaghetti Incident?*, de Guns N' Roses). El nutrido *box set*, cuyo material venía dentro de un cofre para guardar equipos de amplificación, fue producido por Hetfield y Ulrich. La caja contenía: 3 vídeos de las actuaciones en San Diego (referentes a la primera parte de la gira de *El Álbum Negro* y dirigidos por Wayne Isham) y en Seattle (como parte del Damaged Justice

Tour, dirigido por Michael Salomon y que correspondía al recital en el que se grabó el EP de 1989); además, 3 CD (con las actuaciones en Méjico), un libro de la gira, un bolígrafo stencil de *Scary Guy* (la mascota de la banda) y un *Snake Pit Pass*.

10 años antes, Megaforce le había prohibido a Metallica editar su primer disco con el título de *Metal Up Your Ass* y ahora la multinacional Elektra le permitía llamar a esta colección con el osado nombre de «*Live Shit*» (en español, «Mierda en vivo»). El coste para el público de esta caja fue de casi 80 euros. Sin embargo, los fans respondieron con entusiasmo y durante varias semanas la situaron entre las 30 primeras posiciones del *Top* 200 de *Billboard*, superando rápidamente las 500.000 copias vendidas en Estados Unidos.

La primera canción de *Live Shit* fue la versión en vivo grabada en San Diego de «One», tema perteneciente al álbum *...And Justice for All*. Para su exhibición en canales de música, se eligió esa misma canción, pero la versión grabada en Seattle.

Algunos paréntesis

En las pocas horas que tenían libres, algunos miembros de Metallica aprovechaban para colaborar en proyectos de amigos. En 1992, mientras Pantera se encontraba de gira presentando su excelente álbum *Vulgar Display of Power*, Newsted participó en uno de sus conciertos y tocó junto a ellos distintos clásicos de Metallica (como «Seek & Destroy» y «Whiplash»).

Ese mismo año, Lars Ulrich colaboró en el álbum *In the Shadows*, que apuntaló el regreso de Mercyful Fate (una de las bandas danesas más importantes de la escena metalera). El álbum se editó al año siguiente a través de Metal Blade Records y Lars se encargó de la batería en la canción que cierra el álbum, «Return of the Vampire».

Fans acusados de asesinato

Un caso policial estremeció a la población entera: el 5 de mayo de 1993, el cuerpo sin vida de un niño fue encontrado en el bosque Robin Hood Hills, en Arkansas (EE. UU.). Cerca de allí se hallaron los cadáveres de otros dos niños que habían sido declarados desaparecidos horas antes. Los tres cuerpos fueron hallados desnudos y atados con los cordones de sus propios zapatos tras haber sido brutalmente golpeados y mutilados. Estos asesinatos ocurrieron en el seno de una comunidad ultrareligiosa conservadora. La prensa local y los fiscales del caso entendieron que era más simple concluir que se trataba de una historia de sectas diabólicas antes que investigar a fondo el caso. Como chivo expiatorio, señalaron a tres jóvenes (Damien Echols, Jason Baldwin y Jessie Misskelley) que escuchaban la música de Metallica. Esta característica, a la vista de un religioso conservador, los convertía en asesinos. Por lo que fueron juzgados por asesinato e incluso en el caso de Echols se lo condenó a pena de muerte, mientras que los otros dos fueron sentenciados a cadena perpetua. La sentencia estuvo plagada de irregularidades y causó una repulsa inmediata en el ámbito artístico. Eddie Vedder, vocalista de Pearl Jam, el actor Johnny Depp y Natalie Maines, de Dixie Chicks, pronto se solidarizaron con el caso. Metallica también, y accedió a facilitar su música para el documental *Paradise Lost*, que narra los pormenores del caso. Fue la primera vez que sus canciones componían la banda sonora de un film. *Paradise Lost* se estrenó en 1996. La repercusión que logró la película fue una herramienta central para que, después de 18 años de prisión, los acusados fueran liberados.

Bienvenidos al Club

Después de este incidente judicial de sus seguidores, a finales de 1993 la banda anunció la creación del club de fans oficial, The Metallica Club, con el objetivo de facilitar la comunicación y el acercamiento con el público. Este club de fans fue presidido por Tony Smith (mánager de la banda) y gestionado por los propios músicos. La banda ofrecía privilegios a los miembros del club, como conciertos exclusivos (en algunas oportunidades en pequeños clubes y teatros) y pases a pruebas de sonido en grandes estadios. De esta manera, los miembro del club recibían un trato preferencial en relación con el espectador medio. En paralelo, se lanzó la revista oficial del club de fans, *So What!*, con cuatro entregas anuales. Esta publicación ofrecía 48 páginas a color con información sobre la banda.

El metal y su nueva piel

Las fragmentaciones que sufría el thrash metal y la ausencia de nuevos referentes en el grunge generaron el espacio adecuado para el surgimiento del nu metal, un movimientos oriundo de distintas ciudades de California. Los pioneros de este género fueron Korn (que en 1994 lanzó su primer disco homónimo) y Deftones (con *Adrenaline*, de 1995). Las guitarras eran utilizadas con una afinación aún más baja que los metaleros y su sonido estaba influenciado por el metal alternativo, el grunge, el hardcore punk, el rap y el hip hop. Los grupos de referencia eran Anthrax y Rage Against the Machine, encargados de llevar a cabo la fusión de metal y rap (aunque también se pueden encontrar algunos embriones de esta mezcla en la canción «Walk this Way», de Aerosmith). El nu metal profundizó esta búsqueda y le aportó nuevas tecnologías y otras instrumentaciones y texturas a través de *loops*, gaitas (en el caso de Korn) y *scratches* (en bandas como Limp Bizkit).

Donde sea que pueda vagabundear

Tras casi doce meses fuera de los escenarios, Metallica abandonó el letargo de sus vacaciones y, el 28 de mayo de 1994, emprendió una gira de 51 conciertos por EE. UU. llamada The Shit Hits the Sheds bajo el grito de «Summer Shit '94: Binging & Purging Across The US» («Mierda del verano 94: atracones y purga a través de los EE. UU.»).

Durante esta gira, la banda utilizó un escenario muy similar al de la última parte del Nowhere Else to Roam Tour en Europa: un telón negro de fondo con el *Scary Guy* estampado y, en los laterales, la caricatura que Pushead había hecho para la canción «Sad But True». Aprovechando el período estival del hemisferio norte, los conciertos se hicieron en espacios abiertos para un público de entre 20.000 y 40.000 espectadores. Como grupos teloneros, estuvieron Danzig y Suicidal Tendencies. Alice in Chains también iba a formar parte, pero debido a los problemas con las drogas de su cantante, Layne Staley, debieron anular su presencia.

De estas actuaciones, destacó el concierto del 13 de agosto en Woodstock '94. En aquella gira, Metallica incorporó canciones de sus primeros discos que durante los últimos años no había tocado en vivo: «Phantom Lord», «No Remorse», «Ride the Lightning», «Fight Fire with Fire», «Disposable Heroes» y «The Shortest Straw», entre otras. Esta pequeña gira los preparó para desembarcar en plena forma en el histórico festival de Woodstock '94, el sábado 13 de agosto. Allí eran una de las grandes atracciones; abrieron el concierto del grupo principal, Aerosmith, y actuaron ante más de 130.000 personas. Su actuación (que como siempre comenzó con «The Ecstasy of Gold») se extendió durante una hora y cuarenta minutos, en los que interpretaron «Breadfan» (versión de Budgie), «Master of Puppets», «Wherever I May Roam», «Harvester of Sorrow», «Fade to Black», «For Whom the Bell Tolls», «Seek & Destroy», «Nothing Else Matters», «Creeping Death», «Whiplash» y, en los bises, «Sad But True», «One» y «Enter Sandman», para finalizar con «So What». El público vibraba y pedía a gritos que el grupo regresara al escenario para tocar un rato más. Pero fue imposible por cuestiones de contratos televisivos y por la preparación del concierto de Aerosmith.

Las actuaciones de las bandas participantes en el festival se grabaron y, a fines de ese año, salió el álbum y el vídeo *Woodstock '94*. De la actuación de Metallica se incluyó su interpretación de «For Whom the Bell Tolls» (en aquel documental también se incluyeron los recitales de Green Day, Red Hot Chili Peppers, Aerosmith, Cypress Hill, Blind Melon o Nine Inch Nails, entre otros).

Tras Woodstock, la banda prosiguió con su gira The Shit Hits the Sheds. El 3 de julio, en Chicago, fue la última fecha con Danzig como grupo telonero. Como despedida, Metallica invitó a Glenn Danzig a subir al escenario y juntos interpretaron un popurrí de The

Video de la actuación de la banda en el concierto Woodstock '94.

Misfits que incluía «London Dungeon», «Last Caress» y «Green Hell». En sustitución de Danzig se incorporó la banda de Seattle Candlebox, que acompañó a Metallica hasta el final de la gira. Precisamente, el último concierto de «The Shit Hits the Sheds» fue el 21 de agosto de 1994 en Miami. Para sorpresa de los presentes, Rob Halford subió a cantar con ellos el tema de Judas Priest «Rapid Fire», mientras que los Suicidal Tendencies cantaron «So What». Fue un cierre de gira histórico para la banda. El reconocimiento de este referente del heavy metal les mostraba que estaban en el camino correcto.

No me pises: problemas con Elektra

En los últimos meses de aquel 1994, Metallica afrontó una serie de disputas con su discográfica por las cláusulas de su contrato. La banda tenía un acuerdo verbal con algunos directivos de Elektra para aumentar su porcentaje por disco vendido (que no había sido variado desde su primer contrato en 1984) y sobre los derechos de las canciones. Sin embargo, los cambios en la directiva de

Elektra provocaron que los nuevos ejecutivos desconocieran los acuerdos pautados anteriormente. Ante este conflicto, Metallica pensó en fundar su propia compañía discográfica e iniciar acciones legales contra la empresa. Pero tras varias semanas de largas negociaciones, las partes llegaron a un entendimiento que permitió mantener el vínculo entre Metallica y el sello Elektra. El nuevo acuerdo reportó a la banda un incremento del 500% en las ganancias y la potestad de los derechos de autor de todas sus obras (un logro de notable beneficio para el cuidado y el mantenimiento de su legado).

Descanso y actividades paralelas

Después de aquella agotadora serie de actuaciones, los integrantes de la banda decidieron tomarse un merecido descanso que se extendió casi un año. A Kirk, su ausencia en los escenarios lo sumió en una profunda depresión y no sabía qué hacer en sus días libres. Así que se puso a estudiar cine y arte asiático en San Francisco. Mientras tanto, Lars repartió su tiempo buceando por el Caribe y adquiriendo obras de arte. La afición de Ulrich por las artes plásticas comenzó en su casa familiar. Su padre, Torben, además de inculcarle su amor por el tenis y la música, lo formó en esa rama del arte. Durante las giras de Metallica, Lars visitaba museos y galerías de arte. Era su refugio y aquello le permitía desconectarse de la música. Tanto transitar estos espacios, galerías y casas de subastas lo transformó en un coleccionista de arte.

Jason Newsted utilizó este intervalo para impulsar sus propios proyectos musicales. Si bien se reunió de modo informal con Hammett para interpretar viejos clásicos del blues, su actividad se centraba en la banda IR8, abreviatura de *Irate* (en español, «Furiosos»). En 1994, grabaron una demo que incluía «Colossus», «Nothing» y «Black on Black». IR8 estaba compuesta por Jason Newsted (voz y guitarra rítmica), Devin Townsend, excantante de Steve Vai y líder de Strapping Young Lad (guitarra), y Tom Hunting, de Exodus (batería). Ya en 1994, este proyecto desencadenó en Sexoturica, cuyo nombre es una combinación de Sepultura, Metallica y Exodus. Ese año el trío realizó una grabación casera compuesta por «Alone», «Zone of Death» y «Dead Soul at Sleep». *A posteriori*, como una propagación de Sexoturica, estos músicos formaron Quarteto da Pinga. Allí Jason se ocupaba del bajo y la voz; Andreas Kisser, de la guitarra y la voz; Robb Flyn, de Machine Head, de la guitarra, y Tom Hunting, de la batería. Su afinación y sus voces guturales recibían influencias del thash, del death metal y de la *NWHMB*. Quarteto da Pinga editó en 1995 una demo que incluía «Twisted», «Creation» y «No Class», y que fue grabada en Chophouse Studio (propiedad de Newsted y situado en Walnut Creek, California).

James Hetfield, por su parte, aprovechó aquellos días de descanso para refugiarse en sus pasatiempos favoritos: la caza, el *waveboard* y el *snowboard*. Mien-

Metallica con
el productor y
bajista Bob Rock
–abajo, en el
centro–, artífice
del sonido de
*The Black
Album*.

tras estaba de cacería, James tuvo un accidente en la cabeza que le dejó un profundo corte en el cuero cabelludo y una sutura de 40 puntos. De resultas de ello, optó por cortarse el pelo a los costados, tal y como se pudo apreciar en el festival de Donington '95.

Además, Hetfield se encargó de abrir los testimonios del álbum de tributo a Black Sabbath *Nativity in Black: a Tribute to Black Sabbath*, que se editó en octubre de 1994. En aquel disco, participaron los grandes referentes del metal (Ozzy, Megadeth, Bruce Dickinson, Sepultura y Faith No More, entre otros). Por esos días, el líder de Metallica también se encargó de realizar la introducción de una enciclopedia sobre heavy que editó la revista musical inglesa *Kerrang!*.

De este modo, mientras la banda descansaba de los escenarios, cosechaba los frutos de su trabajo: *El Álbum Negro* trepaba insaciablemente en las listas de ventas y sus conciertos en vivo habían dejado maravillados a los espectadores de cada una de las ciudades que visitaron. Entretanto, recibieron su octavo disco de platino por los ocho millones de copias vendidas de *El Álbum Negro* en Estados Unidos. Con esta cifra la banda ingresó en una selecta cofradía de los discos más vendidos del metal, junto a AC/DC (*Back in Black*), Def Leppard (*Hysteria*) y Guns N' Roses (*Appetite for Destruction*).

Metallica volvió a la actividad en 1996, pero no todo fue como los fans soñaban.

5

1996-1999

El nuevo *look* de Metallica a mediados de la década de los 90, en los tiempos de *Load*.

Contexto sociocultural y político a finales de los noventa

En la segunda mitad de 1996, Estados Unidos continuaba su afrenta contra Oriente Medio: atacaba objetivos militares iraquíes y la ciudad de Kabul, en Afganistán, era tomada por talibanes respaldados por la potencia americana. Pocas semanas después, el 5 de noviembre, el demócrata Bill Clinton era reelegido presidente. Entre las principales medidas de su segundo mandato, se recuerda la intensificación del bloqueo a Cuba a través de leyes como la Helms-Burton y los ataques que libraron EE. UU. junto a la OTAN contra la ciudad yugoslava de Kosovo en 1999 (ataques que dejaron miles de civiles muertos). Además, los escándalos sexuales del jefe de Estado norteamericano hicieron que en 1998 y 1999 se enfrentara a la justicia y a una propuesta de destitución.

Mientras tanto, el auge de los ordenadores y de Internet empezó a propagarse por todo el mundo como la forma de comunicación dominante. Comenzaba la era de los videojuegos y la realidad digital. Ya en 1996 se habían efectuado las primeras clonaciones, el mismo año que el famoso grupo musical The Ramones se disolvió tras su actuación en The Palace (Los Angeles).

Por esos días de 1996, James Hetfield incorporó su voz a la canción «Man or Ash», editada en el álbum *Wiseblood*, de Corrosion of Conformity. El disco alcanzó una repercusión escasa y es una pieza de culto en la carrera de la banda. Sus canciones tienen tintes de rock sureño, un rasgo que luego retomaría Metallica.

Surgimiento del britpop

En 1995, mientras Metallica se encontraba en su año sabático de los escenarios tras la arrasadora gira de casi tres años de promoción de *The Black Album*, el mundo de la música había dado un giro de 180°. Después de la muerte de Kurt Cobain, el trono vacante del rock volvió a ser tomado por Gran Bretaña (al igual que en los 60 y los 70). En este caso a través del britpop, un movimiento que tenía entre sus referentes más importantes a Oasis, Blur y Pulp. Fue la respuesta más firme que recibió el grunge y la invasión cultural norteamericana. El grunge había quedado sin líder tras el suicidio de su máxima estrella (etiqueta con la que Cobain no se sentía cómodo), y el resto de grupos no supieron enderezar el rumbo: Pearl Jam no pudo dar el gran salto y The Smashing Pumpkins, si bien fueron responsables de discos notables, su repercusión quedaba lejos de las masas.

Por aquel entonces, el britpop surgió con el lanzamiento del primer *single* de Oasis, «Supersonic», en 1994. En el primer disco de la banda de los hermanos Gallagher, *Maybe*, se manifestaba el rechazo hacia la cultura norteamericana. El oído del britpop se focalizaba en Inglaterra y en sus bandas de rock. Estos músicos llegaban a la mayoría de edad mientras sufrían el ocaso que dejaba el neoliberalismo thatcheriano en su país. Además, habían crecido consumiendo todos los productos norteamericanos: películas, música, televisión, videojuegos, etc. Todo provenía de su vieja colonia. Por lo tanto, los británicos sintieron un rechazo profundo al observar cómo EE. UU. disfrutaba de este control sobre ellos. Así nació el britpop, como una forma de aferrarse a sus raíces y a sus barrios. Musicalmente retomaban patrones ya establecidos: se buscaba la simpleza del sonido (siguiendo la guía del punk, la de la escena Manchester y la de los grupos de los 80, como The Smiths o Paul Weller). Pero sobre todo, el britpop se aferró a las influencias de las grandes bandas británicas de los 60: The Beatles, The Rolling Stones, The Kinks y The Who. Su falta de originalidad era notable. Fue el intento desesperado de «restablecer el orden».

Para iluminar el camino de regreso a casa

Fue en esa época cuando algunos fundamentalistas del thrash empezaron a emigrar hacia propuestas más extremas, como Pantera, ya que consideraban que Metallica había perdido potencia. Sin embargo, ninguna banda de metal (ni Black Sabbath ni Judas Priest o Iron Maiden) había alcanzado la relevancia de Metallica con el *The Black Album*: récord en ventas, de público y de críticas favorables, y llegada de nuevos seguidores. No había rincón del mundo en el que no hubieran actuado. A la sombra del éxito del *The Black Album*, las preguntas que subyacían eran: ¿cuál iba a ser el próximo paso de Metallica?, ¿harían un álbum de thrash o seguirían experimentando nuevos rumbos?, ¿seguía siendo Metallica la banda más importante de heavy metal del mundo?

Por esos días, sus integrantes estaban lo suficientemente ocupados como para desvelar estos interrogantes. En noviembre de 94, la banda ya había comenzado a perfilar las primeras canciones que formarían parte de su siguiente trabajo. Su única premisa era no hacer una segunda parte de *El Álbum Negro*. Fue entonces cuando grabaron «Streamline» (que luego se llamaría «Wasting My Hate») y «Load» (que terminaría siendo «King Nothing»). En diciembre, le llegó el turno a «Fixer» (posteriormente bautizada como «Fixxxer») y «Mouldy» («Hero of the Day»). La gran mayoría de los temas posteriores del nuevo álbum tuvieron originalmente nombres distintos como «F.O.B.D.» («Until It Sleeps»), «Believe» («Cure»), «Jack» («The House Jack Built»), «Bitch» («Ain't My Bitch»), «Mouldy» o «Dusty».

Mientras grababan el nuevo disco se dieron el lujo de emprender una minigira que titularon Escape from the Studio, entre el 23 de agosto y el 14 de diciembre de 1995. La gira constó de cinco conciertos, que comenzaron con un recital secreto en el Astoria II de Londres y luego prosiguieron con una actuación el 26 de agosto en Donington, como parte del Monsters of Rock, y en la que Metallica logró impulsar el festival, ya que se confirmó su presencia tan sólo nueve semanas antes y la banda fue el cabeza de cartel por primera vez. Por otro lado, cabe señalar la circunstancia que con aquel concierto Metallica se convertían en el primer grupo en tocar cuatro veces en el Monsters of Rock de Donington. En su concierto, tuvieron como teloneros a Slayer, Skid Row, Slash's Snakepit, Therapy?, Machine Head, White Zombie, Warrior Soul y Corrosion of Conformity, siendo la edición con más participantes de la historia de Donington.

La otra fecha destacable del Escape from the Studio se efectuó una semana después, el 3 de septiembre de 1995, en Tuktoyaktuk (Canadá). Allí Metallica encabezó el cartel del Molson Ice Polar Beach Party, un festival celebrado en la región norte del Círculo Polar Ártico, y fueron teloneados por Hole, Veruca Salt y Moist. Mientas la marca de cervezas Molson, patrocinadora del evento, anunciaba «el concierto más frío del mundo» (al que sólo se podía acceder por medio de un chárter), las radios norteamericanas obsequiaban con 500 entradas para el evento que incluía barra libre de cerveza. El Molson Ice Polar Beach Party fue organizado por Molson para promocionar su nueva «cerveza de hielo». Una cantidad enorme de combustible fue utilizado en los generadores de energía para que el espectáculo se llevara a cabo. Mientras tanto, el cineasta canadiense Albert Nerenberg grabó las instantáneas del festival y lo plasmó en *Invasion of the Beer People*, un documental editado ese mismo año.

El Escape from the Studio concluyó el 15 diciembre en el Whisky A Go Go de Los Angeles. En aquella ocasión, Metallica rindió un homenaje a Mo-törhead interpretando «Overkill», «Damage Case», «Stone Dead Forever», «Too Late Too Late», «The Chase Is Better Than the Catch!» y «(We Are) The Road Crew». Esta actuación formó parte de The Lemmys, la fiesta de cumpleaños del cantante de Motörhead. Metallica aprovechó esta minigira para adelantar algunos temas (como «2x4» y «Devil's Dance») y modificar su lista. Pero estas actuaciones activaron considerablemente el mercado de gra-baciones ilegales, ya que la banda interpretó temas inéditos.

El año 1996 comenzó con buenas noticias. En febrero, Metallica fue se-leccionada nuevamente a los Grammy por la canción «For Whom the Bell Tolls», incluida en el álbum recopilatorio de Woodstock '94. Sin embargo, este galardón quedó en manos de Nine Inch Nails. Mientras tanto, el *box set* *Live Shit* había alcanzado su décimo disco de platino en Estados Unidos.

Aprovechando el período final de producción del que sería su nuevo álbum,

Single de «Until it Sleeps».

Load, el 4 de mayo se filmó el videoclip del sencillo de promoción: «Until It Sleeps». El *single* se lanzó el 20 de mayo para todo el mundo y el 21 del mismo mes para Estados Unidos. En la primera semana, esta canción alcanzó el puesto número 10 en el *American Top 40* de *Billboard*. Como acompañamiento, se pu-blicó el videoclip de la canción. Pronto generó gran-des polémicas, ya que en él aparecían por primera vez los integrantes de la banda actuando con maquillaje (una estética impropia para la idiosincrasia metalera). Por esos días, se ofreció a Metallica la posibilidad de cerrar el Dynamo Open Air, un prestigioso festival de metal celebrado en Holanda, pero decidieron rechazar la oferta. En su lugar, el 23 de mayo, realizaron el estreno mundial de «Until It Sleeps» en los MTV Video Music Awards de Estados Unidos. Allí la banda interpretó la canción en vivo y obtuvo el premio como «Mejor Vídeo de Hard Rock» y compitió en la categoría de «Vídeo Elegido por el Público».

A la carga

La producción de estas sesiones fue muy fructífera: se compusieron casi 30 temas y el grupo consideró la posibilidad de editar un álbum doble. Luego la desecharon y seleccionaron catorce canciones, que finalmente conformaron el sexto disco de estudio, *Load*.

La vuelta al estudio de grabación había generado entusiasmo entre los integrantes. Por fin se respiraba un clima de cohesión y respeto entre ellos. Si bien Ulrich y Hetfield no pudieron contener su genio y seleccionaron las canciones, no dejaron que los entorpecieran pequeñeces. Maduros y con un espíritu democrático, dieron un paso atrás en el control absoluto de las decisiones y dejaron avanzar al resto con sus opiniones. De este modo, otorgaron un mayor nivel de participación a Hammett y Newsted.

Load se grabó en los estudios The Plant de California y contó nuevamente con la producción de Bob Rock. Lars estaba contento de volver a trabajar bajo las órdenes del controvertido productor. Ya lo consideraba un amigo y una persona de su confianza. La premisa para *Load* era realizar un cambio musical rotundo con respecto a toda su obra. Las letras dejaron atrás el abordaje político y los lugares comunes del heavy metal para centrarse en temas profundos y personales.

La grabación del disco culminó el 1 de febrero de 1996 y, entre marzo y mayo, se realizó la masterización. Para su nuevo lanzamiento, Metallica se tomó nuevamente un tiempo considerable para pulir detalles en estudio (al igual que con *El Álbum Negro*). La intención de la banda era lanzar el material, respaldarlo con una breve gira de presentación (de no más de un año) y volver a los estudios para arreglar las canciones que habían desechado con el fin de lanzarlas en un séptimo álbum, un año y medio después de *Load*.

Las expectativas que levantó el nuevo álbum de Metallica fueron enormes. Habían transcurrido casi cinco años desde la salida de su anterior trabajo y el público esperaba que Metallica salvara el heavy metal de su profunda crisis. En Estados Unidos, este género estaba siendo olvidado por la industria musical y, de nuevo, Metallica era la punta de lanza en la lucha por su reivindicación.

La fecha de lanzamiento de *Load* en Japón fue el 1 de junio, dos días después que en el resto del mundo y tres días después que en EE. UU. Hasta la fecha, *Load* era el álbum más extenso de Metallica. Sus 14 temas tenían una duración total de 79 minutos (el máximo que un CD puede contener). Se incluyeron canciones con cambios de ritmo de hasta más de nueve minutos de duración en las que afloraban estilos como el hard rock y el blues, pero sin extraviar la impronta de la banda. *Load* puso el acento sobre las melodías y no tanto sobre los *riffs*, que habían sido el núcleo de su anterior trabajo. De todos modos, las canciones conservan un formato de composición simple pero con arreglos notables. Las guitarras ofrecen experimentación y nuevas tonalidades con respecto a *El Álbum Negro*. Esto se debe a que Kirk participó más en el proceso de grabación y se encargó de tocar algunas guitarras rítmicas. Otro cambio que introdujo la banda para este disco fue bajar su afinación hasta el Eb (mi bemol). A continuación, se detallan las canciones y los sencillos del disco.

LOAD

1- «Ain't My Bitch» (James Hetfield, Lars Ulrich). 5:04

2- «2x4» (James Hetfield; Lars Ulrich, Kirk Hammett) 5:28

3- «The House Jack Built» (James Hetfield, Lars Ulrich, Kirk Hammett) 6:38

4- «Until It Sleeps» (James Hetfield, Lars Ulrich) 4:29

5- «King Nothing» (James Hetfield, Lars Ulrich, Kirk Hammett) 5:28

6- «Hero of the Day» (James Hetfield, Lars Ulrich, Kirk Hammett) 4:22

7- «Bleeding Me» (James Hetfield, Lars Ulrich, Kirk Hammett) 8:17

8- «Cure» (James Hetfield, Lars Ulrich, Kirk Hammett) 4:54

9- «Poor Twisted Me» (James Hetfield, Lars Ulrich) 4:00

10- «Wasting My Hate» (James Hetfield, Lars Ulrich, Kirk Hammett) 3:57

11- «Mama Said» (James Hetfield, Lars Ulrich) 5:19

12- «Thorn Within» (James Hetfield, Lars Ulrich, Kirk Hammett) 5:51

13- «Ronnie» (James Hetfield, Lars Ulrich) 5:17

14- «The Outlaw Torn» (James Hetfield, Lars Ulrich) 9:48

Sencillos

1- *Until It Sleeps* (editado el 21 de mayo de 1996)

- Sencillo EE. UU.: «Until It Sleeps» - «Overkill»

- Sencillo internacional 1: «Until It Sleeps» - «2x4» (Live) - «F.O.B.D.» (también conocida como «Until It Sleeps early "writing in progress" version»)

- Sencillo internacional 2: «Until It Sleeps» - «Kill/Ride Medley» (Live) - «Until It Sleeps» (Herman Melville Mix)

- EP japonés: «Until It Sleeps» - «Until It Sleeps (Herman Melville Mix)» - «Kill/Ride Medley» (Live) - «2x4» (Live) -«Overkill» -«F.O.B.D.» (también conocida como «Until It Sleeps early "writing in progress" version»)

2- *Hero of the Day* (editado el 9 de septiembre de 1996)

- Sencillo EE. UU.: «Hero of the Day» - «Kill/Ride Medley» (Live) (Phantom Lord replaced in Seek & Destroy)

- Sencillo internacional 1: «Hero of the Day» - «Overkill» -«Damage Case» - «Hero of the Day» (Outta B-Sides Mix)
- Sencillo internacional 2: «Hero of the Day» - «Stone Dead Forever» - «Too Late Too Late» - «Mouldy» (también conocida como «Hero of the Day» early demo version)
- Sencillo internacional 3 Motörheadache: «Hero of the Day» - «Overkill» - «Damage Case» - «Stone Dead Forever» - «Too Late Too Late»
- EP japonés: «Hero of the Day» - «Hero of the Day» (Outta B-Sides Mix) - «Mouldy» (también conocida como «Hero of the Day» early demo version) - «Stone Dead Forever» - «Damage Case» - «Too Late Too Late»

3- *Mama Said* (editado el 25 de noviembre de 1996)

- Sencillo internacional 1: «Mama Said» - «King Nothing» (Live) - «Whiplash» (Live) - «Mama Said» (Edit)
- Sencillo internacional 2: «Mama Said» - «So What» (Live) - «Creeping Death» (Live) - «Mama Said» (Early Demo Version)
- Sencillo internacional en vinilo 7": «Mama Said» - «Ain't My Bitch» (Live)
- EP japonés: «Mama Said» (Edit) - «So What» (Live) - «Creeping Death» (Live) - «King Nothing» (Live) - «Whiplash» (Live) - «Mama Said» (Early Demo Version)

4- *King Nothing* (editado el 7 de enero de 1997)

- Radio single + vídeo
- Sencillo EE. UU.: «King Nothing» - «Ain't My Bitch» (Live)

Curiosidades de *Load*

Load empieza con «Ain't My Bitch» y ya de inmediato se plasma el cambio que propone el disco. La composición está más cerca del rock pesado que del thrash: el solo fue realizado con *slide* (un recurso al que casi no habían recurrido con anterioridad) y, además, se añade un coro con una melodía muy pegadiza y apta para las radios. Esta canción se ganó la atención inmediata de la prensa ya desde el título (que en español sería «No es mi puta»).

Luego, en «2x4» nuevamente la batería inicia el camino en una de las canciones más agresivas (en la cual se utilizaron efectos para la voz). El nombre de «2x4» remite a una vara de madera que se utiliza para la construcción. Sin embargo, aquí se emplea para infligir dolor físico sobre una persona en un guiño a la cultura BDSM («Voy a crearte, a sacudirte, a tomarte/Voy a ser el que te rompa/Te pongo los tornillos, a mi manera/Vamos, vamos/Ven y alégrame el día, alégrame el día»).

En esta misma cadencia, comienza «The House Jack Built». Su *riff* metalero ofrece la introducción perfecta para una canción que retoma el flagelo de las drogas a través de sus versos («La puerta está abierta, entonces entro/ Cierro los ojos, encuentro un lugar para esconderme»). Por sus características compositivas, esta canción se podría definir como un heavy blues en el cual se utiliza un *wah wah* en la parte del solo.

El cuarto tema de *Load* es «Until It Sleeps». La primera demo de esta canción se llamó «F.O.B.D.», ya que les recordaba el tema «Fell on the Black Days», de Soundgarden. Este *single* del disco se caracteriza por su melodía y sus arreglos casi pop durante la estrofa. Allí, la voz de James suena delicada y se amalgama con los arpegios de guitarra para tomar mayor potencia en el estribillo. Nuevamente la religión y la muerte de la madre de James son el eje central. La fe, la devoción y el destino de la gente frente a un dios todopoderoso (¿el *Master of Puppets*?) y la creencia ciega en sus actos. Hay una descripción del dolor que provoca la muerte de un ser querido, así como del dolor psíquico que sentía su madre con su enfermedad («¿A dónde llevo este dolor mío?/Corro, pero se queda a mi lado/Entonces ábreme un tajo, derrámame-Hay cosas dentro que gritan y aúllan/Y el dolor aún me odia/Así que abrázame, hasta que se duerma»). Paralelamente, como lado B de «Until It Sleeps», la banda incluyó una versión tecnoindustrial llamada «Herman Melville Mix» realizada por dos grandes expertos: Moby y Alan Molder.

La quinta canción de *Load* es «King Nothing». Algunos de sus elementos compositivos recuerdan a «Enter Sandman», pero es sólo una insinuación para quienes esperaban una segunda parte de aquel estandarte de *El Álbum Negro*. También hay un guiño a esta canción cuando hacia el final Hetfield dice «*Off to never-never land*». La letra de «King Nothing» trata sobre una persona codiciosa que sólo desea obtener poder hasta que un día se da cuenta de que no le sirve para nada.

El álbum continúa con «Hero of the Day», un rock alternativo que recuerda a REM y que luego muta hacia el metal y la música industrial. Allí Hetfield enmarca el concepto de heroicidad con una pregunta soslayada: ¿Dónde se encuentra este concepto? ¿En la televisión, en casa con los propios padres? ¿En los soldados que retornan a sus hogares después de haber estado en combate, aquellos héroes anónimos...? La demo de la canción (grabada el 10 de diciembre de 1994 fue una de las primeras de las sesiones de *Load*) se llamó «Mouldy», ya que a James Hetfield y Lars Ulrich el *riff* principal les recordaba un ritmo típico de Bob Mould.

El séptimo tema es «Bleeding Me», en cuya letra y música aflora la intros-
pección. El *slide* vuelve a hacerse presente en esta canción melancólica y cargada de efectos que juegan con la expresiva voz de Hetfield. Por aquel entonces,
el cantante quería dejar la bebida. No encontraba su felicidad y desperdicia-
ba sus días sumergido en su adicción. Finalmente, pudo reparar su situación
personal acudiendo durante un año a terapia. En «Bleeding Me» se exterio-
rizan aquellos viejos fantasmas y sus rincones oscuros. Esto se aprecia en versos como «Estoy excavando a mi manera/Estoy excavando algo a mi manera/
Estoy excavando algo mejor a mi manera/Estoy presionando para quedarme/
Estoy presionando para quedarme con algo/Estoy presionando para quedarme con algo mejor». La canción tiene una duración de ocho minutos pero
tuvo versiones radiofónicas que la acortaron a cinco y seis minutos utilizando
un *fade out* en el solo de guitarra.

«Cure» es el octavo tema y se refiere a la curación por medio de la venganza
y la justicia por la propia mano. Sus versos dicen: «El tipo toma otra bala/Las
guarda todas juntas/Debe buscar, no importa cuánto duela/Así que no vuel-
vas a engañar»). «Cure» nunca se ha tocado en directo al igual que «Thorn
Within» y «Ronnie».

«Poor Twisted Me» es una reflexión introspectiva. Refleja la autocompa-
sión y la misericordia sobre las acciones de uno mismo que se intercalan con
la culpa y la imposibilidad de afrontar situaciones tormentosas. El sonido de
«Poor Twisted Me» ofrece una apertura hacia el heavy blues. La voz de Hetfield es matizada con distintos efectos mientras Hammett desliza nuevamente
el *slide* por las cuerdas de su guitarra.

En esta misma línea se ubicó «Wasting My Hate» (cuyo nombre en la demo
era «Streamline»), un tema compuesto por Hetfield que parte de una anécdo-
ta de su amigo Waylon Jennings. Éste estaba sentado en un bar cuando notó
que un tipo lo miraba. Como no le bajaba la vista, Waylon fue a increparlo furioso, pero el otro hombre estaba dormido o drogado y no tenía ni idea de lo
que estaba haciendo. Cuando se dio cuenta de su error, el protagonista de esta
historia soltó la frase de «Oh! He perdido mi odio a este tipo» que le gustó
tanto a James que decidió componer un tema al respecto.

«Mama Said» es la canción número once de *Load*. Aquí el country se apo-
dera del sonido de Metallica y, junto al pedal *Steel*, ofrecen uno de los mejores
pasajes musicales del álbum. La letra retoma la temática de la madre fallecida
de Hetfield. Se manifiesta el pesar que como hijo siente al no poder pasar
tiempo con ella y el deseo de que, al volver, su madre todavía lo esté esperan-

do. El temprano alejamiento de su hogar para desarrollarse como persona en la vida se cruza con el vacío que le dejó la muerte de aquella persona que lo formó. Aquel joven ahora es un adulto y cuando regresa ya es demasiado tarde para hablar con su madre. «Mama Said» plantea diferentes interrogantes que en la vida de Hetfield habían quedado sin respuesta y que luego pudo resolver en su terapia. Es un tema muy emotivo, pero no forma parte del repertorio habitual de la banda (solamente ha sido interpretado tres veces en directo).

«Thorn Within» es la siguiente pieza de *Load*. En sus versos Hetfield busca limpiar la culpa y el dolor que lo atrapa: «Perdóname, padre/porque he pecado/Me siento culpable/de la vida que noto en mi interior».

A continuación, un *riff* con aires de blues y con un toque a lo The Rolling Stones componen «Ronnie». La letra explica un caso policial en el que un joven llamado Ron Brown disparó a mansalva en una escuela en Washington. La base de blues y la repetición del *riff* hacen del tema un alegato sobre las tragedias escolares que, con el paso del tiempo, fueron convirtiéndose en una macabra costumbre en EE. UU. La progresión de la canción y la descripción de los acontecimientos es excelente: desde el principio presenta al protagonista para después mostrar la faceta del joven asesino, así como sus actos. «Ronnie» es uno de los puntos álgidos del disco, aunque nunca se haya interpretado en vivo.

Load finaliza con un tema de 9 minutos y 49 segundos, y a diferencia de sus primeros discos, este cierre no es instrumental pero expande las fronteras del disco. Dramática y profunda, «The Outlaw Torn» relata la búsqueda de una persona anhelada. Desde una visión religiosa, podría suponer un diálogo entre Dios y Jesucristo. Este último sería el forajido herido en la cruz que espera la llegada de su Padre («Cuando más bendigo, más sangro/por ti»).

VIDEOCLIP
«UNTIL IT SLEEPS»

Posee un vestuario y una ambientación propios de la Edad Media. Las referencias religiosas aparecen desde la primera escena, con una serpiente, un árbol y una manzana. Luego, entre cruces y seres antropomorfos, se representa el pecado original de Adán y Eva, así como la flagelación y el enjuiciamiento de Jesús. En este videoclip se teatralizan obras de arte del Renacimiento (como *Crucifixión*, de Giotto di Bondone; *El nacimiento de Venus*, de Boticelli, y el *David*, de Miguel Ángel). Bajo una estética surrealista, también aparecen pinturas de El Bosco, como *El jardín de las delicias*, *El carro de heno* y *Cristo con la cruz a cuestas*). Al mismo tiempo, los integrantes de la banda desarrollan distintos papeles en varias representaciones bíblicas: Hetfield canta atrapado en una especie de jaula de huesos; Ulrich encarna una representación del mal; Hammett es un Cristo crucificado y Newsted está cautivo dentro de su ser. Aquí aparecen maquillados (Kirk con los ojos contorneados en verde).

Dos fotogramas del videoclip del *single* «Until It Sleeps».

El concepto del videoclip se centra en las expresiones y las simbologías que esconden cada personaje y cada objeto. En la parte del solo, el tema baja la intensidad: la tranquilidad llega con el diablo que se mete entre las personas.

Este videoclips destaca por el trabajo escenográfico, el vestuario y el maquillaje. La luz artificial es tenue y clara, acompañada de verde. Las escenas son breves y se contrastan con cámaras lentas. Se utilizan planos cortos y primeros planos que emergen desde planos fuera de foco.

Sin embargo, este videoclip de Metallica estuvo cargado de controversias: por su contenido «Until It Sleeps» fue censurado en países con una cultura católica muy arraigada (como Méjico y Colombia), al considerarlo blasfemo y anticristiano. Mientras tanto, distintas organizaciones religiosas increparon al sello discográfico para que no difundiera esas imágenes en los países citados.

El realizador fue Samuel Bayer, que ya había trabajado con The Rolling Stones, Nirvana y Garbage. De hecho, Samuel Bayer es tristemente célebre por inspirarse en imágenes y conceptos de videoclips ignotos. Tal vez por eso se acusó al director de plagiar ideas de *Garden of Eden*, del artista italoamericano Goff Macaraeg. El caso adquirió tintes de asuntos de Estado cuando, en febrero de 1996, el programa *First Look* de MTV Asia divulgó el pleito, aprovechando que en aquella zona se estaba difundiendo el videoclip de Macaraeg.

VIDEOCLIP
«MAMA SAID»

En el guión de este vídeo, Hetfield es el
protagonista de la historia. Inseguro y
perdido en una ciudad, busca a su madre. Luego sube a un coche (él va en el
asiento trasero) y es conducido por la carretera recorriendo pueblos y ciudades
acompañado de su guitarra. En medio del recorrido se cruza con el resto de
la banda, como si se cruzaran sus caminos. Pero estas escenas en el automóvil
estaban en realidad trucadas. Al igual que en el cine en blanco y negro, no hay
desplazamiento de Hetfield, sino un efecto recreado en el estudio mediante
imágenes de paisajes sobre un fondo. Nunca emprendió el viaje. Esto representa el miedo y la inquietud por la muerte de su madre.

En cuanto a la indumentaria, Hetfield aparece con un sombrero de vaquero,
en referencia a la música y la estética contry y folk. «Mama Said» fue rodado
en Londres bajo la supervisión de Anton Corbijn, que lo filmó en tonos sepias
y planos cortos.

VIDEOCLIP
«KING NOTHING»

Estrenado el 7 de enero de 1997 en la
MTV, este videoclip fue realizado por
Matt Mahurin en los bosques de Park
City (Utah). Bajo una nevada, Metallica
toca de noche rodeado de fogatas y luces de *flash* (los músicos están abrigados
con gorros, mitones, guantes y Hetfield usa un chaleco de pieles). Simultáneamente, un rey intercambia constantemente sus coronas, como si no tuvieran
valor y las arroja a la nieve y al fuego (mientras los planos de objetos representan la caída del poder).

Su ambición lo aleja de las personas y camina solo sin reino donde guarecerse
(las escenas del rey son filmadas a la luz del día). El frío intenso del lugar encarna la insensibilidad y la dureza de su corazón. Por último, el final del videoclip
muestra al rey ante una multitud de iguales, que como él están vestidos con una
túnica negra que representa el mal o la muerte.

VIDEOCLIP
«HERO OF THE DAY»

El videoclip fue realizado en blanco y negro por Anton Corbijn, que se valió de escenas digitalizadas. La historia narra la vida de un joven adicto a las pastillas que mira la televisión. Se refleja fielmente la cultura *slang* norteamericana de aquellos años. El joven se queda en su casa deprimido, no puede hacerle el amor a su novia y no puede afrontar los problemas externos. Hace *zapping* y aparecen los integrantes de Metallica en un programa de entretenimiento llamado «Hero of the Day» (en el cual Newsted es el presentador y el resto de la banda son los participantes), simulando un *western* (Hetfield-Newsted contra los villanos Hammett y Ulrich), una pelea de boxeo (Hammett contra Newsted) y un noticiario (presentado por Hammett).

Metallica carga con una gira pobre

El mismo día que salió *Load*, el 4 de junio, Metallica lo presentó en dos puntos de California: en los Tower Records de San José y de Sacramento, en un escenario montado sobre un camión. En ambos *shows*, la lista de temas fue idéntica: empezaron con «So What», continuaron con «Creeping Death», «Ain't My Bitch», «Until It Sleeps», «Sad But True» y cerraron con «Whiplash». De este modo dieron comienzo a la gira Poor Touring Me Tour (algo así como «Pobre de mi gira»). Tras estas primeras presentaciones, cinco días después sus compromisos los llevaron por distintas ciudades de Estados Unidos, Canadá (en concierto en exclusiva para su club de fans) y posteriormente de Europa (en septiembre, actuaron en Barcelona y Madrid).

El álbum *Load* logró el disco de platino en poco más de una semana e inmediatamente empezó a escalar por los *rankings* de todo el mundo; llegó al primer puesto en Estados Unidos, Canadá y en varios países europeos. Debutó en el número uno de la revista *Billboard* y se encontró con el *El Álbum Negro*, que llevaba más de 250 semanas consecutivas en el podio, y escaló posiciones hasta ubicarse entre los 50 discos más vendidos, lo que le valió a la banda su noveno disco de platino. El 27 de junio de 1996, Metallica participó en el Lollapalooza como cabeza de cartel y en compañía de The Ramones,

Soundgarden y Rancid. Este festival había sido creado por el líder de Jane's Addiction, Perry Farrell, quien lo ideó a modo de una «nación alternativa». Farrell no participó en la organización de aquella edición del Lollapalooza y la llegada de Metallica generó un sinfín de controversias: el grupo fue tildado de comercial y de formar parte del *establishment*. La cosificación de la mujer que había enarbolado Metallica iba en contra de la idiosincrasia de este festival en favor de la igualdad de género. Asimismo, en aquel festival sólo desfilaban en principio grupos independientes que hacían música alternativa, postpunk y grunge.

Pero mientras en Lollapalooza Metallica no eran bienvenidos, la banda de metal sinfónico Apocalyptica realizó aquel año un disco en su homenaje llamado *Plays Metallica by Four Cellos*. Así las cosas, cuando el grupo de Hetfield desembarcó con su gira en Helsinki (Finlandia), los días 18 y 19 de noviembre, los encargados de abrir sus conciertos fueron Apocalyptica, en calidad de anfitriones.

En 1997, la banda no cesó con su actividad. En medio de la vorágine, el 26 de enero, Lars se casó con su novia Skylar en una iglesia repleta de fans. Al día siguiente, Metallica interpretó «King Nothing» en la entrega de los American Music Awards celebrada en Los Angeles, en los que obtuvo el galardón en la categoría de «Mejor Álbum de Metal/Hard Rock». Cuando subieron a recibir el premio, el baterista declaró: «Me gustaría darle las gracias a este hombre, James Hetfield, por ponerse su mejor traje y ser mi padrino de mi boda anoche».

Pocas semanas después, el 22 de febrero, ocurrió otra situación pintoresca: mientras actuaban en el Palacio de Auburn Hills (Michigan) e interpretaban «Stranglehold», irrumpió en el escenario Ted Nugent (guitarrista de The Amboy Dukes), ante la sorpresa de los presentes e incluso de los propios miembros de Metallica. Esta intromisión en su concierto no les sentó nada bien, puesto que consideraron que Nugent les arruinó la canción...

Finalmente, y tras más de once meses y un total de 158 conciertos, Poor Touring Me Tour ponía el punto y final el 28 de mayo de 1997.

Lo esencial no es invisible a los ojos

El metal es un género en el que la imagen es imprescindible, y era innegable que el nuevo álbum de Metallica traía cambios consigo. *Load* representó un gran cambio musical, ya que la banda se acercó a otros géneros musicales. El

El cambio de imagen de la banda en *Load* provocó el desconcierto de sus seguidores y que Metallica fueran criticados por querer adoptar un «*look* MTV».

público esperaba una segunda parte de *El Álbum Negro*, pero el sexto trabajo contenía un sonido más cercano al rock alternativo. Estos rasgos se podían evidenciar en los efectos sobre las voces y en recursos que antes eran imperceptibles (como la utilización del *slide* en varias canciones). También se incluían melodías cercanas al blues y al country. Esto provocó la consternación de gran parte de los seguidores de Metallica.

Las innovaciones también repercutieron en la imagen de la banda; los miembros de Metallica aparecieron con un cambio de *look*: una estética cuidada de pelo corto y trajes de estilo, al tiempo que Lars y Kirk lucían con los ojos pintados. Esto provocó que sus seguidores se encontraran aún más desorientados y que la banda fuera criticada por querer adoptar un «*look* MTV». Con todo, mientras los viejos metaleros gruñían, los nuevos fans se acercaban con entusiasmo a la propuesta de Metallica.

Por otra parte, hubo un cambio en el logo del nombre de la banda: los bordes punzantes de antaño ahora aparecían redondeados. Así, en *Load*, el grupo modificó su logotipo después de casi quince años. Este cambio le brindó simpleza y neutralizó cualquier rastro de violencia que pudiera tener el diseño original.

La portada del disco, realizada por Andrés Serrano, reproducía sangre de oveja y semen fotografiados entre dos láminas de Plexiglas (la obra había sido creada en 1990 y llevaba el nombre de *Blood and Semen III*). Esta imagen puso de manifiesto diferencias entre los integrantes de Metallica, ya que esa estética de arte abstracto le interesaba a Lars y Kirk, pero a Hetfield le molestaban las cuestiones superficiales y naíf en las artes plásticas, ya que creía que eran propias de gays. La información que traía el libreto interno del CD (que mantenía el concepto de una mancha abstracta de tinta) también difería respecto al de los discos anteriores. Antes venían las letras completas de las canciones; en el caso de *Load* sólo se destacaban algunos versos de cada canción. Esta idea se mantuvo en todos los *singles*. Las fotos internas fueron realizadas por Anton Corbijn (quien había trabajado con Depeche Mode y U2 y había sido el encargado de rodar el videoclip de «One»). En estas imágenes la banda se alejaba de sus atuendos negros y sus largas cabelleras: para las fotos, en color y en blanco y negro, los Metallica posaban con camisas amplias, maquillajes góticos, puros cubanos y tirantes. Estos elementos estéticos sorprendieron a los fans del grupo, que los veían más cerca de la revista *Vogue* que de una banda de heavy metal. Se trataba de un anhelo de reinventarse bajo el cual Lars y Kirk impulsaron ese cambio de *look* amparándose en algunas bandas emergentes.

En definitiva, aquellas imágenes, junto con el videoclip de «Until It Sleeps», suscitaron una gran polémica. Metallica había refinado su estética, mientras que antes nunca había reparado en esta faceta artística (una actitud diametralmente opuesta a sus inicios en contra del glam y del hair metal).

Un torbellino en los televisores británicos

El 13 de noviembre de 1996, Metallica tocó en directo para el programa de televisión *Later with Jools Holland*, que se emitía en la BBC 2 británica. Las canciones interpretadas fueron «Wasting My Hate», «Mama Said» y «King Nothing». El programa se emitió tres días después en su horario habitual entre las 23 h y la medianoche. En este reconocido espacio conducido por Jools Holland, más adelante se presentarían bandas como REM, Radiohead, Oasis y Red Hot Chili Peppers.

Al día siguiente de grabar su actuación para la BBC 2, Metallica asistió a los MTV Europe Music Awards 1996 (celebrados en el Alexander Palace de Londres), ya que habían sido nominados en la categoría de «Mejor Artista de Rock» (perdieron ante The Smashing Pumpkins).

La entrega de premios en las distintas categorías acusó una predominancia del pop y de la música melódica: Eros Ramazzotti, Backstreet Boys, Alanis Morissette, Oasis y George Michael fueron algunas de las celebridades de la noche. Entre suaves canciones, el grupo liderado por Hetfield fue invitado a tocar en vivo «King Nothing». El anfitrión de la noche, Robbie Williams, presentó a la banda. Pero cuando las luces se apagaron, Metallica rompió el protocolo y arremetió con una versión rabiosa de «Last Caress» que engancharon con «So What». La gente quedó extasiada. Había sido la actuación más potente de la ceremonia.

Cortar algunas raíces para hacer sobrevivir al árbol

Si bien *Load* vendió millones de ejemplares, al mismo tiempo dividió al público y a la crítica. En este disco se aprecia por primera vez una fricción entre los intereses de los dos creadores y líderes del grupo. Por un lado, Hetfield y Newsted querían hacer heavy metal, mientras que Lars y Kirk buscaban abrir nuevos horizontes. Esta dualidad se manifestó en las canciones, con un resultado final más cercano a lo que postulaban estos últimos.

Y aunque ninguno de estos temas llegó a convertirse en estandarte de la banda, *Load* consigue grandes momentos compositivos. La banda atravesaba su período de mayor éxito y musicalmente estaban en condiciones de tomar el rumbo que quisieran. En definitiva, buscaban expandir sus fronteras musicales hasta el extremo de su imaginación. Su público ya no era un impedimento ni un obstáculo para sus anhelos. Estaban en contra de que sus seguidores creyeran tener la autoridad necesaria para determinar el rumbo del grupo y ser más importantes que los propios músicos de la banda. Claramente, Metallica no pretendía darles lo que ellos querían escuchar. Había iniciado un camino de maduración y de apertura hacia otros géneros. El sonido ahora era sencillo y lo acercaba a una convencionalidad que no formaba parte del vocabulario de la banda. Si bien parte de la prensa celebró esta nueva dirección, los fans se sintieron huérfanos y Bob Rock volvió a estar en el ojo del huracán.

Re-Load y el fantasma de las segundas partes

Una vez finalizada la gira Poor Touring Me Tour y con los ecos de *Load* todavía sonando, Metallica volvió en julio al estudio para pulir su séptimo disco. *Re-Load* fue grabado en The Plant Studios de Sausalito, California, por un lado, en mayo de 1995 y febrero de 1996 y, por el otro, entre julio y octubre de 1997. Cuando regresaron para concretar la segunda parte de la preproducción, tenían miedo de que las canciones perdieran frescura, después de estar guardadas durante casi tres años. Con anterioridad a esta publicación, Metallica realizó una minigira llamada Blitzkrieg '97: tocó el 22 de agosto en Bélgica, al día siguiente en Alemania y un día después en Inglaterra. A su regreso, el viernes 18 y el sábado 19 de octubre, actuaron en formato completamente acústico a beneficio de la 11ª edición de The Bridge School, evento organizado por Neil Young en el Shoreline Amphitheatre (San Francisco). El primer día, subió como invitado el guitarrista de Alice in Chains, Jerry Cantrell, en «Tuesday's Gone», un tema de Lynyrd Skynyrd). En la segunda noche, la banda abrió con el inédito «Low Man's Lyric» y convocó a David Miles (que tocó el *hurdy gurdy*) y cerró su actuación con una excelente versión de «Last Caress», de The Misfits (con John Popper en la armónica).

Un mes después de estos conciertos, el 18 de noviembre se lanzó *Re-Load*. Para celebrarlo, Metallica quiso realizar un concierto gratuito y al aire libre, pero no sabía dónde. Por lo tanto, se abrió una línea 0-800 para hacer sugerencias (se calcula que se recibieron más de 120.000 llamadas de fans). Finalmente, el martes 11 de noviembre (Día de los Veteranos en EE. UU.), se decidió que el concierto sería en Filadelfia. Esta fue la primera de las seis actuaciones del *Re-Load* Promo Tour, que llevaría a la banda por Inglaterra, Alemania, Suecia y Dinamarca, para cerrar en París el 18 de noviembre. Tres semanas después, se presentaron en el prestigioso programa de la televisión norteamericana *Saturday Night Live* y allí interpretaron «Fuel» y «The Memory Remains» con Marianne Faithfull.

A pesar de las excelentes ventas que alcanzó *Re-Load*, musicalmente el trabajo fue un paso en falso y confirmó el dicho popular de que «las segundas partes nunca son buenas». Un sector de la crítica consideró este séptimo trabajo como el excedente de *Load*. Esta apreciación tiene algo de cierto, porque en principio, ambos discos iban a editarse juntos en un álbum doble (ya que habían compuesto casi treinta temas), pero en último término se descartó esa posibilidad. *Re-Load* seguía la línea de su predecesor, aunque sin llegar a convencer.

El tema más logrado del álbum es «Fuel», que en comparación con las piezas de otros álbumes termina siendo más que mediocre. A nivel compositivo el disco tampoco acaba de brillar, a pesar de que se apreciaba una mayor influencia del tándem Hetfield-Newsted.

Las fotos internas del álbum fueron tomadas el 10 de octubre por Anton Corbijn y se complementaron con dos sesiones de fotos posteriores al lanzamiento para el *book* de prensa. Aquí figuran las canciones del álbum.

RE-LOAD

1- «**Fuel**» (James Hetfield, Lars Ulrich, Kirk Hammett) 4:30

2- «**The Memory Remains**», con Marianne Faithfull (Hetfield, Ulrich) 4:39

3- «**Devil's Dance**» (Hetfield, Ulrich) 5:19

4- «**The Unforgiven II**» (Hetfield, Ulrich, Hammett) 6:37

5- «**Better Than You**» (Hetfield, Ulrich) 5:22

6- «**Slither**» (Hetfield, Ulrich, Hammett) 5:13

7- «**Carpe Diem Baby**» (Hetfield, Ulrich, Hammett) 6:12

8- «**Bad Seed**» (Hetfield, Ulrich, Hammett) 4:05

9- «**Where the Wild Things Are**» (Hetfield, Ulrich, Jason Newsted) 6:54

10- «**Prince Charming**» (Hetfield, Ulrich) 6:05

11- «**Low Man's Lyric**» (Hetfield, Ulrich) 7:37

12- «**Attitude**» (Hetfield, Ulrich) 5:16

13- «**Fixxxer**» (Hetfield, Ulrich, Hammett) 8:15

Sencillos

1-*The Memory Remains* (editado el 11 de noviembre de 1997)

- Sencillo EE. UU.: «The Memory Remains» - «For Whom the Bell Tolls» (Haven't Heard It Yet Mix)
- Sencillo internacional 1: «The Memory Remains» - «Fuel for Fire» (Work in Progress con diferente letra) - «Memory» (Demo)
- Sencillo internacional 2: «The Memory Remains» - «King Nothing» (Tepid Mix) - «The Outlaw Torn»
- EP japonés: «The Memory Remains» - «Fuel for Fire» (Work in Progress con diferente letra) - «King Nothing» (Tepid Mix) - «For Whom the Bell Tolls» (Haven't Heard It Yet Mix) - «Memory» (Demo) - «The Outlaw Torn»

2- *The Unforgiven II* (editado el 23 de febrero de 1998)

- Sencillo EE. UU.: «The Unforgiven II» - «The Thing That Should Not Be» (Live).
- Sencillo internacional 2: «The Unforgiven II» - «The Thing That Should Not Be» (Live) - «The Memory Remains» (Live) - «King Nothing» (Live)
- Sencillo internacional 3: «The Unforgiven II» - «No Remorse» (Live) - «Am I Evil?» (Live) - «The Unforgiven II» (Demo)
- EP japonés: «The Unforgiven II» - «The Thing That Should Not Be» (Live) - «The Memory Remains» (Live) - «No Remorse» (Live) - «Am I Evil?» (Live) - «The Unforgiven II» (Demo)

3- *Fuel* (editado el 22 de junio de 1998)

  - Sencillo internacional 1: «Fuel» - «Sad But True» (Live) - «Nothing Else Matters» (Live)

  - Sencillo internacional 2: «Fuel» - «Wherever I May Roam» (Live) - «One» (Live)

  - Sencillo internacional 3: «Fuel» - «Until It Sleeps» (Live) - «Fuel» (Live) - «Fuel» (Demo)

  - EP japonés: «Fuel» - «Sad But True» (Live) - «Until It Sleeps» (Live) - «One» (Live) - «Fuel» (Demo)

Curiosidades de *Re-Load*

El álbum abre con «Fuel». Sus versos son una metáfora sobre manejar la vida como si fuera un coche. La canción supone una descarga total de adrenalina. Por tal motivo, se utilizó en distintos programas deportivos. Fue cortina musical de la NASCAR entre 2001 y 2003, y en el año 2004 en el Daytona International Speedway. A causa de la censura norteamericana, la canción nunca fue reproducida completa: en 2001 se le quitó el grito inicial porque se asociaba con los terroristas que habían perpetrado los atentados del 11 de septiembre en las Torres Gemelas. La canción se utilizó en numerosos videojuegos como *Hot Wheels Turbo Racing* y *Test Drive Off-Road: Wide Open* para Xbox y Playstation 2, y *Guitar Hero: Metallica* para Xbox 360, Playstation 2, Playstation 3 y Wii, donde también se censuró la misma parte. La versión de «Fuel» de la demo llevaba como nombre «Fuel for Fire» y tenía una letra diferente (apareció en el sencillo internacional y en el EP lanzado en Japón).

El segundo tema del disco es «The Memory Remains». En él se relata la caída en desgracia de una celebridad, el olvido y posteriormente la locura. El tempo es lento y cuenta con un *riff* con reminiscencias a «Fade to Black» y al clásico de Black Sabbath «Sabbath Bloody Sabbath». Paralelamente, se suma como invitada la famosa cantante británica Marianne Faithfull (exnovia de Mick Jagger). Su participación sorprendió notablemente. Lars se encargó de dejarle un mensaje con la propuesta en el contestador automático de su casa de Irlanda. Luego, le enviaron un fragmento de la canción. Su encuentro posterior con Metallica se desarrolló en un clima de camaradería. «The Memory Remains» culmina con el coro de Faithfull que repite el «Di sí; al menos di hola...» que pronunciaba Marilyn Monroe en *The Misfits*. Esta frase —que era parte de la película favorita de la cantante— la eligió para poder adaptarse más la letra. Después de la grabación, su vínculo con la banda fue inquebrantable, especialmente con Lars y James. Su participación los dejó satisfechos y ella fue retribuida con una fuerte suma económica. Esta canción fue la primera en ser interpretada en vivo previamente a la publicación del disco. Se la pudo escuchar en una *jam session* realizada el 2 de julio de 1996 en el Deer Creek Field de Indiana. Con Marianne Faithfull en directo solamente la tocaron dos veces: la primera, en el programa *Top of the Pops* en Londres, el 13 de noviembre, y la segunda en el *Saturday Night Live* en Nueva York, el 6 de diciembre de 1997.

En la cuarta canción, «The Devil's Dance», Metallica retoma un sonido más pesado. La letra se refiere a las tentaciones que esboza el demonio para captar aquellas almas desprevenidas: la serpiente del Edén, la manzana (el fruto prohibido) y otras alegorías definen la debilidad del individuo.

Re-Load continua con «The Unforgiven II», una secuela del clásico editado en *El Álbum Negro*. La melodía es similar a la original, pero su sonido es más heavy. La introducción es más breve y se interna con mayor celeridad en la letra (a los 34 segundos). No tiene el sonido épico de la primera versión. Se incorpora un coro al inicio y un arpegio de guitarra eléctrica que le brinda un tinte más melancólico. La letra mantiene una relación de intertextualidad con la primera parte: el hombre, que se había cerrado al mundo por su sufrimiento, encuentra una mujer en su misma situación y le brinda esperanzas. No obstante, la traición vuelve a presentarse al final.

En «Better Than You» la letra gira en torno a la arrogancia de una persona que quiere ser la mejor. Tiene algunos puntos en común con la temática de «King Nothing», de *Load* (ambas fueron la quinta canción de cada álbum). Hasta ahora, nunca se ha tocado en directo, al igual que «Slither», la sexta canción de *Re-Load*.

Originalmente, este tema se llamó «Fishtank» y comienza con una voz distorsionada. Luego se acopla una base fuerte y finaliza con un exquisito arreglo de guitarra, cercano al hard rock. Sus versos apuntan la necesidad de encontrar referentes y guías.

En la mitad del disco, aflora «Carpe Diem Baby». El latín y el inglés se funden para generar una canción densa que insta a vivir la vida al máximo y en rebeldía. *Carpe diem* en latín significa «aprovecha el día», pero sonaba tan bien que James no quiso llevar la frase al inglés. La demo de la canción se llamó «Skimpy» y fue grabada el 2 de marzo de 1995.

Esta parte del disco por lo general nunca ha sido tocada en directo o, a lo sumo, en muy pocas ocasiones. Tal es el caso de la octava composición, «Bad Seed», que alguna vez se ha incorporado a alguna *jam session* pero nunca en el repertorio de un concierto. En cuanto a su letra, se enmarca en un mundo de hipocresía, donde lo más difícil es decir la verdad. También se hace referencia

Carátula interior del disco *Re-Load*.

a Adán y Eva («Agujerea la piel de la manzana/Muerdes más de lo que necesitas/Te atragantas con la semilla mala»). No obstante, lo que más llamó la atención en «Bad Seed» fue el puente, para el cual se utilizó un efecto de voz cercano a los Red Hot Chili Peppers.

Por otra parte, el comienzo de «Where the Wild Things Are» da cuenta de influencias que antaño eran impensadas. La voz de Hetfield se ofrece en sintonía con Oasis y emerge en una letra que gira en torno a la lucha de los niños en un mundo adverso. La batalla para torcer este rumbo se libra a través de juegos infantiles. Esta canción tampoco ha sido estrenada en directo.

La décima pieza es «Prince Charming». Aquí aparece nuevamente la relación de James con sus padres —y particularmente con su madre—. En este caso, el protagonista se muestra como un chico malo y respondón que reprocha a sus progenitores haberlo traído al mundo. Autocompasiva y crítica, la canción mantiene la tensión y alcanza un vuelo por lo demás interesante, pero lejos del estilo tradicional de Metallica. Al igual que las canciones anteriores, «Prince Charming» tampoco ha sido estrenada en vivo.

En «Low Man's Lyric», el personaje principal es un sin hogar que vive en la miseria como un castigo que debe padecer por sus pecados. El hombre pide perdón y siente que no tiene nada más para dar. Los teclados le dan un marco de tristeza y melancolía (y un sonido cercano a Radiohead o Pulp) a una letra conmovedora. La demo del tema había sido grabada el 30 de octubre de 1995 y llevaba como nombre «Mine Eyes».

En «Attitude», la penúltima canción, se logra el frenesí que muchos fans esperaban. El *leitmotiv* de la letra es el deseo de lo prohibido para salir del aburrimiento de la vida.

«Fixxxer», que tampoco ha sido tocada en directo, cierra el séptimo disco de la banda. Sus versos abordan la temática del abuso y el maltrato infantil. Aquí Hetfield traza un audaz paralelismo entre el ritual de un muñeco vudú y el dolor de un niño golpeado (los alfileres que causan daños psicológicos y físicos).

El sonido es denso y contundente. La voz de Hetfield recorre cada palabra de manera desgarradora.

VIDEOCLIP
«FUEL»

El videoclip corrió por cuenta de Wayne Isham y el rodaje se llevó a cabo en
Tokio, Japón. La primera imagen es un
automóvil acelerando a cámara lenta. A
continuación, el montaje entremezcla escenas de una carrera de coches (ilumi-
nada con luces verdes y rojas) con otras en que aparece la banda tocando. Los
músicos son grabados casi con planos detalle —no se ve el contexto— y una luz
clara centralizada.

La vorágine de la canción se transporta a la duración de las imágenes. Las escenas duran menos de un segundo y son como *flashes* de luces. Allí, se fusionan
con habilidad instantáneas de motores, cuentakilómetros, accidentes, ruedas
humeantes, diapasones, micrófonos y *hi-hat*. Mientras tanto, sobre las imágenes se imprimen fragmentos de la letra de la canción.

VIDEOCLIP
«THE MEMORY REMAINS»

Este vídeo fue dirigido por Paul Ander-
sen. Se filmó los días 20 y 21 de octubre
de 1997 en el aeropuerto de Van Nuys
(Los Angeles) y tuvo un coste de casi
medio millón de dólares. Se estrenó el
15 de noviembre. En el videoclip, los integrantes de la banda aparecen tocando
en una plataforma giratoria al tiempo que Marianne Faithfull gira la manivela
de una caja musical y les cobra entrada. Cuando la letra dice: «Anillos pesados
en los dedos/otra estrella se rehúsa rumbo a la tumba», puede haber una referencia a Cliff Burton, ya que además en una escena se ve a Metallica transpor-
tando un féretro.

El videoclip fue ambientado en una habitación oscura de estilo rococó. En su
edición, se utilizaron efectos de imágenes en espejo y cambios de escenas con
golpes de *flashes*. La luz es tenue con cuatro farolas en cada ángulo de esa gran
hamaca que se balancea y da vueltas mientras la banda toca arriba. La cámara
gira siguiendo estos movimientos vertiginosos.

VIDEOCLIP
«THE UNFORGIVEN II»

El protagonista del videoclip es el mismo joven de la primera versión de este tema. Las imágenes —en blanco y negro— están cargadas de metáforas. El personaje se refugia entre las paredes que lo separan de la gente (una alusión a «The Wall», de Pink Floyd). Allí cae enredado entre serpientes, que encarnan el mal. Después, libera una bandada de pájaros en un gesto de libertad y, acto seguido, se abre un libro en representación del saber. Finalmente, deja la «llave de su ser» dentro de la mujer para retirarse de este mundo. Estas escenas se intercalan con la banda tocando en una cueva rocosa. La densa neblina de las máquinas de humo, junto a la luz contrapicada sobre Hetfield, da una sensación tenebrosa. Por lo general, las imágenes del vídeo están fuera de foco y los integrantes de Metallica salen a contraluz. En este videoclip, dirigido por Matt Mahurin, se vuelve a recurrir a los retoques por ordenador.

Afrontar el futuro y escupir la esperanza

Con el disco nuevo en sus manos, Metallica se encargó de hacer lo que mejor sale: salir a actuar en directo. Antes de comenzar la gira, primero había que calentar motores. Por lo tanto, el 21 de marzo de 1998 dieron una actuación en San Francisco denominada Metallica *Re-Load*, Rehearse and Request («Metallica, recargar, ensayar y solicitar»). Aquella actuación fue emitida por la MTV y contenía una lista de temas que fue confeccionada por los televidentes.

Luego emprendieron el Re-Poor Touring Me Tour con el objetivo de presentar su séptimo trabajo. La primera parte de la gira se desarrolló entre el 21 de marzo y el 8 de mayo de 1998 y cubrió todo el Pacífico (Australia, Nueva Zelanda, Corea del Sur y Japón); mientras que la segunda parte fue entre el 24 de julio y el 18 de octubre por distintas ciudades de Estados Unidos.

En mayo realizaron su *show* Unplugged/Plugged para la MTV, en el Baker Hamilton Square de San Francisco. Allí tocaron, en plan ensayo abierto al público, «Low Man's Lyric» (acústica), «Helpless» (acústica), «Last Caress» (acústica), «So What», «Fuel», «Devil's Dance», «One», «King Nothing» y como cierre «For Whom the Bell Tolls».

Posteriormente, en el último tramo de la gira, Metallica se presentó el 5 de septiembre en The Gorge, en Quincy (Washington). En aquella actuación, un espectador de entre la multitud lanzó una botella de vidrio sobre el escenario y golpeó a Hetfield en la cabeza. El cantante sufrió lesiones, pero regresó a terminar el concierto y, eufórico, se dirigió al público: «Estamos aquí para daros todo lo que tenemos y no entiendo por qué nos lanzáis esas mierdas durante el espectáculo. Espero que encontréis al hijo de puta que lo hizo».

Entre bodas y biberones

La gira continuó y, al mes siguiente, en un marco diametralmente opuesto, Metallica actuó en la fiesta de la Mansión Playboy, en Los Angeles (California). El objetivo fue promocionar *Orgazmo*, el film de Trey Parker (uno de los creadores de *South Park*). Entre los invitados se encontraban Tommy Lee, Matt Stone y el actor Robert Duvall. La lista de temas de esa noche fue la siguiente: «Die, Die My Darling», «Fuel», «King Nothing», «Turn the Page», «Wherever I May Roam», «Until It Sleeps», «Sad But True», «Enter Sandman» y «So What» como cierre. Aquel concierto en la Mansión Playboy fue la última estación del Re-Poor Touring Me Tour.

Pero en Metallica no todo era jolgorio entre sensuales conejitas de Playboy: Hetfield se había casado en agosto del año anterior con la argentina Francesca (que en junio de 1998 dio a luz a Cali Hetfield). Dos meses antes, el 15 de agosto en Nueva York, nacía Myles, el primer hijo de Lars Ulrich. Por otra parte, Kirk se había casado con Lani el 31 de enero de ese año en Hawái.

Homenaje al garaje

Durante el último tramo de la gira Re-Poor Touring Me Tour, la banda había comenzado a pulir el material para su siguiente álbum. Una vez finalizado el *tour*, Metallica se abocó exclusivamente a la producción del nuevo disco. En octubre de 1998 realizaron una sesión de fotos de seis horas con Danny Clinch en el imponente Hotel Ambassador de Los Angeles. Las fotografías serían parte de las imágenes del disco *Garage Inc.*

Este álbum doble se publicó el 24 de noviembre de 1998 y contenía canciones de artistas admirados por Metallica. El disco 1 lo integraban versiones especialmente realizadas para la ocasión. En cambio, el 2 recopilaba material ya editado (*Garage Days Revisited '84*, *Garage Days Re-Revisited '87* y caras B del 88 al 91) y parte del concierto, de diciembre de 1995 en el Whisky A Go Go, que la banda realizó en homenaje a Motörhead en el 50 cumpleaños de Lemmy.

Con esta octava producción, Metallica neutralizó parte de la inmensa cantidad de grabaciones piratas que estaban en circulación debido a la dificultad de conseguir los originales de estas versiones. *Garage Inc.* fue grabado en The Plant Studios de Sausalito, California, y sus canciones cubren un repertorio muy diverso. Este recopilatorio fue editado en EE. UU. y Canadá por Elektra; en Japón, por Sony Music, y en Europa, por Vertigo. A continuación, aparecen las canciones que integran *Garage Inc.*

GARAGE INC.

Disco 1

1. «Free Speech for the Dumb» (Morris, Wainwright, Molaney, Roberts) 2:35 - (Discharge)
2. «It's Electric» (Harris, Tatler) 3:33 (Diamond Head)
3. «Sabbra Cadabra» (Osbourne, Iommi) 6:20 (Black Sabbath)
4. «Turn the Page» (Seger) 6:06 (Bob Seger)
5. «Die, Die My Darling» (Danzig) 2:29 (The Misfits)
6. «Loverman» (Cave) 7:52 (Nick Cave and the Bad Seeds)
7. «Mercyful Fate» (Shermann, Diamond) 11:11 (Mercyful Fate)
8. «Astronomy» (S. Pearlman, A. Bouchard, J. Bouchard) 6:37 (Blue Öyster Cult)
9. «Whiskey in the Jar» (tradicional, arreglos Bell, Downey, Lynott) 5:04 (Thin Lizzy)
10. «Tuesday's Gone» (Collins, Van Zandt) 9:05 (Lynyrd Skynyrd)
11. «The More I See» (Morris, Wainwright, Molaney, Roberts) 4:48 (Discharge)

Disco 2

Garage Days Re-Revisited '87

1. «Helpless» (Harris, Tatler) 6:38 (Diamond Head)
2. «The Small Hours» (Mortimer, McCullim, Bartley, Levine) 6:43 (Holocaust)
3. «The Wait» (Coleman, Walker, Youth, Ferguson) 4:55 (Killing Joke)
4. «Crash Course in Brain Surgery» (Shelley, Bourge, Phillips) 3:10 (Budgie)
5. «Last Caress»/«Green Hell» (Danzig) 3:30 (The Misfits)

Garage Days Revisited '84

6. «Am I Evil?» (Harris, Tatler) 7:50 (Diamond Head)
7. «Blitzkrieg» (Jones, Smith, Sirotto) 3:36 (Blitzkrieg)

B-Sides And One-Offs '88 - '91

8. «Breadfan» (Phillips, Shelley, Bourge) 5:41 (Budgie)

9. «The Prince» (Harris, Tatler) 4;25 (Diamond Head)

10. «Stone Cold Crazy» (Mercury, May, Taylor, Deacon) 2;17 (Queen)

11. «So What» (Exall, Culmer) 3:08 (Anti-Nowhere League)

12. «Killing Time» (Haller, Bates, Fleming, Wilson, Campbell) 3:03 (Sweet Savage)

Motörheadache '95

13. «Overkill» (Kilmister, Clarke, Taylor) 4:04 (Motörhead)

14. «Damage Case» (Kilmister, Clarke, Taylor, Farren) 3:40 (Motörhead)

15. «Stone Dead Forever» (Kilmister, Clarke, Taylor) 4:51 (Motörhead)

16. «Too Late Too Late» (Kilmister, Clarke, Taylor) 3:12 (Motörhead)

Sencillos

1- *Turn the Page* (editado el 16 de noviembre de 1998)

- Sencillo internacional 1: «Turn the Page» - «Bleeding Me» (Live) - «Stone Cold Crazy» (Live) - «The Wait» (Live)

- Sencillo internacional 2: «Turn the Page» - «Damage, Inc.» (Live) - «Fuel» (vídeo)

- EP japonés: «Turn the Page» - «Damage, Inc.» (Live) - «Bleeding Me» (Live) - «Stone Cold Crazy» (Live) - «The Wait» (Live)

2- *Whiskey in the Jar* (editado el 1 de febrero de 1999)

- Sencillo internacional 1: «Whiskey in the Jar» - «Blitzkrieg» (Live) - «The Prince» (Live)

- Sencillo internacional 2: «Whiskey in the Jar» - «The Small Hours» (Live) - «Killing Time» (Live)

- Sencillo internacional 3: «Whiskey in the Jar» - «Last Caress» (Live) - «Green Hell» (Live) - «Whiskey in the Jar» (Live)

- Sencillo internacional / cubierta de cartón: «Whiskey in the Jar» - «The Wait» (Live)

- Sencillo australiano 1: «Whiskey in the Jar» - «Electronic Press Kit Pt. 1»

- Sencillo australiano 2: «Whiskey in the Jar» - «Electronic Press Kit Pt. 2»

- *Maxisingle* australiano: «Whiskey in the Jar» - «The Small Hours» (Live) - «The Prince» (Live) - «Killing Time» (Live) - «Last Caress» (Live) - «Green Hell» (Live) - «Whiskey in the Jar» (Live)

- EP japonés: «Whiskey in the Jar» - «Blitzkrieg» (Live) - «The Prince» (Live) - «Killing Time» (Live) - «Last Caress» (Live) - «Green Hell» (Live) - «Whiskey in the Jar» (Live)

3- *Die, Die My Darling* (editado el 7 de junio de 1999)

- Sencillo internacional: «Die, Die My Darling» - «Sabbra Cadabra» (Live) - «Mercyful Fate» (Live)

- Sencillo australiano: «Die, Die My Darling» - «Sabbra Cadabra» (Live) - «Mercyful Fate» (Live) - «Turn the Page» (vídeo) - «Whiskey in the Jar» (vídeo)

En *Garage Inc.* Metallica interpretó autores tan antagónicos como Seger, Motörhead, Queen, Budgie o Black Sabbath.

Garage Inc.: momentos más destacados y curiosidades

Metallica mantuvo un considerable respeto por las versiones originales. Sin embargo, no se limitaron a hacer una imitación plana e impersonal. La banda se sentía absolutamente confiada en su interpretación, y aquellas canciones casi eran consideradas parte de su propia obra —durante años crecieron escuchándolas—. El resultado musical fue muy satisfactorio. Esto se evidencia en «Free Speech for the Dumb» y «Sabbra Cadabra». Por otra parte, la versión que hizo Metallica de «It's Electric» es un poco más rápida y, en la introducción de «Turn the Page», remplazan el saxo por una guitarra, lo que da un aire más hard y cercano al blues. Destacan también los arreglos en «Loverman», de Nick Cave, en la cual Metallica —y principalmente James— se apropian de la canción, al igual que ocurre en la versión actualizada de «Whiskey in the Jar».

En «The Prince», Metallica omite los primeros compases del original (que tienen un sonido sinfónico) y comienza directamente con el *riff* distorsionado y furioso. Además, le quitaron varias partes instrumentales (incluidos los toques de música disco) y se redujo su duración en más de un minuto y medio. Por su parte, «Mercyful Fate» es un popurrí de distintas canciones del grupo danés («Satan's Fall», «Curse of the Pharaohs», «A Corpse Without Soul», «Into the Coven» y «Evil»). En «Sabbra Cadabra» se utiliza un recurso similar, ya que se incorporan pasajes de «A National Acrobat», también de Black Sabbath.

Para la grabación de «Tuesday's Gone», convocaron a Pepper Keenan, voz; Jerry Cantrell y Jim Martin, guitarras; Sean Kinney, percusión; John Popper, armónica, y al gran Les Claypool, banjo. Este tema formó parte del concierto acústico que ofrecieron el 18 de diciembre de 1997 en la radio KSJO de San José (California).

De este modo, *Garage Inc.* cristalizó la versatilidad de la banda al interpretar autores tan antagónicos como Seger, Motörhead, Queen, Budgie o Black Sabbath. En su anhelo de no estancarse ni encasillarse en un estilo, Metallica abrió su abanico de curiosidades y alcanzó unos resultados musicales mucho más plurales que en *Load* y *Re-Load*.

VIDEOCLIP
«WHISKEY IN THE JAR»

La historia gira en torno a una fiesta nocturna en una casa de Brooklyn (Nueva York) con mujeres lujuriosas que muestran un *look* agresivo. Ellas se divierten y mantienen relaciones entre sí, mientras Metallica toca en el salón. Al final del videoclip, comienzan a destruir las instalaciones. La primera escena (con un plano general de la casa desde afuera) también es la última imagen del videoclip, lo que le otorga un cierre circular. La iluminación artificial es de interiores y en colores claros; y en las habitaciones del primer piso, las luces son azules, verdes y rojas. El gran trabajo de su director, Jonas Akerlund, hizo que «Whiskey in the Jar» tuviera una proyección constante en los canales musicales.

VIDEOCLIP
«TURN THE PAGE»

En este videoclip se cuenta la historia de una mujer que rompe con el estereotipo de la madre que se queda en casa esperando al marido que vuelve del trabajo.

Ella pasa página y deambula por las carreteras y los hoteles junto a su hija pequeña ganándose la vida como *stripper*
y prostituta. La niña, desde la inocen-
cia, comparte esos espacios laborales y
presencia algunas de las situaciones que
allí se dan. El videoclip finaliza cuando

un cliente recurre a los servicios de la mujer, luego la golpea fuertemente y le
arroja sobre la cama el dinero para pagarle. Su pequeña hija al ver esto corre
hacia ella a abrazarla y consolarla. Esta escena podría representar el dolor y el
sufrimiento que padece al querer mantener a su familia en un mundo hostil y
machista. El videoclip incluye el testimonio de esta mujer de la noche que se
dirige a la cámara y reflexiona sobre su realidad con una postura muy firme:
no se arrepiente del camino que eligió; estos tropiezos le dan más fuerzas. Sin
duda, este videoclip, nuevamente dirigido por el sueco Jonas Akerlund, es uno
de los más dramáticos de la banda. Estas escenas se intercalan con imágenes de
Metallica tocando en una habitación con una alfombra púrpura mientras una
luz cenital tenue cae sobre cada uno de los músicos.

Los primeros días de pirateo en Internet

A pesar de la frenética actividad que desarrollaba Metallica, en noviembre de
1998 presentaron una demanda judicial contra el sitio Amazon.com, que junto con las discográficas Outlaw Records, Dutch East India Trading y Music
Boulevard distribuyeron y comercializaron material de la banda sin autorización. De este modo, la parte querellante acusaba a la página de Internet de
infringir los derechos de autor por el lanzamiento del disco pirata *Bay Area
Thrashers: the Early Days*. El álbum compilaba una gran cantidad de demos de
1982 a las cuales se añadió el sonido del público para simular que se trataba de
un concierto en vivo.

En esa grabación participaba Dave Mustaine, y la lista de temas incluía:«Hit
the Lights», «Seek & Destroy», «Motorbreath», «Phantom Lord», «The
Mechanix», «Jump in the Fire» y «Metal Militia».

Dos meses después, Metallica volvió a los tribunales, en este caso para de-
nunciar la marca femenina Victoria's Secret por fabricar y comercializar un
modelo de lápiz de labios con la marca Metallica (incluso en el envase).

Estos fueron los primeros pasos de la banda en su concienzuda lucha contra la venta ilegal de música y la utilización indebida de su nombre.

Astucia para generar dinero

Por aquellos días de noviembre, la banda realizó cinco actuaciones en Canadá y EE. UU. en el marco del *Garage Inc.* Promo Tour. La particularidad fue que, como grupo telonero, estaba Battery (banda tributo a Metallica) y, como número principal, subía el cuarteto liderado por Hetfield y Ulrich e interpretaba todo un recital de versiones (*Garage Inc.*). Ahora las recaudaciones de sus conciertos alcanzaban cifras millonarias. Metallica se había convertido en una empresa que marchaba a toda máquina.

Una vez finalizada esta minigira, el 24 de noviembre de 1998 en Nueva York, Metallica se alejó de los escenarios durante cinco meses. En ese lapso, la banda no se quedó de brazos cruzados. En diciembre de 1998 editaron *Cunning Stunts*, un DVD con sus actuaciones de los días 9 y 10 de mayo de 1997 en Fort Worth (Texas). Este material fue dirigido por Wayne Isham y venía acompañado de más de mil fotos, que daban cuenta de la infinidad de conciertos realizados. Además, se agregó una sección titulada «detrás de escena» y detalles de los efectos especiales que utilizaban en sus conciertos en directo. El menú traía incorporada la posibilidad de elegir entre distintas cámaras para ver el *show*. Los temas incluidos fueron los siguientes:

DVD-CUNNING STUNTS

Disco 1:

1- «So What»	2- «Creeping Death»
3- «Sad But True»	4- «Ain't My Bitch» (cámara con varios ángulos)
5- «Hero of the Day»	6- «King Nothing»
7- «One»	8- «Fuel»
9- «Solo de Bajo»	10- «Nothing Else Matters»
11- «Until It Sleeps»	12- «For Whom the Bell Tolls»
13- «Wherever I May Roam»	14- «Fade to Black»
15- «Kill/Ride Medley»	16- «Ride the Lightning»
17- «No Remorse»	18- «Hit the Lights»
19- «The Four Horsemen»	20- «Seek & Destroy»
21- «Fight Fire with Fire»	

Disco 2

1- «Last Caress»   2- «Master of Puppets»

3- «Enter Sandman»   4- «Am I Evil?»

5- «Motorbreath»

Del garaje a la fama

Aún lejos de los escenarios y las giras, en febrero de 1999, Metallica continuaba cosechando elogios y distinciones: la banda obtuvo el premio Grammy a la «Mejor Interpretación de Metal» y el Premio Diamante de la Asociación de la Industria Discográfica de Estados Unidos por vender más de 10 millones de copias de *El Álbum Negro*. Un emocionado Hetfield subió al estrado y agradeció a Bob Rock por haber enaltecido su obra.

Pocas semanas después, el grupo recogió otro gran reconocimiento: el miércoles 7 de abril, colocaron una placa con el nombre de Metallica en el Paseo de la Fama de Bammies, en San Francisco. En aquella ceremonia entre fans de Metallica, se instaló una baldosa de bronce con un diseño en bajorelieve con el rostro de los cuatro músicos. Junto a ellos, estaba la distinción a otros músicos locales como Jerry Garcia, de Grateful Dead, y Janis Joplin. En aquel acto, el alcalde de la ciudad, Willie Brown, declaró el 7 de abril como el Día de Metallica. Ya a nadie le quedaban dudas de que la banda era profeta en su tierra.

Las giras nunca son las mismas

El 2 de mayo el cuarteto abrió el Garage Remains the Same, una gira que los llevó por Canadá, Estados Unidos, Méjico, Colombia, Venezuela, Brasil, Chile, Argentina, Francia, Suecia, España, Finlandia y Suiza, entre otros países.

Estas actuaciones estuvieron cargadas de sorpresas: en el Foro Sol de Méjico DF, subió a escena Phil Anselmo (vocalista de Pantera) y juntos interpretaron «Creeping Death» ante 50.000 aficionados atónitos. Por otra parte, ya en el viejo continente, Metallica se presentó el 23 de mayo en el Dynamo Open Air de Holanda. En esta ocasión, volvió a contar con invitados para los coros de la misma canción: Billy Graziadei, Danny Schuler y Bobby Hambel, de Biohazard; Scott Ian, de Anthrax, y Anthony, de Merauder. El 5 de junio en Milán, le tocó el turno a King Diamond y Hank Sherman, de Mercyful Fate, para interpretar el popurrí de «Mercyful Fate» incluido en *Garage Inc.*

La gira finalizó el 24 de julio con la actuación de Metallica como cabeza de cartel en el festival de Woodstock (Nueva York). Allí se conmemoró el 30º aniversario de su primera edición, pero una serie de incidentes violentos entre el público durante los conciertos de Red Hot Chili Peppers y Limp Bizkit ensombrecieron el evento.

Cuerdas, maderas y metales: *S&M*

Después de que el director de la Orquesta Sinfónica de San Francisco Michael Kamen compusiera los arreglos para la canción «Nothing Else Matters», de *El Álbum Negro*, fue a verlos tocar en los premios Grammy de Nueva York. Al finalizar el acto, se acercó al camerino a saludarlos y se presentó. Metallica le agradeció el trabajo que había hecho con la canción, pero Kamen les recriminó que hubieran quitado todos sus arreglos. En ese memento, los músicos sacaron de una bolsa la «versión del ascensor», en la que James canta con la orquesta y su guitarra. Kamen estaba fascinado con la banda y les aconsejó hacer un concierto junto a la orquesta. Los músicos se sorprendieron con la propuesta y prometieron pensarlo. Pasaron más de siete años y, en 1999, Kamen recibió una llamada de Cliff Burnstein y Peter Mench, mánagers de Metallica, para hacer el concierto con la Orquesta Sinfónica. Después de tanto tiempo, Kamen ya casi se había olvidado del asunto, pero aquella convocatoria lo entusiasmó.

Finalmente, el 21 y 22 de abril de 1999 Metallica ofreció un concierto en el Berkeley Community Theatre. Allí interpretaron sus clásicos en vivo acompañados por la Orquesta Sinfónica de San Francisco. Si bien a muchos seguidores de la banda les resultó llamativa esta relación, desde sus inicios el metal se ha inspirado en obras de compositores de música clásica (como Beethoven, Mozart y Vivaldi). Otro referente fue Richard Wagner, quien dispuso su orquesta con una preponderancia de instrumentos graves: a partir de tubas, contrabajos y un octabajo, lograba interpretaciones oscuras y pesadas. El responsable de cimentar esta tendencia musical en Metallica había sido Cliff Burton. Él amaba en especial a Johann Sebastian Bach, y fue esa razón la que le indujo a incurrir a la banda en arreglos cada vez más intrincados, como puede apreciarse en *Ride the Lightning* y *Master of Puppets*.

La actuación de Metallica junto a la Orquesta Sinfónica fue grabada y posteriormente editada el 23 de noviembre como un álbum doble titulado *S&M*. Este nombre encerraba varias connotaciones: la S de *Symphony* (Sinfónica) es una clave de sol invertida y la M, el logotipo de Metallica. *S&M* es también una abreviatura de «sadomasoquismo». Hay quienes sostienen que el nombre del disco fue un homenaje al tema homónimo de Thin Lizzy, una de las bandas que influenció a Metallica. Las canciones de *S&M* son las siguientes:

S&M

Disco uno

1- «The Ecstasy of Gold» (Ennio Morricone) 2:31

2- «The Call of Ktulu» (Dave Mustaine, James Hetfield, Cliff Burton, Lars Ulrich) 9:34

3- «Master of Puppets» (Hammett, Hetfield, Burton, Ulrich) 8:55

4- «Of Wolf and Man» (Hammett, Hetfield, Ulrich) 4:19

5- «The Thing That Should Not Be» (Hammett, Hetfield, Ulrich) 7:27

6- «Fuel» (Hammett, Hetfield, Ulrich) 4:36

7- «The Memory Remains» (Hetfield, Ulrich) 4:42

8- «No Leaf Clover» —no editada previamente— (Hetfield, Ulrich) 5:43

9- «Hero of the Day» (Hammett, Hetfield, Ulrich) 4:45

10- «Devil's Dance» (Hetfield, Ulrich) 5:26

11- «Bleeding Me» (Hammett, Hetfield, Ulrich) 9:02

Disco dos

1- «Nothing Else Matters» (Hetfield, Ulrich) 6:47

2- «Until It Sleeps» (Hetfield, Ulrich) 4:30

3- «For Whom the Bell Tolls» (Hetfield, Burton, Ulrich) 4:52

4- «Human» —no editada previamente— (Hetfield, Ulrich) 4:20

5- «Wherever I May Roam» (Hetfield, Ulrich) 7:02

6- «The Outlaw Torn» (Hetfield, Ulrich) 9:59

7- «Sad But True» (Hetfield, Ulrich) 5:46

8- «One» (Hetfield, Ulrich) 7:53

9- «Enter Sandman» (Hammett, Hetfield, Ulrich) 7:39

10- «Battery» (Hetfield, Ulrich) 7:25

Sencillos

1-*Nothing Else Matters* (editado el 22 de noviembre de 1999)

- Sencillo internacional: «Nothing Else Matters» (Live) - «For Whom the Bell Tolls» (Live) - «Human» (Live) - «Nothing Else Matters» (vídeo)

2- *No Leaf Clover* (editado el 20 de marzo de 2000)

- Sencillo internacional 1: «No Leaf Clover» (Live) - «No Leaf Clover» (Slice & Dice vídeo) - «S&M Documentary Pt. 1»
- Sencillo internacional 2: «No Leaf Clover» (Live) - galería fotográfica/letras del álbum - «S&M Documentary Pt. 2»
- Sencillo internacional 3: «No Leaf Clover» (Live) - salvapantallas Metallica - «S&M Documentary Pt. 3»
- *Maxisingle* australiano: «No Leaf Clover» (Live) - «One» (Live) - «Enter Sandman» (Live) - «No Leaf Clover» (vídeo) - «S&M Documentary»

S&M: momentos más destacados y curiosidades

Michael Kamen se encargó de la dirección musical y de realizar los arreglos para cada una de las canciones, que van desde el álbum *Ride the Lightning* hasta el *Re-Load*. *S&M* comienza con la orquesta interpretando «The Ecstasy of Gold», de Ennio Morricone, que pertenece a la película *El bueno, el feo y el malo* y que la banda utiliza para abrir sus conciertos.

Este álbum incluye dos composiciones nuevas: «No Leaf Clover» describe un pequeño problema que abre la puerta a otros mayores. La luz al final del túnel en realidad es un tren que viene a toda velocidad. Aquí la letra toma un rumbo catastrófico. La segunda canción nueva es «Human» (incluida en la banda sonora del videojuego *Electronic Game Arts NHL 99*). Este tema, cuyo título inicial era «Plod», plantea en sus versos un alegato por la vida y la solidaridad que podría relacionarse con la «teoría del derrame»: lo que caiga desde la abundancia favorecerá a los que menos tienen. Entre los temas que se estuvieron barajando para que formaran parte de *S&M* se encontraban «Fade to Black», «Wasting My Hate», «The Unforgiven», «The Unforgiven II», «Low Man's Lyric», «Harvester of Sorrow» y «Through the Never». Inesperadamente, también quedó fuera de la selección «...And Justice for All». Las canciones incluidas en este álbum doble fueron aquellas que Metallica venía tocando en directo. También eligieron «Ronnie» y «Mama Said», pero en el último momento las quitaron ya que los arreglos sinfónicos no habían quedado totalmente resueltos.

Durante la grabación, el acompañamiento del público se aprecia desde el primer instante: suenan los primeros compases de «Master of Puppets» y la gente hace los coros, con un fondo de orquesta que brinda un aura épica a la canción. En el comienzo del *riff* introductorio de «For Whom the Bell Tolls» se escucha el apoyo de los seguidores, que se intensifica después en el estri-

Metallica grabó *S&M* con la Orquesta Sinfónica de San Francisco.

billo. Por otro lado, hay algunas canciones que terminan siendo extremadamente melodramáticas y más apropiadas para un musical al estilo *El fantasma de la ópera*. Tal es el caso de «The Thing That Should Not Be», cargada de pretensiones y ornamentaciones. Precisamente en esta canción se eliminó la segunda estrofa y el estribillo, y los reemplazaron por el tercer verso. Es sólo un ejemplo de las alteraciones en las letras que hubo que introducir en algunas canciones. A pesar de que sólo las canciones viejas se llevan los aplausos, merece la pena destacar «Until It Sleeps». Sus arreglos le brindan una atmósfera espectral que toma impulso en el estribillo y mantiene la tensión hasta el final. En cambio, en «Fuel» el ímpetu gira hacia otros horizontes y la canción se ve favorecida por los acompañamientos orquestales. Por otra parte, «Hero of the Day» alcanza emotividad con la exquisita simbiosis entre los arreglos de cuerda y la voz de Hetfield.

La Orquesta Sinfónica de San Francisco aportó musicalidad a la banda. Lejos de circunscribir a Metallica en un marco de seriedad y discreción, las interpretaciones están cargadas de sentimiento, energía y texturas (estas variaciones de matices se evidencian entre «Master of Puppets» y «The Call of Ktulu»). Parte de la sinergia que la banda logró con la Sinfónica fue a raíz de que la orquesta estaba situada en una tarima muy baja y al nivel del escenario, junto a Metallica

(Ulrich y Hetfield tocaban en medio de la Sinfónica). De este modo, *S&M* funcionó como una pieza sólida y no como dos partes fragmentadas.

VIDEOCLIP
«NO LEAF CLOVER»

Este fue el único videoclip que se extrajo del álbum *S&M*. La filmación tuvo lugar durante la actuación en el Berkeley Community Theatre y fue dirigida por Wayne Isham. En los primeros instantes (mientras la Sinfónica realiza una introducción musical) se percibe el nerviosismo de los integrantes de Metallica: esa primera actuación junto a la orquesta suponía un notable desafío para su carrera y para el público (que aguardaba impaciente en sus butacas). El videoclip destaca por un manejo exquisito de las cámaras y de sus diversas aproximaciones a través de brazos de grúas y *travellings* apostados en varios puntos del teatro.

Los conciertos antes del fin de milenio

El disco *S&M* fue presentado el 19 de noviembre en Berlín (con la participación de la Babelsberger Filmorchester) y, cuatro días más tarde, en el Madison Square Garden de Nueva York (junto a la New York Symphony Orchestra).

Y días antes de que concluyera el milenio, Metallica realizó unos pocos conciertos en Estados Unidos que culminaron con el recital de año nuevo en el Pontiac Silverdome de Detroit. Allí estuvieron acompañados por Ted Nugent, Sevendust y Kid Rock. La velada finalizó con un brindis y una memorable *jam session* interpretando el clásico de Kiss «Detroit Rock City».

★

A pesar de que la banda no había editado un disco con canciones propias desde el *Re-Load*, en 1997, ofrecían recitales de altísimo nivel y sus versiones en estudio expresaban su crecimiento compositivo.

6

2000-2005

Metallica, siglo XXI.

El caso Napster: soy juez, jurado y demasiado verdugo

Metallica emprendió el nuevo milenio con una ínfima producción compositiva y poca presencia en los escenarios. Sin embargo, la banda se las ingenió para estar en el ojo del huracán. Mientras se encontraban en el estudio ultimando «I Disappear», tema perteneciente a la banda sonora de la película *Misión imposible II* (protagonizada por Tom Cruise, Thandie Newton y Anthony Hopkins), advirtieron que en el sitio de Internet Napster ya estaba disponible la canción. No la habían terminado de componer y, sin embargo, ya estaba circulando entre el público. Pero cuando el grupo ingresó en ese sitio *web* la sorpresa fue aún mayor: vieron que allí estaba toda la discografía de Metallica para ser descargada de manera gratuita.

Napster era un servicio creado por Sean Parker y Shawn Fanning para distribuir archivos de música en formato MP3. Fue la primera gran red P2P (*peer to peer*) de intercambio. La popularidad de la página comenzó en 1998, ya que a través de su novedosa tecnología permitía a los melómanos compartir sus discos fácilmente entre sí.

Metallica decidió llevar el caso a la justicia y, el 13 de abril de 2000, demandó a Napster por «incitar a sus seguidores a robar e intercambiar su música». Metallica exigía diez millones de dólares por daños y perjuicios. Al mismo tiempo, contrataron a Net PD para que se encargara de monitorear a Napster: como resultado, obtuvo el nombre de 335.435 usuarios que habían compartido y bajado las canciones de la banda, violando los derechos de autor. Lars se presentó en la sede de Napster, ubicada en San Mateo (California), y les entregó un listado de las personas que bajaron música de Metallica a través del portal de Internet. Exigió que no se compartieran las canciones de la banda y que a los usuarios infractores se les restringiera el acceso al servicio bloqueándoles la contraseña. Esta medida afectó a varias universidades, como Yale e Indiana, que tenían entre sus estudiantes a jóvenes que bajaron música de Metallica.

Cabe remarcar que el grupo siempre fue reconocido por liderar la reivindicación de los derechos de los artistas: fue la primera banda que demandó a su compañía de discos y logró el derecho de controlar la totalidad de su obra. El problema con Napster no era diferente. El interrogante estaba planteado: ¿por qué se estimulaba la descarga gratuita de música cuando al artista le costaba dinero grabarla y producirla?

Los fans del MP3

Metallica había dejado algunas heridas en el orgullo metalero a raíz de sus repentinos giros hacía un sonido y una imagen más suave. ¿Le faltaba algo más para ser criticados nuevamente por los fans? Sí, declararse en contra de la descarga gratuita por Internet: la forma en que muchos accedían a su música.

Sin duda, el caso Napster fue un punto de inflexión en la carrera de Metallica. Sus seguidores repudiaron la medida restrictiva que tomó la banda. Algunos fans rompieron los álbumes de Metallica en público y propinaron agravios contra el grupo: creían que sus ídolos estaban respaldando a las grandes discográficas que obtenían sumas exorbitantes por la venta de discos. El incidente con Napster estigmatizó a Metallica —en especial a Lars—, puesto que fueron señalados como unas «codiciosas estrellas de rock a las que sólo les interesaba el dinero y sus intereses personales».

En marzo del 2001, la jueza Marilyn Hall Patel dictó una medida cautelar a favor de Metallica en primera instancia hasta llegar al fallo final y decisivo. Napster tenía que poner un filtro en 72 h o, de no hacerlo, corría el riesgo de que clausuraran el portal. De esta forma, eliminó todas las canciones cuyos derechos de autor pertenecían a Metallica. Esta situación tuvo un efecto dominó y, pocos días después, el famoso rapero Dr. Dre y varias compañías discográficas demandaron legalmente a la página *web*.

En julio de ese año, se llegó a una mediación con Metallica y Dr. Dre. La multinacional Bertelsmann AG BMG estaba interesada en Napster y le ofreció la suma de 94 millones de dólares. Entre las cláusulas del contrato figuraba que el sitio de Internet debía eliminar a aquellos artistas que no deseaban que su música estuviera disponible para ser descargada de manera gratuita. Sin embargo, este acuerdo quedó truncado cuando se comprobó que uno de los líderes del controvertido portal, Konrad Hilbers, había sido un importante ejecutivo de Bertelsmann. Mientras tanto, el famoso tema de «I Disappear» había sido editado como *single* el 26 de junio (incluyendo, además, una versión instrumental).

El caso Napster fue un punto de inflexión en la carrera de Metallica. Sus seguidores repudiaron la medida restrictiva que tomó la banda. Algunos fans rompieron los álbumes de Metallica y Lars Ulrich fue motivo de mofa y escarnio.

A pesar de todo, estos vaivenes judiciales habían incrementado la imagen negativa de Metallica y, tras ser tildados de antipopulares, decidieron retirar sus demandas contra el sitio *web*. Poco después, se anunció un convenio entre ambas partes: Napster pagó una suma de dinero y Metallica permitió que sus archivos de audio pudieran ser utilizados por los usuarios de la página. El comunicado de prensa hecho público el día del acuerdo decía:

«Creo que hemos resuelto el conflicto de tal manera que los fans y los artistas hemos quedado conformes por igual. El problema que tuvimos con Napster fue que nunca nos preguntaron si queríamos participar en sus negocios. Creemos que este acuerdo va a brindar algún tipo de protección a los artistas. Esperamos que Napster implemente un nuevo modelo que permita a los artistas elegir la forma en que sus esfuerzos creativos son distribuidos y difundidos. Es positivo que todo se vuelva legal».

El caso Napster dejó varias cuestiones por analizar: los exorbitantes precios de venta de los discos físicos encontraron, como válvula de escape, el consumo gratuito de música por Internet (a costa de reducir su calidad de audio y de carecer de la portada y del libreto interno). Este cambio sucedió a finales de los 90 e instalaba una gran posibilidad de democratizar el acceso a la música. Ahora las canciones eran comprimidas en formato MP3, y los derechos de autor y reproducción parecían condenados al olvido. Esta tendencia hizo que, en adelante, las bandas salieran mucho más a actuar en directo, ya que era allí donde encontraban el verdadero sustento económico. Comenzaba un cambio de época en la industria de la música que incluía el fin de los grandes sellos multinacionales.

Napster pagó finalmente una suma de dinero y Metallica permitió que sus archivos de audio pudieran ser utilizados por los usuarios de la página. En la imagen, Shawn Fanning, uno de los fundadores de Napster, con el famoso logotipo de la compañía al fondo.

Como generalmente ocurría en situaciones ligadas a cuestiones económicas y contractuales, Lars Ulrich fue quien llevó la voz cantante de la banda contra Napster. Él protegía sus derechos y su catálogo, pero el público no lo entendió. En su declaración al Comité del Senado, ratificó por completo su idea: «Napster se apropió de la música sin preguntar». Aunque la reputación de Lars nunca se recuperó definitivamente entre sus fans, él sintió que hizo lo correcto. Combatió incansablemente aquella corriente y los avances tecnológicos en una sociedad que en 2001 vio nacer a Windows (el sistema operativo más utilizado del mundo hasta la actualidad) y al primer iPod. Luego, la llegada del Wi-Fi en 2003 impulsó el intercambio de archivos por medios inalámbricos. El consumo de música ya no iba a ser jamás igual. Las bandas debían actualizarse o serían fagocitadas por las nuevas formas de comunicación.

En diciembre de 2012, Metallica anunció que su catálogo completo se podía encontrar en el sitio de música Spotify (entre sus inversores estaba Sean Parker, exmiembro fundador de Napster). Para sellar este acuerdo, aparecieron juntos Ulrich y Parker, quienes no dudaron en hablar de la disputa de antaño entre Metallica y Napster.

Spotify tiene su sede en el Reino Unido y cuenta actualmente con 20 millones de usuarios activos.

Estar en silencio es estar en llamas

A pesar de estos incidentes de índole legal, la banda comenzó el nuevo milenio con el pie derecho: lanzó los sencillos «Nothing Else Matters» y «No

Leaf Clover» del disco *S&M* y una remasterización en EE. UU. de *Ride the Lightning*.

Además, el 23 de febrero de 2000 obtuvieron su quinto premio Grammy al ganar en la categoría de «Mejor Interpretación de Hard Rock» por su versión de «Whisky in the Jar» (derrotando a bandas como Alice in Chains, Korn, Limp Bizkit y Kid Rock). Ahora Metallica era catalogado como grupo de hard rock (resultaba paradójico que simultáneamente Black Sabbath levantara su premio por la «Mejor Interpretación de Metal»).

El nacimiento de este milenio también dio a luz —el 18 de mayo— al segundo hijo de James, Castor Virgil Hetfield. Una semana después, Motörhead dio un concierto en el Salón Marítimo de San Francisco. Hacia el final, James subió al escenario con su guitarra, se acercó al micrófono y dijo: «Éstos son los padres del heavy metal». Fue la frase perfecta para ponerse en el bolsillo a un público que lo había recibido con abucheos (tal vez por el nuevo rumbo de Metallica). Junto a la mítica banda, Hetfield tocó una versión demoledora de «Overkill» para cerrar la actuación.

El 3 de junio, se celebraron los MTV Movie Awards 2000, en los Sony Pictures Studios de Culver City, California. Allí, en medio de la fiebre de *Sex and the City* y *The Matrix* —y después del grupo adolescente NSYNC—, Metallica salió a escena e interpretó «I Disappear», tema perteneciente a la banda sonora de *Misión imposible 2*.

Tres meses después, esa misma cadena de televisión realizó los MTV Video Music Awards, en los que Metallica obtuvo cinco nominaciones: «Mejor Vídeo de Rock», «Mejor Vídeo Musical para una Película», «Mejores Efectos Especiales», «Mejor Edición» y «Mejor Dirección Fotográfica». A pesar de que Lars subió al escenario a presentar la actuación de Blink-182 y de que participó en un *sketch* sobre Napster, la banda no se llevó ningún galardón de aquella ceremonia celebrada en el Radio City Music Hall de Nueva York.

Pero un mes después, en octubre, tuvieron su revancha: aquella noche se alzaron con cinco galardones en el Artist Direct on Line Music Award. Sus victorias fueron en las categorías de «Disco Más Ruidoso» (por *S&M*), «Artista Del Que Más Se Habló», «Grupo Favorito» y «Mejor Página Web Para los Fans», además de una distinción a Lars como «Héroe de Internet».

En medio de esta vorágine de premios, el 20 de junio Metallica había editado el vídeo de *S&M*. Este trabajo contó con la dirección de Wayne Isham y se lanzó en formato VHS (sólo tenía el vídeo del concierto) y en DVD (con mezcla de sonido 5.1 y material adjunto). La edición en este último soporte contenía, asimismo, cuatro canciones con múltiples ángulos desde los cuales se podía seguir a cada miembro del grupo individualmente (estos temas eran «Of Wolf and Man», «Fuel», «Sad But True» y «Enter Sandman»). El impactante éxito de ventas en Estados Unidos elevó el vídeo de *S&M* hasta el séxtuple disco de platino.

VIDEOCLIP
«I DISAPPEAR»

El rodaje comenzó el 13 de abril de 2000 y se eligieron para los escenarios una ciudad y el maravilloso Monument Valley de Arizona. En este videoclip de acción realizado por Wayne Isham, todos los integrantes de Metallica atraviesan situaciones de extremo peligro: Hetfield conduce a toda velocidad escapando de un cataclismo que lo destruye todo a su paso (y mientras la letra dice «continué por esa carretera» se ve un plano detalle de su anillo, aquel que llevaba Cliff Burton, como si quisiera perpetuar su camino). Kirk, por su parte, es perseguido por una avioneta, mientras Lars huye y se arroja al vacío desde la ventana de un edificio. A su vez, Jason Newsted se abre paso entre una marea de gente que lo empuja en sentido contrario. Es la única escena en la que un miembro del grupo pelea contra personas. Esta metáfora ya era un secreto a voces.

Estas imágenes se entrelazan con fragmentos de la película *Misión imposible 2*. Este videoclip, gran parte realizado con efectos especiales por ordenador, finaliza cuando Tom Cruise alcanza la cima de la montaña en la que se encontraba Metallica. «I Disappear» se presentó el 4 de mayo en la MTV.

Una accidentada gira de verano

El 8 de junio Metallica inició la gira Summer Sanitarium, que los llevó por estadios y polideportivos de Estados Unidos. El 4 de julio, a poco menos de un mes de comenzarla —y como si el nombre «Gira de verano en el sanatorio» fuera una desgraciada premonición—, un joven de 21 años llamado Martin Muscheet disfrutaba de un concierto de la banda en el PSInet Stadium de

Baltimore (Maryland). Pero el muchacho tenía sus piernas por encima de la barandilla, perdió el equilibrio y falleció al caer desde la tribuna superior del estadio al suelo. Después de esta terrible tragedia, la siguiente actuación fue el 7 de julio en el Georgia Dome de Atlanta. Por primera vez en la historia de Metallica, Hetfield no estaba en el escenario con la banda: en un accidente de moto acuática se le salió el hombro y tuvo que ser hospitalizado. Metallica no podía suspender sus actuaciones, ya que había importantes contratos de por medio (los conciertos de esta gira facturaban entre un millón y medio y 4 millones y medio de dólares). Se pensó en un reemplazo temporal para Hetfield y, aunque en sus anteriores accidentes había sido sustituido por John Marshall en la guitarra, en esta ocasión fue Jason Newsted quien cantó la mayoría de las canciones, mientras las voces restantes y las guitarras rítmicas fueron interpretadas por algunos de los músicos de las bandas teloneras de la gira: Kid Rock y sus guitarristas Kenny Olson y Jason Krause; Serj Tankian y Daron Malakian, de System of a Down; o Jonathan Davis, de Korn, entre otros.

Hetfield se perdió tres actuaciones (7, 8 y 9 de julio). Antes de comenzar cada concierto, Kirk, Lars y Jason se acercaban al micrófono principal y explicaban a la multitud la situación y prometieron regresar de nuevo con James recuperado para compensar la ausencia del cantante. Aquellos días sin Hetfield, Metallica dio unos conciertos memorables y, tal vez, de los más exóticos (con tintes de *jam sessions* entre amigos y momentos en los que el grupo dejaba el escenario). A continuación, se detallan la lista de temas y de participaciones de artistas invitados en el concierto del 7 de julio:

1. «Creeping Death» (Jason Newsted voz; Kenny Olson, guitarra rítmica)
2. «For Whom the Bell Tolls» (Jason Newsted, voz; Kenny Olson, guitarra rítmica)
3. «Seek & Destroy» (Jason Newsted, voz; Kenny Olson, guitarra rítmica; Joe C., voces adicionales)
4. «Earache My Eye» compuesta e interpretada por Korn (Metallica no actuó).
5. «Sad But True» (Kid Rock; voz; Jason Krause, guitarra rítmica)
6. «American Badass» compuesta por Kid Rock (Kid Rock, voz; Jason Krause, guitarra rítmica)
7. «Nothing Else Matters» (Kid Rock, voz; Jason Krause & Head, guitarras rítmicas)
8. «Fortunate Son» compuesta por Creedence Clearwater Revival (Kid Rock, voz, junto a la Twisted Brown Trucker Band)
9. «Somebody's Gotta Feel This»/«Fist of Rage» compuestas por Kid Rock (Kid Rock, voz, junto a la Twisted Brown Trucker Band)

10. «Fuel» (Jason Newsted, voz; Kid Rock, como dj)
11. «Turn the Page» (Kid Rock, voz; Kenny Olson & Jason Krause, guitarras rítmicas)
12. «Mastertarium» (Jason Newsted, voz; Daron Malakian, guitarra y voz)
13. «Enter Sandman» (Jason Newsted, voz, y todos juntos en el escenario)

Al día siguiente, el concierto no podría ser menos singular. Así que se incluyó: «Jumpin' Jack Flash», de The Rolling Stones (con Kid Rock como cantante y con acompañamiento de la Twisted Brown Trucker Band & Metallica); el tema de Korn «Blind» (tocado por ellos junto a Kirk y Lars), así como un híbrido entre «American Bad Ass», de Kid Rock, y «Sad But True» (con Kid Rock como cantante y Jason Krause en la guitarra rítmica).

La gira Summer Sanitarium llegaría a su fin el 9 de agosto en el Rupp Arena de Kentucky.

Las luces delanteras de los coches iluminan más que cualquier estrella

El 30 de noviembre, Metallica asistió a la primera edición de los My VH1 Music Awards, que se llevó a cabo en el Shrine Auditorium de Los Angeles (California). Los anfitriones de esta ceremonia, retransmitida en directo por

Una de las últimas fotos de Metallica con el bajista Jason Newsted (último por la derecha) que dejó la banda en 2001.

VH1, eran actores de cine y cómicos. No era un ambiente metalero en absoluto. Los ganadores de cada categoría eran elegidos mediante votación del público. Metallica ganó el premio al «Mejor Espectáculo Artístico En Directo», por su concierto junto a la Sinfónica (venciendo a Red Hot Chili Peppers, Ricky Martin, NSYNC y Britney Spears). Cuando fueron a recibir el premio, no subieron junto a Jason Newsted. Kirk, Lars y James cruzaron toda la sala abrazados y, al subir, Newsted estaba en un costado del estrado. Se advertía claramente la distancia entre la banda y el bajista.

En la ceremonia, las actuaciones estuvieron a cargo de Christina Aguilera, Bon Jovi, Creed, No Doubt, Red Hot Chili Peppers y U2. Cuando llegó el turno de Metallica, esperaban su actuación en el escenario principal entre celebridades del espectáculo. Sin embargo, ¡la banda salió por sorpresa a tocar en el aparcamiento exterior del teatro! Allí, 200 personas, miembros del club de fans y una primera fila formada por coches aparcados, vibraron al calor de «Fade to Black». Toda una declaración de principios. Metallica optó por su público y no por la frivolidad de la *jet set*. Sin embargo, mientras tocaban, se notaba el rostro apesadumbrado de Newsted y su mal estar con el resto del grupo. Serían sus últimos coletazos en Metallica.

Newsted pega el portazo

El «Fade to Black» (en español, «fundido en negro») es una técnica utilizada en el cine para dar por concluida una escena. Al mismo tiempo, como una premonición agorera, fue el último tema que interpretó en vivo Jason Newsted junto Metallica.

Al terminar aquel concierto en los My VH1 Music Awards, Lars, Kirk y James al unísono pidieron a Jason hablar con él. Se sentaron en la misma mesa después de muchos meses de estar separados. Aquella histórica reunión ocurrió a principios de enero de 2001 en un hotel de San Francisco.

La situación era tensa. Si bien Jason había logrado incorporar algunas de sus creaciones en la banda, todavía era considerado el «nuevo». Su relación con Metallica era endeble y su problema de adaptación marcó una profunda brecha en la banda: Jason se ensimismó, se alejó peligrosamente y no compartía espacios ni momentos con el resto de los músicos.

El futuro de Metallica era una incógnita. Para destensar la situación, Jason sugirió un año sabático para que cada uno desarrollara sus propias actividades y pudieran asentarse las ideas. En concreto, él contaba con un grupo paralelo llamado Echobrain, que fue el detonante de su salida de Metallica: Hetfield no toleraba que un miembro de la banda tuviese otro grupo. La importancia que Newsted le daba a Echobrain crecía exponencialmente y James se lo tomó como una traición. Sin embargo, Jason necesitaba estas experiencias alternativas para canalizar muchas de sus composiciones que eran rechazadas en Metallica.

A Newsted le molestó que Hetfield hubiera puesto en duda su dedicación y se sintió ofendido: guardaba un gran respeto a James, pero él no supo agradecérselo. Mientras Echobrain estaba a punto de publicar su primer disco homónimo, Hetfield se negaba a aceptar la realidad y buscaba la manera de conservar a Newsted en Metallica. Lo consideraban un hermano. Sin embargo, había algo entre ellos que se había roto de forma irremediable.

Pocos días después, el 17 de enero de 2001, el bajista hizo público un comunicado de prensa en el que decía que «debido a razones privadas y personales, y por el daño físico que me he hecho a mí mismo durante años al tocar la música que me gusta, tengo que irme de la banda. Ésta es la decisión más difícil de mi vida, tomada con las mejores intenciones, pensando en mi familia, en mí mismo y en el continuo crecimiento de Metallica. Hago extensivo mi amor, mi agradecimiento y mis mejores deseos para mis hermanos: James, Lars y Kirk, así como para el resto de la familia de Metallica, amigos y fans que han hecho que estos años sean inolvidables».

Newsted dejaba Metallica después de 15 años, 6 discos, decenas de premios y más de 1.000 conciertos. Su marcha fue un mazazo muy fuerte en el seno de la banda. Sus integrantes se sentían fragmentados y deshechos. Irónicamente «I Disappear» («Yo desaparezco») fue la última canción que grabó con ellos.

Lars entre la pintura, la música y la TV

Desde los primeros días de 2001, Lars se volcó en sus quehaceres paralelos: adquirió obras millonarias del pintor expresionista abstracto Jean-Michel Basquiat, como la impactante *Untitled (Boxer)*. En mayo, después de que su mujer diera a luz a Layne Ulrich, su segundo hijo, condujo su propio programa en la KSJO, una radio de San Francisco. En su espacio (desde las 20 h y hasta la medianoche) Lars hablaba poco, pero ponía canciones de la primera época de Metallica, versiones originales de los artistas incluidos en *Garage Inc.* y parte del álbum *NWOBHM '79 Revisited*, que había producido en 1990.

Al mismo tiempo, impulsó su propio sello discográfico, The Music Company, a través del álbum debut de Systematic. Esta banda de hard rock, oriunda de Oakland, fue una de las primeras que firmó para su discográfica (la cual tenía como matriz a Elektra Records). Peter Collins fue el productor de aquel LP, titulado *Somewhere in Between*, que vendió 70.000 copias. Fue todo un logro, teniendo en cuenta que Ulrich había iniciado The Music Company en 1998 junto al excontable de Metallica durante las giras, Tim Duffy, y que las producciones del sello nunca captaron un interés masivo. De hecho, el primer fichaje de la compañía fue DDT, que vendió alrededor de 4.000 copias de su primer álbum *Urban Observer*. Luego, Goudie y su *Peep Show* vendieron casi la mitad de copias, mientras que Brand New Immortals, con su álbum *Tragic Show*, no superaron las 5.000.

Pocas semanas después, el 1 de febrero, como si la realidad hubiera superado la ficción (el videoclip de «Hero of the Day» mostraba a la banda en un concurso televisivo). Lars Ulrich participó en el famoso programa de preguntas y respuestas *¿Quién quiere ser millonario?*, grabado en los estudios de ABC TV. Allí se dieron cita celebridades solidarias (entre ellas, Gene Simmons, de Kiss) y el dinero obtenido en el concurso fue destinado a fines benéficos. Lars falló en la respuesta de los 64.000 dólares, pero aun así ganó 32.000 dólares que fueron a parar a un hospital para personas sin hogar de San Francisco.

Por esos días, George W. Bush, ya había asumido la presidencia de EE. UU. en unos comicios altamente cuestionados. Bush, representante del Partido Republicano, había perdido por casi 500.000 votos y, a pesar de ello, alcanzó el cargo de jefe de Estado con la ayuda del Colegio Electoral, tras una disputada batalla legal, y de un duro golpe institucional de la Corte Suprema de Justicia, que avaló las decisiones de las autoridades y los jueces de Florida. Su contrincante, el demócrata Al Gore, acató la decisión ante la amenaza de una crisis política y financiera en su mandato. Pero al poco de tomar el poder, Bush se enfrentó a un período de recesión económica como resultado de la explosión de «la burbuja de las puntocom».

Conejitas y gramófonos

El 21 de febrero, Metallica recibió su sexto premio Grammy, tras ganar en la categoría de «Mejor Interpretación de Rock Instrumental» por la versión «The Call of Ktulu» incluida en el álbum *S&M*. Pocas semanas después de esta distinción, salió a la venta el número de abril de la revista *Playboy* bajo el lema «Sex & Music Issue» (en español, «Sexo y música»). Aquella edición contenía la famosa entrevista a Metallica realizada por Rob Tannenbaum meses atrás cuando aún estaba Jason Newsted en el grupo. El periodista entrevistó a cada miembro de la banda por separado sin prever que estos encuentros se transformarían casi en un confesionario: el bajista criticó a Hetfield por tener un rango vocal limitado; Ulrich trató al cantante de homofóbico; éste puso en juicio sus aptitudes como baterista. Fue un todos contra todos. Las grietas internas ya eran un secreto a voces. Aquella entrevista generó cierto escándalo y bastante revuelo en el ambiente musical e intensificó las peleas entre los integrantes de Metallica. El único que estuvo a salvo fue Kirk, ya que su práctica budista lo mantenía en armonía y equilibrio emocional.

Metallica toma los escenarios para homenajear

Los primeros días de mayo, Kirk Hammett se encontraba en Méjico disfrutando de sus vacaciones y haciendo surf. Durante su estancia, la banda local Vitamina T dio un concierto en Cabo Wabo Cantina, en el cabo San Lucas. Cuando arremetieron con la versión de Metallica «Until It Sleeps», Kirk se abrió paso entre los asistentes, subió al escenario y compartió la canción con Vitamina T. Luego, se quedaron en el escenario haciendo una *jam session* durante más de una hora.

Por esos días, Lars alternaba las galerías de arte, los estudios de grabación y los platós de televisión con salidas nocturnas junto a Hetfield. En una de esas escapadas, terminaron en el Cactus Club de San José. Allí tocaban sus amigos y excompañeros de gira Corrosion of Conformity. James era un viejo fan de la banda y, en mitad del *show*, subió al escenario a interpretar una canción con ellos.

James también era gran admirador de la obra de The Misfits desde su juventud (pasión que compartía con Cliff Burton). Así que cuando la banda tocó en el Pabellón Marítimo de San Francisco el 17 de noviembre, Hetfield fue a verlos y se ubicó entre el público. Pero en un momento dado, saltó repentinamente sobre el escenario y cantó con ellos «Last Cares«» y, más tarde, «Die, Die My Darling».

Juguetes de Metallica

La empresa de juguetes McFarlane, creada por el artista y escritor Todd McFarlane, ofrecía un catálogo de grandes figuras de la televisión y el deporte. Su línea de monstruos de cine incluía a Drácula, la Momia, Frankenstein y al Hombre Lobo, y a Kirk y a James les entusiasmaba (es un gran coleccionista

La marca McFarlane creó una réplica en juguete de
Metallica que tuvo un gran éxito.

de juguetes de terror). La pasión de ambos por estas películas clásicas se puede
observar en los diseños de sus guitarras. Estas creaciones de McFarlane eran
objeto de culto y estaban enfocadas a personas adultas.

En 1997 esta prestigiosa firma sacó al mercado los juguetes de Kiss. El éxito
fue absoluto y automáticamente idearon una colección de música que incluyó
a estrellas como Jim Morrison, Ozzy Osbourne, Jimi Hendrix, Alice Cooper,
Janis Joplin, Rob Zombie, Elvis Presley, el muñeco de Eddie de Iron Maiden,
Mötley Crüe y The Beatles (en sus distintas versiones).

El 11 de febrero de 2001 en la Feria del Juguete de Manhattan, la compañía
McFarlane presentó al público los muñecos de Metallica. Se tomó como modelo a la banda durante la gira de presentación de *…And Justice for All*. Los juguetes incluían la escenografía y los modelos de instrumentos de antaño (Lars
fue inmortalizado con su mítica TAMA blanca y sus platillos). Realmente eran
una réplica perfecta y se vendían por separados o en grupo (con el agregado de
luces, torre de sonido y escenario).

Clásicos irrompibles

Los días 26 y 27 de septiembre, la banda ingresó en los estudios One on One.
Los rumores de que habían comenzado a trabajar en un nuevo disco se propa-

garon entre los fans. Sin embargo, Metallica estaba allí para grabar un episodio de *Classic Albums*, un especial que VH1 dedicaba a aquellos discos que han sido fundamentales en la cultura del rock (entre otros, fueron homenajeados *Paranoid*, de Black Sabbath; *Machine Head*, de Deep Purple; *The Number of the Beast*, de Iron Maiden; *Ace of Spades*, de Motörhead). Metallica tuvo su lugar en este podio y fue distinguido por *El Álbum Negro*. El documental, que incluía declaraciones de los protagonistas, además de jugosas anécdotas e imágenes del *backstage*, se editó en noviembre de 2001, coincidiendo con el 10º aniversario de la publicación del disco.

Esta grabación honorífica se producía cuando todavía los atentados terroristas contra las Torres Gemelas del 11 de septiembre mantenían en vela a toda la sociedad norteamericana. El presidente de Estados Unidos, George W. Bush, había señalado a sus enemigos y los llamó el «eje del mal» (un eje en el que incluía a Irak, Irán y Corea del Norte). En esta propagación de la violencia, ideó la Ley Patriota de los EE. UU., una medida para regular y criminalizar la inmigración. Su próximo paso fue fraguar una guerra contra el terrorismo. De este modo, el ejército norteamericano, respaldado por distintas potencias, invadió Afganistán tres semanas después del ataque al World Trade Center. En esta contraofensiva se asesinó a Osama Bin Laden y se derrocó el régimen talibán. Sin duda, el 9-11 había provocado un terremoto en la agenda política mundial.

Anochecer de un día recargado

¿Alguien imaginó alguna vez que la música de The Beatles y de Metallica podían darse la mano? No hay que olvidar que en 1968 el grupo de Liverpool incluyó en *El Álbum Blanco* la canción «Helter Skelter» (la primera canción de heavy metal de la historia). Tal vez presagiar una simbiosis entre ambas bandas parecía extraño, pero Beatallica lo llevó a la práctica. Combinó la poesía y la música de ambos. Su notable concepto sonoro es resaltado por su creatividad y dinamismo. El grupo se originó en 2001 en Milwaukee (Wisconsin) y los álter egos de sus integrantes combinan los nombres de los miembros de Metallica y The Beatles: Jaymz Lennfield (guitarra, voz y composición), Krk Hammetson (guitarra líder), McBurtney Kliff (bajo) y Ringo Larz (batería).

En los títulos de sus álbumes también se mezclaron las producciones de ambos cuartetos («All You Need Is Blood» y «Masterful Mystery Tour» son algunos ejemplos). La propuesta de Beatallica despertó rápidamente el interés de un gran sector del periodismo. El fenómeno creció con dinamismo y emprendieron giras nacionales e internacionales (telonearon a Dream Theater, y el baterista de esa banda, Mike Portnoy, se unió a ellos para interpretar «A Garage Dayz Night»). Además, Beatallica teloneó también los conciertos de Motörhead, Testament, Kreator, Sepultura y L.A. Guns, entre otros grupos.

Pero no todo era un lecho de rosas para los músicos de Beatallica: en febrero de 2005, Sony/ATV Music Publishing acusó a estos músicos de infringir los derechos de autor de la obra de The Beatles. En respaldo de Beatallica salió nada más y nada menos que Lars Ulrich, que les ofreció ayuda en la asistencia legal del caso. Finalmente, se llegó a un acuerdo y el problema no pasó a mayores. De hecho, Ulrich, Hetfield y Hammett se han declarado abiertamente admiradores del trabajo de Beatallica.

La banalización del metal

El heavy metal ya no estaba asociado al oscurantismo ni despertaba terror con su mensaje y su estética satánica. Ahora, el público común se mofaba de sus estrellas, y su presencia cotidiana en la pantalla constituía el entretenimiento de adultos y niños. Gran parte de este pensamiento fue generado por la MTV y culminó con su serie *The Osbournes*. En esa serie el máximo icono del metal, Ozzy Osbourne, protagonizaba un *reality show* junto a su familia. El debut en la pantalla fue el 5 de marzo de 2002 y fue la serie más vista en la historia de la MTV en su primera temporada. Una de las hijas del Dios del metal, Aimee, se negó a participar en el programa y criticó públicamente a sus padres por las payasadas que hacían. Al mismo tiempo, la serie reflejaba los momentos más delicados de la familia (como la batalla de Sharon contra el cáncer y la recuperación de Ozzy tras una enfermedad neuronal que casi termina con su vida).

El Príncipe de las Tinieblas aseguró haber estado drogado durante todo el rodaje de *The Osbournes*. El 21 de marzo de 2005, el *reality* llegaría a su fin después de tres años en antena.

Hoy tu amor, mañana el mundo

Durante el año 2002, la banda apenas hizo actuaciones en directo. Necesitaban volver poco a poco y reafirmarse después de tantos contratiempos. Con Bob Rock en el rol de bajista, emprendieron la Special Gigs, una gira con fechas espaciadas: el 4 de junio, por ejemplo, actuaron por sorpresa en el pequeño pub

Kimo's Club de San Francisco, donde tocaron canciones propias y de otras bandas; Metallica había cambiado los grandes estadios de todo el mundo por un modesto bar local. El concierto lo abrieron con cuatro versiones de The Ramones: «Commando», «Today Your Love, Tomorrow the World», «53rd & 3rd» y «Now I Wanna Sniff Some Glue». Luego continuaron con temas de su cosecha, como «Hit the Lights», «Leper Messiah», «No Remorse», «For Whom the Bell Tolls», «Dead Kennedy Rolls» y «I Disappear». Por último, cerraron el recital con su habitual homenaje a The Misfits, «Die, Die My Darling».

La segunda actuación de aquel año fue en los estudios HQ de San Rafael (California), el 6 de julio. Allí dieron un concierto para sus fans y compartieron escenario con los ganadores del concurso para ser el nuevo bajista de Metallica. Interpretaron «Creeping Death» y «Seek & Destroy» con Andrew y Elena, dos fans de la banda. Luego, la lista de temas de aquella noche fue idéntica a la del Kimo's Club (a excepción de las versiones de The Ramones).

En estas dos actuaciones, Metallica recibió el cariño y la comprensión de sus fieles seguidores. Su constante respaldo fue esencial después de la marcha de Newsted y de la dura rehabilitación de Hetfield. De este modo, las muestras de afecto pudieron recomponer la desmembrada estructura anímica de Metallica.

Robert Trujillo es el elegido

Tras la marcha de Jason Newsted, Metallica inició una extensa búsqueda para hallar un bajista que lo sustituyera. Entre los aspirante estaba Scott Reeder (Kyuss y The Obsessed), Twiggy Ramírez (Marilyn Manson y A Perfect Circle), Pepper Keeman (Corrosion of Conformity), Chris Wyse (The Cult), Alex Webster (Cannibal Corpse), Eric Avey (Jane's Addiction y Alanis Morissette) y Danny Lohner (Nine Inch Nails).

En esta reñida elección también estaba Robert Trujillo. Él había recibido una llamada para realizar una prueba de selección como miembro de Metallica estando en la banda de Ozzy Osbourne. El contacto surgió a través de Kirk, con quien compartía su pasión por el surf. La audición era un miércoles y Trujillo estaba en Tahití. Inmediatamente tomó un avión a San Francisco. Al no contar con el tiempo suficiente, no había preparado nada en especial para tocar. Sus sesiones de prueba se extendieron dos días: la primera comenzó a las 11 de la mañana y terminó doce horas después. Luego fueron todos juntos a tomar algo. Pero aparte del vínculo que lo unía con Kirk, James y Lars recordaban a Trujillo de su época con Suicidal Tendencies (banda que teloneó a Metallica en 1993 y 1994). En la segunda audición, no se sentía muy bien de salud. Sin embargo, cuando el grupo le preguntó qué quería tocar, él respondió «Battery», uno de los temas de la primera época y de los más difíciles de interpretar. Trujillo brilló con su bajo de cinco cuerdas y dejó atónitos a los integrantes de Metallica. Su estilo y su técnica de dedos (él no tocaba con púa como hacía Newsted) les recordaba a Cliff Burton.

Finalmente, después de aquellas sesiones Robert Trujillo fue coronado como nuevo integrante de Metallica. El nerviosismo y la emoción embargaron a Robert al saber la noticia. Pero su sorpresa fue mayor cuando Lars le anunció que le iban a pagar un millón de dólares para que se uniera a la banda.

A propósito de Trujillo

Su nombre original es Roberto Agustín Miguel Santiago Samuel Trujillo Veracruz y es descendiente de mejicanos, aunque nació en Santa Mónica (California) el 23 de octubre de 1964. Sus padres se separaron cuando él tenía

Robert Trujillo fue el bajista elegido para sustituir a Jason Newsted tras su marcha.

cinco años y su primeros años los pasó a caballo entre la casa de su madre y la de su padre en Mar Vista y Venice, respectivamente. En ambos casos la música siempre estuvo presente: su madre era fanática del catálogo de Motown (en particular, de James Brown, Marvin Gaye y Sly & the Family Stone), mientras que su padre tenía predilección por The Rolling Stones y Led Zeppelin.

Venice y Mar Vista eran barrios de Los Angeles que mantenían una rivalidad entre sí. Así que el joven Trujillo tuvo que lidiar con varias peleas a puñetazos con distintas pandillas. Por aquel entonces, jugaba al baloncesto en la liga de Venice (el entorno no era el mejor y aquellos compañeros de equipo luego terminarían muertos o en la cárcel). En el colegio de Culver trabó amistad con surfistas y músicos. Al finalizar la secundaria, ingresó en la escuela de jazz de North Hollywood. Allí le enseñaron técnicas compositivas e historia de la música. Sin embargo, Robert se aburría: sólo quería tocar. Únicamente encontró refugio en los estudiantes que llegaban desde distintos países del mundo, con quienes realizaba improvisaciones muy estimulantes. De todos modos, sabía que tenía que buscar nuevos rumbos.

Al poco tiempo, conoció al impaciente joven Mike Muir (vocalista de Suicidal Tendencies), que vivía en el edificio de al lado de una cafetería donde trabajaba Robert. En 1989 ingresó en la banda de Mike y grabó con ellos seis discos hasta 1997. Asimismo, compartían un proyecto paralelo llamado Infectious Groove. Mientras Trujillo estaba en Devonshire Studio grabando con esta banda el álbum *The Plague That Make Your Bottie Moves*, conoció a Ozzy Osbourne, que estaba terminando *No More Tears* en la sala de al lado. Al poco tiempo de aquel encuentro, pasó a formar parte de la banda de Ozzy. Su espacio dentro de este proyecto fue creciendo paulatinamente hasta el punto de que logró figurar como cocompositor de tres temas del disco *Down to Earth* (2002). Todavía hoy Trujillo guarda una inmensa relación de afecto y admiración mutua con Ozzy y Sharon (su mujer y mánager del grupo). Por lo tanto, cuando el bajista le comunicó su partida, la despedida fue entre lágrimas, aunque ambos le dieron sus bendiciones para el nuevo proyecto de Trujillo.

La vida de Newsted después de Metallica

El exbajista de Metallica no se quedó de brazos cruzados después de su alejamiento de la banda. Sin ningún impedimento externo, desarrolló toda la actividad que pretendía. En 2002 editó (bajo su propio sello discográfico, Chophouse Records) las dos demos de IR8 y Sexoturica, aquellos controvertidos grupos que supo formar en paralelo a Metallica. Además, ese año lanzó el disco debut homónimo de su proyecto Echobrain (que se completaba con Dylan Donkin en voz y guitarra, y con Brian Sagrafena, en batería). Esta producción contó con la participación de grandes amigos de Jason Newsted: su excompañero Kirk Hammett y el exintegrante de Faith No More Jim Martin (que se encargó de tocar el banjo y la guitarra). Posteriormente, Echobrain publicó un segundo disco sin la presencia de Newsted y, más adelante, el grupo se fragmentó y cada miembro siguió su camino por separado.

También en 2002, Jason se unió a Voivod, una banda procedente de Quebec (Canadá). Y si en sus días como integrante de Metallica recibía el apodo de «Newkid», en Voivod el bajista era llamado «Jasonic».

Paralelamente, y gozando de total de libertad, se alistó en las filas de Ozzy. Este hecho resultó una paradoja increíble: el puesto había quedado vacante después de que Trujillo fichara por el grupo de Hetfield, Ulrich y Hammett. Por lo tanto, se puede decir sin equivocarse que el Príncipe de las Tinieblas y Metallica se intercambiaron los bajistas.

Al año siguiente, la edición del Ozzfest hizo que Newsted tocara durante los dos meses del festival con la banda telonera Voivod en un espacio alternativo y con Ozzy en el escenario principal. La relación entre el bajista y el exlíder de Black Sabbath fue cordial y trabajaron con entusiasmo. Pero al finalizar 2002, fue reemplazado por Rob «Blasko» Nicholson (de Rob Zombie). Jason Newsted continuaría su actividad como miembro de Voivod por cinco años más.

Segunda ola del nu metal

En los primeros años del siglo XXI, tomó un notable impulso el nu metal o metal alternativo, a raíz de que las bandas más importantes del heavy perdieran el norte. Sin embargo, se retomaron algunos de los aspectos que guiaron al metal: Anthrax y Rage Against the Machine fusionaron rap y heavy metal como luego harían Linkin Park, Limp Bizkit y Papa Roach, aunque cada uno sin perder su identidad propia.

Los principales pilares de esta renovación del metal fueron Slipknot y System of a Down, mientras que Evanescense se encargó de agregar un contorno gótico al género.

Estas bandas, desarrolladas a partir de Korn y Deftones, se oponían a muchos de los esquemas del heavy metal: su música sincopada se acentuaba en *riffs* cortos y repetitivos, había quiebros sorpresivos en el medio de la canción y destacaba la ausencia de solos de guitarra. Al mismo tiempo, incorporaron *dj, samplers*, sonidos electrónicos y guitarras de siete cuerdas y bajos de seis —para alcanzar frecuencias más graves—.

Las voces en el metal alternativo también establecieron diferencias con respecto del metal clásico. Así, en una misma composición se podían percibir distintos recursos: desde un canto melódico y lírico, pasando por rapeos, gruñidos, gritos desgarradores y hasta voces distorsionadas. También se aprovechó para ofrecer un espacio de expresión a la mujer, una posibilidad que, salvo raras excepciones, estaba casi vedada en el heavy metal.

El contenido de muchas de las letras del metal alternativo celebraba el dolor, la melancolía y la angustia. Tal vez por eso se culpó al género de fomentar entre los adolescentes la depresión y las actitudes ermitañas.

…Y justicia en el nombre de «Metallica»

Por esos días, no quedaba la menor duda de que Metallica tenía una aguda obsesión por sus derechos de autor. En Argentina, había comenzado a realizar sus primeros conciertos una banda llamada La Naranja Metálica. Pocos años después, en 2003 el grupo se dispuso a grabar su segundo disco, pero en la SADAIC (Sociedad Argentina de Autores y Compositores de Música) le exigieron primero registrar el nombre del grupo en el INPI (el Instituto Nacional de la Propiedad Intelectual). Fue allí donde se encontraron con la negativa de Metallica: la banda de Ulrich tenía desplegado un cuerpo de abogados en cada país donde estaban editados sus álbumes, quienes argumentaron legalmente que la pronunciación fonética de La Naranja Metálica se prestaba a confusiones con la banda Metallica (aunque se escribían de diferente modo). Las partes no pudieron llegar a un acuerdo y el fallo de la corte favoreció al grupo norteamericano. A partir de ese momento, La Naranja Metálica pasó a llamarse simplemente La Naranja. Estos enredos legales brindaron un instante de fama a esta ignota banda argentina y compensaron así todos los contratiempos del caso.

Años más tarde, Metallica continuaba en su contienda: en 2006 inició acciones legales contra Metall, una empresa de acero ubicada en Suecia, por el uso del dominio «Metallica.st» en Internet (se trataba de un portal registrado a nombre de «Förvaltnings AB Metallica»). El acusado defendió su derecho a emplear el dominio esgrimiendo que su intención no era mancillar los derechos de Metallica, ni ganar dinero o reputación a costa suya, ya que su propósito sólo se circunscribía a su actividad en la industria del acero.

La rabia que santifica: *St. Anger*

El controvertido productor Bob Rock no quería que Metallica grabara de nuevo en The Plant Studios, por lo que alquilaron los terrenos de una antigua base militar en El Presidio (California). Allí se montó un estudio portátil para que la banda registrara su octavo álbum. Esta idea exótica de Bob Rock fue acompañada por las austeras comodidades que les ofreció a los músicos con el objetivo de

a l e -

Libreto interior del *St. Anger*, publicado en 2003.

jarlos de sus lujos de millonarias estrellas de rock. Una vez instalados en esos viejos cuarteles, el productor les sugirió un nuevo giro musical. Este deseo era consensuado. Se buscó un concepto sonoro que plasmara a un joven grupo tocando en un garaje, con la salvedad de que ese conjunto era Metallica y ya tenía 20 años de carrera.

Bob Rock, además de productor, ocupó el lugar del bajista ante la ausencia de Newsted. El primer día de grabación fue el 24 de abril de 2001. Como era de esperar, el clima de armonía duró muy poco. Aquellas sesiones estuvieron marcadas por problemas personales en la banda (como la rehabilitación de

Hetfield de su problema con las drogas). Además, las ideas para las canciones no terminaron de concretarse, lo que obligó a realizar un cambio en el método de trabajo de Metallica: los temas fueron compuestos en el estudio de grabación (pese al reproche de James).

Mientras se ultimaban algunos detalles en el estudio, en marzo de 2003 las tropas de Bush invadieron Irak bajo el argumento de buscar armas de destrucción masiva y eliminar al presidente, Saddam Hussein. En total, los ataques norteamericanos causaron la muerte de más de cien mil iraquíes y una gran cantidad de prisioneros. Éstos fueron trasladados a la cárcel de Guantánamo y, mientras eran torturados en largas sesiones, se utilizaban distintas canciones, entre ellas «Enter Sandman» (el joven Mohammed al-Qahtani fue sometido a tortura y fue interrogado con este tema de fondo). Mientras el gobierno de EE. UU. financiaba esta guerra millonaria, el nivel de desempleo en el país aumentaba del 4,2% en enero de 2001 hasta el 6,3% en junio de 2003. Por esos días de junio, los Metallica ya estaban hastiados de tanto encierro y, entre el 4 y el 28 de aquel mes, emprendieron la minigira St. Anger European por grandes escenarios de Italia, Francia, Dinamarca (festival de Roskilde), Bélgica y Holanda (junto a los imborrables recitales en el Doctor Music Festival de Barcelona y en el Estadio Olímpico de Madrid.

Paralelamente, su paso por Alemania los llevó al Rock Im Park el día 6 de junio y, dos días después, al Rock Am Ring. Este concierto fue retransmitido completo por la MTV (y luego se publicaría en un DVD).

En medio de esta gira, el 5 de junio se editó el octavo disco de Metallica, titulado *St. Anger*. Salió una semana antes de lo previsto a causa de la enorme cantidad de *bootlegs* que estaban circulando en Internet. Habían transcurrido seis largos años sin material nuevo (el último había sido *Re-Load*). El éxito de ventas fue absoluto y en su primera semana de lanzamiento alcanzó el número 1 en treinta países. La portada del disco fue realizada nuevamente por Brian «Pushead» Schroeder: dibujó un puño rojo maniatado, entendiendo a la perfección el título del álbum y su concepto.

Metallica tenía muchas expectativas depositadas en su octavo álbum, pero el resultado musical fue irregular. Uno de los puntos más criticados fue nuevamente la producción de Bob Rock. Si bien había realizado un trabajo sobresaliente en *El Álbum Negro*, en este nuevo disco confundió su premisa de «volver a sonar como una banda en un garaje» con «retroceder hacia un sonido poco cuidado y falto de identidad». Su teoría de una vuelta a los orígenes a la práctica fue interpretada al revés: *St. Anger* fue una actualización forzada y poco orgánica. El productor introdujo dentro de Metallica el sonido de moda de ese momento (en esencia, el metal alternativo).

En consecuencia, la estética musical de la banda se alteró por completo: los parches de la batería de Lars fueron aflojados para acercarse así a las nuevas tendencias del metal. Sin embargo, su golpe sobre el instrumento había perdido la personalidad. La afinación había cambiado y su redoblante se escuchaba como un timbal (un día se olvidó colocar la traba del redoblante y cuando comenzó a tocar le gustó el resultado). El sonido era latoso y el recurso de los platillos presentaba una resonancia excesiva. Por otro lado, se había modificado la afinación de las guitarras a do mayor y casi no se utilizaron los solos. Para más *inri*, James parecía algo desorientado cantando encima de una música tan diferente. Los temas tenían una duración excesiva que los tornaba redundantes e inacabados. Las letras como catarsis se prolongaban sin saber encontrar su punto y aparte, y de este modo quitaban espacio a las partes instrumentales. A continuación, se detallan las canciones de *St. Anger*:

ST. ANGER

1- «Frantic», 5:50

2- «St. Anger», 7:21

3- «Some Kind of Monster», 8:26

4- «Dirty Window», 5:25

5- «Invisible Kid», 8:30

6- «My World», 5:46

7- «Shoot Me Again», 7:10

8- «Sweet Amber», 5:27

9- «The Unnamed Feeling», 7:10

10- «Purify», 5:14

11- «All Within My Hands», 8.48

Todos los temas fueron compuestos por Lars Ulrich, James Hetfield, Kirk Hammett y Bob Rock.

Sencillos

1- *St. Anger* (editado el 23 de junio de 2003)

- Sencillo internacional 1: «St. Anger» - «Commando» - «Today Your Love, Tomorrow the World»

- Sencillo internacional 2: «St. Anger» - «Now I Wanna Sniff Some Glue» - «Cretin Hop»

- Sencillo internacional de vinilo: «St. Anger» - «We're a Happy Family»

- EP japonés: «St. Anger» - «Commando» - «Today Your Love, Tomorrow the World» - «Now I Wanna Sniff Some Glue» - «We're a Happy Family»

2- *Frantic* (editado el 15 de septiembre de 2003)

- Sencillo internacional 1: «Frantic» - «Blackened» (Live - Download Festival) - «Harvester of Sorrow» (Live - Download Festival) - «Frantic» (vídeo)
- Sencillo internacional 2: «Frantic» - «No Remorse» (Live - Download Festival) - «Welcome Home (Sanitarium)» (Live - Download Festival)
- Sencillo internacional 2: track Single: «Frantic» - «No Remorse» (Live - Download Festival)
- Sencillo belga: «Frantic» - «Harvester of Sorrow» (Live - Fields of Rock Festival) - «Welcome Home (Sanitarium) » (Live - Werchter Festival) - «No Remorse» (Live - Werchter Festival)
- Sencillo español: «Frantic» - «Harvester of Sorrow» (Live - Doctor Music Festival) - «Welcome Home (Sanitarium)» (Live - Doctor Music Festival) - «No Remorse» (Live - Doctor Music Festival)
- Sencillo italiano: «Frantic» - «Blackened» (Live - Imola Jammin' Festival) - «Harvester of Sorrow» (Live - Imola Jammin' Festival) - «Welcome Home (Sanitarium)» (Live - Imola Jammin' Festival) - «No Remorse» (Live - Imola Jammin' Festival)
- Sencillo danés: «Frantic» - «Blackened» (Live - Roskilde Festival) - «Harvester of Sorrow» (Live - Roskilde Festival) - «Welcome Home (Sanitarium)» (Live - Roskilde Festival) - «No Remorse» (Live - Roskilde Festival)
- Sencillo alemán: «Frantic»- «Harvester of Sorrow» (Live - Rock Am Ring) - «Welcome Home (Sanitarium)» (Live - Rock Am Ring)
- Sencillo francés: «Frantic» - Blackened» (Live - Le Bataclan) - «Harvester of Sorrow» (Live - La Boule Noire) - «Welcome Home (Sanitarium)» (Live - La Boule Noire)
- EP japonés: «Frantic» - «Blackened» (Live - Download Festival) - «Harvester of Sorrow» (Live - Download Festival) - «Welcome Home (Sanitarium)» (Live - Download Festival) - «No Remorse (Live - Download Festival)»
- Sencillo internacional de vinilo: «Frantic» - «Frantic» (UNKLE Reconstruction - Artificial Confidence)

3- *The Unnamed Feeling* (editado el 12 de enero de 2004)

- EP internacional: «The Unnamed Feeling» - «The Four Horsemen» (Live) - «Damage, Inc.» (Live) - «Leper Messiah» (Live) - «Motorbreath» (Live) - «Ride the Lightning» (Live) - «Hit the Lights» (Live) - «The Unnamed Feeling» (vídeo)
- Sencillo internacional 1: «The Unnamed Feeling» - «The Four Horsemen» (Live) - «Damage, Inc» (Live) - «The Unnamed Feeling» (vídeo)

- Sencillo internacional 2: «The Unnamed Feeling» - «Hit the Lights» (Live) - «Ride the Lightning» (Live) - «Motorbreath» (Live)
- Vinilo internacional: «The Unnamed Feeling» - «Leper Messiah» (Live)
- Sencillo internacional «de bolsillo»: «The Unnamed Feeling» - «Frantic» (UNKLE Reconstruction - Artificial Confidence)
- Sencillo australiano: «The Unnamed Feeling» - «Dirty Window» (Live) - «Master of Puppets» (Live) - «Battery» (Live)

4- *Some Kind of Monster* (editado el 13 de Julio de 2004)
- Sencillo EE. UU.: «Some Kind of Monster» - «The Four Horsemen» (Live) - «Damage, Inc» (Live) - «Leper Messiah» (Live) - «Motorbreath» (Live) - «Ride the Lightning» (Live) - «Hit the Lights» (Live) - «Some Kind of Monster» (Edit)

Curiosidades de *St. Anger*

El álbum abre con «Frantic» siguiendo la idea de la banda de interpretar música agresiva pero sin manifestar sentimientos negativos. «Frantic» era el nombre que Lars había pensado para este disco. La letra aborda —en primera persona— los errores del pasado y el dolor por aquellos deseos que se escurren entre los dedos sin luchar por ellos. Sus versos, además, contienen citas de la filosofía budista que habían acaparado la atención de Kirk. Así, en la última estrofa, por detrás de la voz de Hetfield, se escucha de fondo: «*Birth is pain. Life is pain. Death is pain*» (en español, «Nacer es dolor. La vida es dolor. La muerte es dolor»).

La canción homónima del disco relata la sensación de ira y furia de una persona a punto de explotar. No cabe duda de que la escribió James con el corazón en la mano («Siento mi mundo estremecerse/Como un temblor en la tierra/Es difícil ver claramente/¿Soy yo?/¿Es el miedo?»). Es una profunda reflexión sobre el caos y la alteración del orden. El verso «*I hit the lights on these dark sets*» (en español, «Golpeo las luces de estos lugares oscuros») es una alusión a «Hit the Lights», perteneciente al disco *Kill 'Em All*. En lo musical, el frenesí de la batería de Lars y la voz de James —por momentos rapeada— acercan el tema «St. Anger» al nu metal. Aquí se evidencian perfectamente las modificaciones de la batería.

Con un ritmo más lúgubre y atronador, comienza «Some Kind of Monster» a través de un fraseo de guitarra. La intro es larga y la voz entra trascurridos más de dos minutos. La letra habla sobre las búsquedas y los hallazgos en la vida. «Some Kind of Monster» fue escrita en grupo y James hizo una broma diciendo que la canción resultaría un «Frankenstein» o «una especie de monstruo», de ahí el título. Ese monstruo que vive en el interior de las personas y que puede destrozarlo o cambiarlo todo en fracción de segundos. («Estos son los gritos que perforan tu piel/Ya no es la voz del silencio»). A pesar de ser uno de los mejores temas de «St. Anger», sólo ha sido interpretado tres veces en directo.

Los protagonistas de las letras de este disco ofrecen ambivalencias. «Dirty Window» es un ejemplo claro. Allí aflora una doble visión de un sujeto que se cree de una manera pero en realidad es de otra («Veo mi reflejo en la ventana/ en el interior esta ventana está limpia pero sucia por fuera»). Esta forma de ocultar la verdad se evidencia en sus problemas con el alcohol («Yo bebo de la copa de la negación/Estoy juzgando al mundo desde mi trono»).

«Invisible Kid» es el quinto tema. Su atmosfera inicial genera entusiasmo, pero la canción termina disgregándose con el transcurrir de los minutos. Su extensa duración hace languidecer la canción y la lleva a reiteraciones de versos y de otras formas compositivas. La letra detalla el encierro y el dolor ante la imposibilidad de comunicarse y de expresar sus sentimientos. Sin duda estamos ante otro escrito autorreferencial de James («Estoy bien, sólo desaparece/Estoy bien, pero por favor no te alejes demasiado»). Aunque no es una de las letras más elaboradas del disco (ya que cuenta con rimas predecibles), se destaca por el contenido visceral del relato. «Invisible Kid» nunca ha sido interpretada en directo, al igual que las siguientes composiciones: «My World», «Shoot Me Again» y «Purify»).

«My World» es otro viaje al interior de Hetfield. Allí se retrata la pérdida de sus padres y la llegada de sus adicciones. Es interesante la obstinación que deposita en la frase *It's My World Now* apartándose de aquellos que buscan trastocarlo de nuevo. No sería extraño que el párrafo «¿Quien está a cargo de mi cabeza hoy?» se dirija inconscientemente a Lars o al psicólogo Phil Towle. Éste es uno de los temas compositivamente más fuertes y con mayor densidad interpretativa. Si bien en esta canción se busca retomar las raíces thrash, al mismo tiempo emergen influencias del nu metal y del rock alternativo (sobre todo en la mezcla final de las voces).

«Shoot Me Again» es la séptima canción de *St. Anger* y mantiene el rumbo de la anterior. La resistencia y la fortaleza del yo salen a flote en este gigante que se despierta y lucha contra cualquier obstáculo.

«Sweet Amber» posee una introducción blues interpretada durante veinticinco segundos por una suave guitarra y, acto seguido, empieza la distorsión. Algunos giros vocales de Hetfield son casi idénticos al Robert Plant de Led Zeppelin en «Rock and Roll». «Sweet Amber» surgió cuando la banda debió grabar unos anuncios insulsos para los patrocinadores y las radios obligados por su mánager, Cliff Burnstein.

El noveno tema, «The Unnamed Feeling», hace referencia a aquellos momentos de pánico y ansiedad ante los cuales se pierde el control. Aquí se plantea nuevamente el miedo de tropezar con la misma piedra.

«Purify», por su parte, es un tema nu metal con unos arreglos vocales de Hetfield que recuerdan a «In The End» de Linkin Park.

El cierre del disco está reservado para «All Within My Hands», el tema más largo de *St. Anger* (casi nueve minutos). En este final, Metallica despliega todas las sutilezas: en el inicio, la púa frota las cuerdas de la guitarra, alcanzando delicadas armonías; Lars compone los arreglos de batería casi como una melodía; Hetfield salta desde gritos guturales hasta estudiados coros. El tema ofrece abruptos cambios de ritmos y texturas variadas que se perciben en los efectos de guitarra y en las distintas interpretaciones. La tensión y el dramatismo se cortan salvajemente con velocidad y furia. «All Within My Hands» es cautivador, pero su prolongación y sus pretensiones creativas conspiran contra el clima original de la canción.

VIDEOCLIP
«ST. ANGER»

El videoclip fue dirigido por The Malloys y comienza con un plano general de la prisión estatal de San Quentin (San Francisco) para introducir en contexto al espectador. La banda accede al presidio para actuar en el patio y en el pasillo central interior de la cárcel: el público está compuesto por prisioneros vestidos con indumentaria naranja. Luego se incluyen algunas imágenes, en tonos azules, de Metallica tocando en una habitación. El ritmo rabioso de la canción es reforzado mediante planos efímeros y cortes directos. A excepción de algunos ángulos contrapicados, el videoclip está filmado principalmente con cámaras perpendiculares al suelo. Los convictos recuerdan a sus seres queridos en la soledad y la desesperación del encierro y el aislamiento. Mientras tanto, mediante *flashbacks* en blanco y negro se muestra la acción que los llevó a estar en prisión. La última imagen que aparece es una placa que dice: «Para todas las almas impactadas por San Quentin, sus espíritus serán por siempre parte de Metallica —James, Lars, Kirk y Robert—».

VIDEOCLIP
«FRANTIC»

Dirigido por Wayne Isham y rodado en las calles de Montreal (Canadá), «Frantic» narra la intensa vida de un joven. Sus días pasan frenéticamente y son fil-
mados a cámara rápida. La velocidad de las escenas expresa a la perfección las sensaciones de euforia e hiperactividad que provoca el consumo de cocaína. Los relojes dan vueltas, los días pasan y él sigue malgastando su vida. La adre-nalina del montaje recuerda a la película *Spun*, mientras la estrofa «Mi estilo de vida determina mi forma de morir» recorre el concepto de las escenas. En medio de uno de sus viajes, el protagonista cruza en rojo con su coche y choca contra una casa rodante. El videoclip no posee una narración lineal: las escenas se presentan desordenadas y el recuerdo del joven lo lleva a recrear insisten-temente el choque desde distintos ángulos. Cabe mencionar que la escena del protagonista deprimido en un sillón frente a la TV con un cigarrillo consu-miéndose es una cita de la película *The Wall*.

En contraposición, la banda toca en un depósito de chatarra, entre pilas de ramas secas, y después en un ambiente cerrado (bajo la incidencia de una fuerte luz blanca artificial). Los músicos sólo son filmados con planos detalle y prime-ros planos.

VIDEOCLIP
«THE UNNAMED FEELING»

El vídeo, dirigido por The Malloys, comienza con textos fugaces que descri-ben las emociones y psicopatologías de cada personaje: esquizofrénico, asusta-do, psicópata, negativo, ansioso y trastornado, entre otras. Los protagonistas

atraviesan diferentes situaciones límite en diferentes emplazamientos de Los Angeles (un ejecutivo atrapado en un ascensor; un empleado, hastiado de su trabajo engaña a su jefe, y un joven corre por la ciudad escapando). Mientras tanto, la banda toca en una habitación oscura, ajada y descolorida (es el primer videoclip en el que aparece Trujillo) y la poca luz proviene de candelabros. El relato se desarrolla a un ritmo frenético y en fracciones de segundo pasa de una acción a la otra. Este ritmo vertiginoso se contrarresta con cámaras lentas para acrecentar el dramatismo y los planos cortos focalizan al espectador en la tensión que atraviesa cada personaje. Los cambios de escena se realizan a través de golpes de luz. La narración se efectúa con un montaje paralelo y en algunas ocasiones se utiliza la imagen en díptico para contar diferentes historias al mismo tiempo. Los gestos y las emociones ordenan el desarrollo de las escenas. El encierro que provoca la locura y la alienación humana es perfectamente transmitido desde el montaje y desde los elementos simbólicos. El final de «The Unnamed Feeling» llega cuando los protagonistas se tranquilizan y superan el miedo que los acecha.

VIDEOCLIP
«SOME KIND OF MONSTER»

Aquí se incluyen fragmentos de conciertos y escenas del *backstage* de la grabación de *St. Anger*. Este tema, de casi nueve minutos, pasa a una versión de la mitad de su duración original (el objetivo era que el vídeo estuviera accesible a un público más amplio). Además, se incluyen modificaciones musicales que se evidencian en los arreglos de batería. Paralelamente, en la mezcla final de la canción, se le superponen diálogos y sonidos de ambientación en vivo.

En el comienzo de este videoclip dirigido por Alan Smithee, Hetfield guía al resto de la banda desde el camerino al escenario. Las preguntas inquisidoras de periodistas son respondidas mediante un silencio visceral de los músicos y, a continuación, el rugido ensordecedor de los espectadores del recital dan la bienvenida a Metallica. A mitad de «Some Kind of Monster», unos *flashback* fugaces rememoran a Mustaine, Newsted y Cliff Burton. El grupo va dejando paulatinamente su pasado de tensiones y peleas para conquistar un presente de consagración. El recorrido por las distintas etapas de Metallica aporta una estela épica al videoclip. El final llega con un saludo sincero de Hetfield a sus fans, y después los cuatro integrantes avanzan hacia el futuro.

Iconos de la MTV

En 2001, la popular cadena de vídeos estrenó *MTV Icon*, una serie de especiales anuales que homenajeó a Janet Jackson, Aerosmith y The Cure. En su penúltima edición, en 2003, Metallica fue el grupo agasajado. Su reconocimiento como icono de la cultura MTV se llevó a cabo en el Universal City de California. El festejo contó con la presencia de público, a la vez que las pantallas transmitían imágenes con la historia del grupo.

Esa noche desfilaron, además, celebridades como Rob Zombie, Lisa Marie Presley, Jim Breuer y Sean Penn, entre otros. Luego, llegaron los distintos espectáculos en vivo: Sum 41 tocó de forma seguida «For Whom the Bell Tolls», «Enter Sandman» y «Master of Puppets»; Staind interpretó «Nothing Else Matters»; Avril Lavigne, «Fuel»; Snoop Dogg, «Sad But True»; Korn, «One»; Limp Bizkit, «Welcome Home (Sanitarium)»; como cierre, Metallica se atrevió con un popurrí de viejos clásicos: «Hit the Lights», «Enter Sandman», «Blackened», «Creeping Death» y «Battery»; como bis tocó «Frantic». Ésta fue la primera aparición televisiva de Trujillo como miembro de Metallica.

La santa ira se propaga por todo el mundo

Antes de emprender sus conciertos, la banda realizó una serie de ensayos, uno de los cuales quedó inmortalizado en el DVD *St. Anger Rehearsals*, dirigido por Wayne Isham.

Un mes después de la salida del álbum *St. Anger*, el 4 de julio de 2003, Metallica finalmente comenzó una gira por Estados Unidos, Canadá e importantes festivales europeos (como el Frequency Festival, de Austria, el Rock Am See, de Alemania, y el Leeds Festival, del Reino Unido). El *tour* duró casi dos meses, y como bandas invitadas estuvieron Limp Bizkit, Linkin Park, Mudvayne y Deftones. Posteriormente, el 6 de noviembre emprendieron el St. Anger World Tour, una serie de conciertos de más de un año por escenarios de Japón, Europa, Estados Unidos y Canadá. Como grupos telonores actuaron Godsmack y Slipknot (aunque este último sólo tocó en algunas ciudades europeas).

Éstas fueron las primeras giras con Trujillo. El nuevo bajista se adaptó rápidamente a la intensa agenda. Su experiencia hizo que pronto se amoldara a la banda y a sus seguidores. Su postura era llamativa: utilizaba la correa del bajo suelta y colocaba su instrumento casi en posición vertical. Los inmensos escenarios le permitían desplazarse y realizar su clásico *headbanging* (movimiento de cabeza de adelante hacia atrás) mientras tocaba casi en cuclillas. Al mismo tiempo, Hetfield caminaba y cantaba en micrófonos alternativos que le permitían (junto a Kirk) acercarse al público. Lars, por su parte, estaba parapetado detrás de Hetfield sobre una pequeña tarima y rodeado de una pared enorme de equipos. Vertiginosamente trepaba a su batería y tocaba de pie mientras arengaba a la multitud.

La colosal producción en directo

En cada presentación del St. Anger World Tour, ya sea en estadios o pabellones, se montaron al costado y al fondo del escenario pantallas de *leds* para que los espectadores pudieran seguir cada instante del recital. Sus imponentes puestas en escena ofrecían, además, luces robóticas, fuegos artificiales, cuatro rampas y un telón de fondo con dibujos de *Scary Guy* (aquel logo creado por Hetfield en 1992 con la imagen de un punk haciendo el gesto de *fuck you*). Entre bastidores, Metallica había creado un lugar de encuentro especial para las bandas llamado el «Salón de goma». Allí podían degustar distintas comidas y bebidas, y disfrutar del *air hockey*, una mesa de ping-pong y videojuegos.

En la parte técnica, cuando Metallica actuaba en Estados Unidos, contaba con alrededor de 250 personas que trabajaban para ellos. Tenían seis equipos diferentes: una tripulación entera se dirigía a todos los espectáculos en un *jet* privado (principalmente los técnicos personales de Metallica), mientras dos equipos de escenario idénticos (conocidos como «Negro» y «Azul») recorrían todo el país.

Por último, el equipo de asistentes «Acero» era utilizado para los grandes estadios, donde llegaba pocos días antes del concierto con el objetivo de montar la estructura del *show*.

En el St. Anger World Tour, Metallica ofreció imponentes puestas en escena.

Galardones y controversias

En la primera mitad del año 2004, mientras recorrían ciudades con el St. Anger World Tour, Metallica se dedicó a cimentar su popularidad recibiendo halagos y reconocimientos. Esta etapa comenzó el 4 de febrero cuando la banda obtuvo su séptimo Grammy al coronarse en la categoría de «Mejor Interpretación de Metal» con *St. Anger* en una ceremonia realizada en el Staples Center de Los Angeles.

Al mes siguiente, el 15 de marzo en San Francisco, conquistaron el Premio de los Gobernadores por la «excelencia creativa y logros excepcionales». Estos galardones fueron entregados por la Academia Nacional de Grabación de Artes y Ciencias (un apéndice del Grammy). En este organismo se dan cita músicos, productores, ingenieros de grabación y otros profesionales del área dedicados a mejorar las condiciones culturales de la música y de sus creadores.

Ochos semanas después, Metallica alcanzó el premio ASCAP, que les entregó la Sociedad Americana de Compositores, Autores y Editores (una entidad que protege y estimula los derechos de autor de los músicos). El galardón fue a cuenta de sus «importantes logros profesionales, su curioso espíritu creativo y sus contribuciones artísticas a la comunidad».

Días más tarde, el 6 de junio, se llevó a cabo la entrega de los California Music Awards en el Frank H. Ogawa Plaza (frente al Ayuntamiento de Oakland). El grupo fue nominado en la categoría de «Mejor Banda de Heavy Metal con Base en San Francisco», «Mejor Baterista» (Lars Ulrich), «Guitarrista Extraordinario» (Kirk Hammett) y «Álbum Sobresaliente de Hard Rock» (*St. Anger*). Pero Blink-182 se quedó con este último premio y desató la controversia, ya que la banda no era de hard rock, sino de punk melódico. Mientras tanto, Kirk alzó el premio como «Guitarrista Extraordinario», aunque su protagonismo en *St. Anger* era ínfimo puesto que casi no había solos de guitarra. A muchos metaleros, el fallo les pareció excesivo y cargado de subjetividades. Kirk nunca fue un músico que deslumbró por su imaginación ni tampoco por darle una identidad a su sonido a través de los años. Los momentos de composición le resultaban casi un calvario y dejaban observar su flanco más inseguro: en varias ocasiones en las que debía incluir un solo de pocos segundos (como en *El Álbum Negro*), llegó a grabar decenas de versiones diferentes.

El metal se viste de luto

Diez días después de finalizado el St. Anger World Tour, el 8 de diciembre de 2004, Damageplan (la banda de los creadores de Pantera, Dimebag Darrell y Vinnie Paul) actuaba en un pequeño club de Ohio. Aquella noche nadie creía que el «plan dañino» se transformaría en un fatal presagio: a pocos segundos de iniciarse el concierto, un espectador —con un cuadro de esquizofrenia— desenfundó un arma y comenzó a disparar a mansalva contra el escenario y la multitud. Cinco balazos dieron en la cabeza a Dimebag Darrell, de 38 años, y le causaron la muerte de forma instantánea. La maldición del 8 de diciembre que 24 años atrás había terminado con la vida de John Lennon en manos de un fanático volvía a repetirse. El criminal, identificado como Nathan Gale, no llegó a acribillar a Vinnie Paul (su otro objetivo), ya que fue abatido por la policía minutos después.

El tiroteo dejó al público en estado de *shock*. Con el paso de los días, Darrell fue elevado a la figura de «mártir del metal», junto a Cliff Burton (ambos músicos fallecidos en trágicas circunstancias). Esta página imborrable en la historia del metal hizo recapacitar a sus máximos referentes y fue así como dejaron de lado las pequeñeces que los enfrentaban. Tal es así que su muerte tocó hasta las fibras más íntimas de Dave Mustaine, distanciado del ex-Pantera después de que éste se negara a participar en Megadeth. Y en la actuación del 2 de agosto de 2005 en el Gigantour, Mustaine interpretó junto a Dream Theater, Burton C. Bell (vocalista de Fear Factory) y Russell Allen (vocalista de Symphony X), el clásico de Pantera «Cemetery Gates» en homenaje a Dimebag en su Texas natal. Fue un homenaje especial al guitarrista, que recibió una infinidad de reconocimientos ya que fue un músico muy apreciado y respetado en la escena metalera.

Una especie de monstruo de fotogramas

Una de las pocas actividades que en 2005 tuvo atareado a Metallica fue la presentación en enero de *Some Kind of Monster*. Este material contenía la filmación de las sesiones de grabación del álbum *St. Anger*. Las cámaras grabaron cada instante del grupo en el estudio mientras afloraban las distintas fricciones entre ellos. La crudeza de sus imágenes recuerda en parte a *Let It Be*, de The Beatles. Ambas películas ofrecen esa cuota de morbo de ver la desintegración de una banda a través de la pésima relación entre sus integrantes. Sin embargo, *Some Kind of Monster* alcanza un mayor nivel de confrontación, puesto que se filmó toda la intimidad: mientras grababan, componían y se reunían para definir el

El documental *Some Kind of Monster* presenta escenas de la intimidad de la banda.

futuro del grupo. La cámara se entrometió en la vida íntima de Metallica y, sin caer en excesivos golpes bajos, ofreció una excelente radiografía de las características de cada miembro de la banda. Sin embargo, al igual que la serie *The Osbournes*, Metallica convirtió sus intimidades en un espectáculo.

En este documental se puede palpar la tensión y la displicencia que existía entre Lars y James. Para solucionar este conflicto, se contrató al reconocido psicoterapeuta Phil Towle por sugerencia de los representantes del grupo. Towle había trabajado con deportistas de éxito, por lo que conocía los grandes egos de los millonarios. Por esos días, el permanente enfrentamiento entre los dos líderes de Metallica ya era un obstáculo que traspasaba lo musical. De su buena relación dependía el futuro de mucha gente (decenas de personas del *staff* y millones de seguidores). Por consiguiente, todo el equipó colaboró para que ambos pudieran limar sus asperezas personales. Pero la timidez de Hetfield le imposibilitaba mostrar sus sentimientos (demostraba su cariño a los músicos de la banda solamente cuando estaba alcoholizado). La amistad y la hermandad que había forjado con Lars parecían entrar en un callejón sin salida.

La presencia de Towle ayudó a que ambos comenzaran a mostrar sus emociones más íntimas como nunca antes lo habían hecho. Pudieron exorcizar sus fantasmas tras 20 años de trabajar juntos.

Mientras tanto, las cámaras de Bruce Sinofsky y Joe Berlinger captaron cada uno de estos sentimientos. La filmación completa duró más de dos años y se plasmó en más de mil horas de material grabado. Tras cuarenta y cuatro días de rodaje, se notaba a los músicos hastiados y tensos. Mientras tanto, las adicciones en la banda eran una bomba a punto de estallar. En ese ambiente, Hetfield tuvo una fuerte discusión con Lars y se marchó del estudio dando un portazo. Aquél fue su último día en la primera parte de la filmación (ya que se había internado en un centro de rehabilitación para tratar sus problemas con el alcohol).

James comenzó su período de recuperación el 19 de julio del 2001. Durante su ausencia, Metallica parecía desmembrado sin su líder. Mientras Kirk y Lars se distanciaron peligrosamente, en la clínica, James intentaba salvar su matrimonio, reencontrarse con sus hijos y armar una nueva vida. Pero las semanas pasaban y se convertían en meses.

El sentimiento de desamparo e incertidumbre asfixiaba el futuro de Metallica. Finalmente James logró el alta y volvió a San Francisco tras su recuperación. Sin embargo, no se reintegró a las grabaciones. Llevó una vida familiar. Después de tanto tiempo trascurrido, ni siquiera sabía si continuaba siendo parte de Metallica. Pero sus viejos amigos y compañeros de grupo lo estaban esperando con ansias. Sorteando sus miedos, James volvió al estudio de grabación para terminar el disco. La alegría del equipo de trabajo fue inmensa al verlo nuevamente.

Jason Newsted también tiene su espacio en la película, ya que su alejamiento es una herida abierta que todavía hoy en día supura. En una escena Lars, Kirk y Bob Rock van a un concierto de Echobrain y, al finalizar la actuación, Lars, que se veía incapaz de unir a su banda, afirmó: «Jason es el futuro; Metallica es el pasado».

Sin duda, el encuentro culminante de este documental es la charla entre Dave Mustaine y Lars Ulrich. Es el momento más intenso, ya que Dave se mostraba atormentado y lleno de rencor por haber sido echado del grupo: «No sabéis lo que daría por volver atrás a esa mañana en que me despertasteis para echarme de la banda». En medio de su catarsis, Mustaine agravió a Hammett y a Metallica: «Es muy duro ver que todo lo que tocáis se convierte en oro y lo mío, no». Luego se refirió al baterista del grupo como «mi pequeño amigo danés» y recordó anécdotas de sus épocas juveniles. Lars estaba compungido y no escondió su culpa. Mientras tanto, Dave agradeció esta oportunidad de encontrarse con él, ya que la había deseado durante años.

El líder de Megadeth había dado su consentimiento por contrato para la publicación de estas imágenes, pero luego Mustaine negó su autorización. Finalmente, se incluyeron las escenas de su conversación con Lars. A esa actitud Mustaine la llamó «la traición final», ya que lo irritó la mediatización de un momento tan privado. Además, sintió que el encuentro había sido editado con el objetivo de retratarlo como el villano de la historia. Estos roces ponían en jaque su futura reconciliación con Metallica. Sólo el tiempo se encargaría de poner las cosas en su lugar.

6

2006-2013

Metallica en 2006: «Morir es fácil, vivir es lo difícil».

Metallica saca la lengua

2005 fue un año de poca actividad para la banda. Por lo tanto, en septiembre Kirk Hammett —para no perder el ritmo de los escenarios— acompañó al Flux String Quartet, una pequeña formación de guitarra clásica, viola, violín y violoncelo. Su música responde a un concepto vanguardista (influenciado por grandes compositores como Morton Feldman y John Cage). Para Kirk no era frecuente ajustarse a un lenguaje tan experimental y representaba un gran desafío en su carrera. Pero subió con decisión al bello estrado del teatro Herbst de San Francisco e improvisó con su guitarra eléctrica junto al cuarteto de cuerda.

Dos meses después, los días 13 y 15 de noviembre (tras casi un año de su última actuación), Metallica actuó en el imponente estadio de béisbol SBC Park de San Francisco. Estos conciertos oficiaron de apertura de The Rolling Stones en su gira A Bigger Bang Tour. Si bien Metallica ya no teloneaba a otras bandas, la invitación de Jagger y Richards no podía declinarse. Lars anhelaba compartir escenario con el mítico grupo (y era tal vez el último que le quedaba después de haberlo hecho con sus admirados AC/DC, Deep Purple, Guns N' Roses o Iron Maiden, entre otros). De este modo, dejaron con fruición sus largas vacaciones y se calzaron los instrumentos. Los recitales con los Stones fueron apoteósicos. Habían sido anfitriones de la banda más legendaria del rock. A Bigger Bang Tour continuó en otras ciudades, y como grupos teloneros estuvieron The Black Eyed Peas, Maroon 5, Pearl Jam, Joss Stone y Beck, entre otros.

Los músicos de Metallica son amarillos y sus manos tienen cuatro dedos

Los Simpsons es la serie animada de humor por excelencia desde hace dos décadas y media. Sus episodios tienen innumerables guiños a la cultura rock en sus historias y personajes. Así, distintos íconos han aparecido en la serie y otros tantos pusieron sus voces a disposición de esta obra maestra de Matt Groening (como Michael Jackson, Red Hot Chili Peppers, The Rolling Stones, Paul McCartney, The Ramones, The Who, REM y The Smashing Pumpkins, entre otros).

En el mundo del espectáculo se afirma que «nadie es realmente famoso hasta que no aparece en *Los Simpsons*», y Metallica alcanzó ese honor. Fue en el capítulo «El niño, el chef, la esposa y su Homer», que abrió la temporada 18. Allí, Lars, Robert, James y Kirk grabaron sus voces para esta afamada serie televisiva (estos dos últimos ya habían hecho lo propio para otros dibujos animados llamados Metalocalypse).

La escena comienza cuando Otto (el personaje más metalero de *Los Simpsons*) observa que los músicos de Metallica están arreglando su autobús de gira averiado. Inmediatamente, sale del autocar escolar que conduce para ofrecerse a llevarlos. Pero finalmente el grupo se va con el anciano Juan Topo, ya que lo consideran un verdadero fan. En la parte trasera de su camioneta, Metallica toca «Master of Puppets» y se alejan ante la mirada desconsolada de Otto.

Cuatro jinetes en la pantalla grande

El miedo que la banda tenía a mediados de los 80 de aparecer en televisión ya había sido atomizado. Después de tantas actuaciones en vivo, sus miembros adquirieron personalidades fuertes y extrovertidas: ahora disfrutaban de su despliegue mediático. Desde finales de los 90, Lars venía realizando teatralizaciones humorísticas y *happenings* en distintas actuaciones de bandas amigas. En la primera década del nuevo milenio, realizó una breve actuación en el DVD en directo de Linkin Park en Texas, en el cual apareció con un disfraz de conejo y guantes verdes mientras la banda tocaba «From the Inside». Por esos días, el mítico batería también tuvo papeles secundarios en dos películas del antropólogo metalero Sam Dunn: *Flight 666* (documental sobre la gira Somewhere Back in Time de Iron Maiden) y *Global Metal* (una continuación del exitoso film *Metal: a Headbanger Journey*). Además, irrumpió en la comedia de enredos sobre rock llamada *Get Him to the Greek* (en la que también participaron Johnny Depp y Dee Snider, entre otros).

Pero en 2006, todos los miembros de Metallica invadieron la pantalla grande, ya que desembarcaron en *The Darwin Awards: muertes de risa*. La película inmortalizaba a aquellas personas que habían fallecido de la manera más idiota; una «autoselección natural» que retomaba el concepto darwiniano de la evolución humana. En uno de estos desafíos, dos jóvenes metaleros se quedaron sin entradas para un concierto de Metallica (mientras se ven imágenes de la banda tocando «No Leaf Clover»). Al querer entrar al concierto con su camioneta, sufren un trágico accidente ante la mirada atónita de Hetfield y compañía. Uno de estos fanáticos muere y el otro sufre varias fracturas. Cuando terminó el recital, el fan convaleciente entró a los camerinos para dialogar con los cuatro músicos (que le aconsejaron dejar los excesos). Esta comedia negra, dirigida por Finn Taylor, incurría en el estereotipo hiperbolizado del metalero simple y obtuso.

Una película que parte de un planteamiento totalmente en las antípodas fue *Buscando a Lars*. Este conmovedor documental narra la experiencia de Tom Spicer, un joven discapacitado que padecía un autismo conocido como síndrome del X frágil. Con ayuda de sus hermanos (uno periodista y la otra cineasta) emprendió un viaje desde Inglaterra a Estados Unidos para conocer a su ídolo: Lars Ulrich. El documental refleja las complicaciones para lograr su cometido hasta que llega el momento más esperado en Anaheim (California).

Lars se interesó sobremanera en el caso y posteriormente estuvo en algunas de las proyecciones del film y participó en un breve coloquio con el público, como ocurrió en Méjico. Este film expresa los sentimientos y las emociones que puede generar el metal. Si bien en muchas ocasiones este género se vinculó a la incitación de la violencia y la muerte, aquí se expone un ejemplo de vida y perseverancia ante las adversidades.

Cuanto más alto estés, de más lejos caerás: contexto político

A mediados de 2007, Estados Unidos ingresaba en la recesión más larga después de la Segunda Guerra Mundial. En febrero, se alcanzó el pico de desempleo más elevado de los últimos cinco años, ya que se perdieron 63.000 puestos de trabajo. Ya en la última etapa de la presidencia de Bush, a finales de 2008, el desempleo subió hasta el 7,2%. Al mismo tiempo, la inmigración creció exponencialmente y cerca de 8 millones de inmigrantes llegaron al país del norte entre 2000 y 2005. Casi la mitad lo había hecho de manera ilegal. Nuevamente se culpó al inmigrante de los problemas del país, por lo que Bush reforzó la seguridad fronteriza en el norte de Méjico y desplegó a 6.000 agentes del orden.

En septiembre de 2008, la crisis alcanzó sus cotas más altas. Norteamérica surcaba su peor crisis financiera desde la Gran Depresión. Dos meses después, más de 500.000 personas perdieron su fuente de trabajo: la mayor tasa de desocupación en Estados Unidos en 34 años. En los últimos cuatro meses de 2008, se generaron 1,9 millones de nuevos desempleados y, a finales de aquel año, las cifras alcanzaron un total de 2,6 millones. La situación económica y social era alarmante.

Ser o no ser Metallica

En el año 2007, se editó el libro *Metallica y la filosofía*. Si bien resultaba extraña la conexión de mundos que a simple vista eran tan opuestos, la simbiosis entre estos campos estaba absolutamente justificada. El texto incluía trabajos del profesor en filosofía William Irwin, que anteriormente había sido miembro de la Milicia Metálica. Sus capítulos articulaban los postulados de Nietzsche, Aristóteles, Marx, Kierkegaard y… Metallica. A pesar de que Hetfield no era un ávido lector, en sus letras abordaba infinidades de reflexiones sobre el ser humano. En los versos de «Metal Militia» sostenía que «Somos como uno solo porque somos lo mismo» (…) «Únete o sé conquistado, es la ley de esta tierra»; mientras que en «Battery» pregonaba: «Los débiles son destrozados y arrastrados lejos (…) Rompiendo las fronteras/La locura me encontró». Sin duda, su mirada inquieta e incisiva tenía la profundidad de un filósofo. Es por ello que el libro hacía hincapié en sus canciones para apuntalar tópicos como la libertad, la verdad, la moral, la justicia, la identidad, el existencialismo, las encrucijadas de la vida, la metafísica, la relación mente-cuerpo y los víncu-los humanos. Como material de análisis, Irwin también utilizó el documental *Some Kind of Monster*, por su carácter testimonial cercano a una terapia televi-sada. El éxito de este trabajo hizo que el autor editara en 2013 otra joya: *Black Sabbath y la filosofía*.

Son sólo las bestias debajo de tu cama

Lars se había divorciado de Satenstein en marzo de 2004 tras un matrimonio de seis años. Durante ese período, ella fue muy deseada por el actor y produc-tor Matt Damon (excompañero suyo de la universidad), motivo por el que odiaba a Lars por habérsela arrebatado. Por esos días, las drogas y el alcohol todavía causaban estragos en Metallica. El batería atravesaba un agudo pro-blema con las adicciones y, después de la rehabilitación de James Hetfield, comenzó a limpiarse. Para eso, contó con la ayuda incondicional de su nueva esposa, la actriz danesa Connie Nielsen. Asimismo, fue de vital importancia la figura de Noel Gallagher: la voluntad y el compromiso del exlíder de Oasis para alejarse de la cocaína fue el ejemplo que Lars siguió para abandonar esta fuerte dependencia. Si bien Ulrich se declaró adicto, nunca pasó por una insaciable abstinencia ni tampoco se encerró durante días enteros a drogarse o a abandonarse en su casa. Noel y Lars habían librado una dura contienda contra la droga y esto los hermanaba. Tanto él como Kirk Hammett tenían una gran admiración por la música de Oasis: el baterista y creador de Metallica defendió a la banda de Manchester en su rivalidad contra Blur y declaró que Noel Gallagher era el mejor cantante de rock. De hecho, Oasis era el grupo con el que Lars tenía mayores ansias de tocar con su proyecto que él tenía como solista (ya que además admiraba al batería de Oasis, Jeremy Stacey).

Pero el encuentro entre Noel y Lars no fue el soñado. Una noche, Lars fue a verlos tocar en vivo. Al finalizar, le recriminó a su líder el hecho de que ellos mismos afinaran sus guitarras. Les sugirió que contrataran personal técnico para ese trabajo, ya que entre los temas quedaban intervalos muy prolongados. A Noel esta intromisión no le cayó en gracia y se lo hizo saber de manera poco cordial. Luego, este último increpó al músico danés por ocuparse de la pira-

James Hetfield tuvo que superar diversos tratamientos por su adicción al alcohol y a las drogas, al igual que Lars Ulrich.

tería cuando él y otras grandes figuras del rock (como Keith Richards y Paul McCartney) habían obtenido millones de dólares con sus canciones. Pero a pesar de estos altercados, Lars y Noel trabaron una fuerte amistad con el paso del tiempo.

Por su parte, James Hetfield había concluido con excelentes resultados su tratamiento contra las drogas. Y el 12 de mayo de 2006 fue homenajeado por la MusiCares MAP Foundation (organismo instaurado por la Academia Nacional de Grabación de Artes y Ciencias con el objetivo de ofrecer a los músicos un espacio de apoyo en épocas de crisis financiera, personal o médica). Esta fundación ayudó a Hetfield en el período de recuperación de sus adicciones. En la ceremonia, llevada a cabo en el teatro Henry Fonda de Los Angeles, James fue distinguido con el premio Stevie Ray Vaughan y se emocionó frente al micrófono. Pidió un minuto de silencio para aquellos que «no pudieron hacerlo y no están aquí con nosotros» y luego agregó: «¿Quién necesita las drogas y el alcohol si tiene a Tom Waits?». Posteriormente expresó que «morir es fácil, vivir es lo difícil». En el cierre de su discurso, agradeció a sus compañeros de banda, a su familia y al productor Bob Rock por su constante apoyo. También subrayó la importancia de la película *Some Kind of Monster*: «Creo que la película ayudó a algunas personas, ya que descorrió el velo del mito de "sexo, drogas y rock and roll". ¡Qué horrible! Es un mito. La música es la mejor droga en todo el maldito mundo. Me conmueve como ninguna otra».

Esta distinción culminó con un conjunto de notables artistas que honró a James Hetfield. Junto a él subieron al escenario Robert Trujillo; Jason Mraz; Tom Waits; Jerry Cantrell y Sean Kinney, de Alice in Chains; Black Rebel Motorcycle Club, y Velvet Revolver (incluido Slash). Luego, éstos homenajearon al líder de Metallica con una versión del clásico de Pink Floyd «Wish You Were Here». Los dividendos del concierto fueron destinados a la MusiCares MAP Foundation para que siga ayudando a músicos en situaciones críticas.

Cerrada esta página, aquellos días en los que Metallica era conocida como «Alcoholica» por su gusto exacerbado por los excesos parecían haber quedado sepultados en un pasado muy lejano.

Voy a crearte, sacudirte y agarrarte

Si bien Metallica se destacó siempre por su estrecho vínculo con los fans, es cierto que habitualmente a los músicos no les gusta que sus admiradores los atosiguen en su vida privada. Sin ir más lejos, en 2007, durante la visita de James Hetfield y Lars Ulrich al País Vasco, hubo un pequeño incidente cuando fueron al museo Guggenheim.

Un grupo de admiradores, al reconocerlos, se dirigió de inmediato hacia ellos. Pero uno se acercó más de la cuenta a James Hetfield y le tocó el hombro para que el guitarrista se diera la vuelta y de este modo pudiera tomarle una fotografía. Sin embargo, no contó con la reacción desmedida de James, que se giró y le espetó un «*Don't touch me!!!*» y le dio un empujón tan fuerte al joven seguidor que casi lo arroja al suelo. James realizó el resto del recorrido por el museo a paso rápido y ya nadie se le quiso acercar. Mientras tanto, Lars firmaba autógrafos y se sacaba fotos con los fans. Pocos minutos después, James recapacitó y se arrepintió de su comportamiento. Quiso pedir disculpas al joven, pero ya era tarde. El muchacho ya se había retirado con un recuerdo amargo. El temperamento de James no es fácil, si no se le sabe tratar. Lars lo había vaticinado en *Some Kind of Monster*.

Otra situación violenta tuvo como protagonista a Hetfield en su estancia en Uruguay en 2011. El cantante fue denunciado ante la policía local por agredir a reporteros gráficos que quisieron fotografiarlo. Gastón Renis, de la revista *Hola*, manifestó que el líder de Metallica le arrojó piedras. El incidente tuvo lugar mientras el músico pasaba las fiestas en la localidad de José Ignacio y al parecer estaba tomando un helado, cuando se percató de la presencia de los *paparazzi* y su reacción dejó como saldo varias abolladuras en los vehículos de los fotógrafos.

El monstruo se escapa nuevamente del estudio

El 13 de marzo de 2006, la banda impulsora del heavy metal, Black Sabbath, ingresó al Rock & Roll Hall of Fame. La ceremonia (retransmitida por el canal de música VH1) se llevó a cabo en el Madison Square Garden de Nueva York, y Metallica ofició de gran anfitrión; Lars y James leyeron algunas líneas alusivas y luego tocaron junto a Kirk y Robert los clásicos «Hole in the Sky» y «Iron Man». La emoción y el nerviosismo de James al tener a sus héroes observándolo desde la platea le jugó nuevamente una mala pasada, y su voz desafinó en algunas notas.

Cinco días después, Metallica se embarcó en un nuevo Escape from the Studio 06, en paralelo a la finalización de su noveno álbum, *Death Magnetic*. Eran sus primeros conciertos después de telonear a The Rolling Stones el noviembre anterior. El cartel promocional era un *collage* que incluía el nombre «Metallica» compuesto por partes de cada uno de sus discos: La «M» era de *Ride the Lightning*; la «E», de *Garage Inc.*; la «T», de *Load*; la primera «A», de *... And Justice for All*; la primera «L», de *Live Shit: Binge & Purge*; la segunda «L», del *single One* y de una sudadera de la época de *...And Justice for All*; la «I», del video en vivo *Cunning Stunts*; la «C», de *Kill 'Em All*, y la segunda «A», de *St. Anger*.

Este concepto estético tenía como objetivo ilustrar que el repertorio de estos conciertos repasaba todos los álbumes de la banda. Abajo se incluyó el nombre de la gira con la fecha actualizada (estaba tachado el 95 y al lado decía 06).

En esta serie de actuaciones, que se alargaron cinco meses, Metallica de nuevo adelantó parte del material que conformaría su próximo disco. La canción de adelanto fue «The New Song» y se presentó en Inglaterra, Alemania, Holanda e Italia.

En Tokio, estrenaron «The Other New Song», que también fue tocada en Osaka (Japón) y Corea del Sur. Este último tema fue ubicado en un lugar de privilegio de la lista, ya que era una de las dos canciones elegidas para el segundo bis. A diferencia de «The New Song», ésta era mucho más rápida y su aire punk recordaba a The Misfits.

Este Escape from the Studio 06 coincidió con el vigésimo aniversario del álbum *Master of Puppets*. Así que Metallica celebró en varias ocasiones aquel inspirado trabajo interpretándolo íntegramente (como en el memorable concierto del 10 de junio en el Download Festival de Donington). Este magnífico álbum también fue homenajeado por la prestigiosa revista *Kerrang!*, que por esos días editó el recopilatorio *Remastered*, en el que participaron ocho grandes bandas, entre ellas Machine Head y Trivium.

El monstruo vive

Para calmar las ansias de miles de seguidores, en diciembre de 2006 (pocas semanas después del nacimiento de Angel Ray Keala Hammett, primer hijo de Kirk) la banda lanzó el DVD *Metallica: The videos 1989-2005*, que incluía todos los videoclips realizados hasta la fecha (21 en total) y *2 of One*, que había sido editado en 1989 únicamente en formato VHS. También se incluyeron el vídeo de «Mama Said», que no se había editado en Estados Unidos y Canadá, y una versión muy especial de «The Unforgiven», junto con el tráiler de *Some Kind of Monster*. El contenido del DVD es el siguiente:

DVD
METALLICA: THE VIDEOS 1989-2005

«One»	«Enter Sandman»	«The Unforgiven»
«Nothing Else Matters»	«Wherever I May Roam»	«Sad But True»
«Until It Sleeps»	«Hero of the Day»	«Mama Said»
«King Nothing»	«The Memory Remains»	«The Unforgiven II»
«Fuel»	«Turn the Page» (Seger)	«Whiskey in the Jar»
«No Leaf Clover»	«I Disappear»	«St. Anger»
«Frantic»	«The Unnamed Feeling»	«Some Kind of Monster»

2 of One: Introduction

«One» (Jammin' Version)   «The Unforgiven» (Theatrical Version)

Some Kind of Monster (Film Trailer)

Por esos días también se editó el álbum séxtuple *The Bridge Collection Vol 1*, un recopilatorio con las grabaciones realizadas a beneficio de The Bridge School (una institución liderada por Neil Young que ayuda a niños con discapacidades motrices y oratorias). En este disco fueron incluidas las versiones acústicas de «Fade to Black» y «The Four Horsemen» (grabadas en octubre de 1997 en el Shoreline Ampitheatre). Este material también contó con la participación de Patti Smith, Red Hot Chili Peppers, REM, Lou Reed, Pearl Jam y Eddie Vedder, entre otros grandes artistas. Los temas se podían comprar a través de i-Tunes y el dinero recaudado fue destinado a The Bridge School.

Ya en 2007, Metallica grabó una versión muy personal del clásico «The Ecstasy of Gold», canción con la que históricamente iniciaban sus conciertos. Este tema formó parte del álbum de tributo a su compositor titulado *We All Love Ennio Morricone*, en el que también colaboraron Celine Dion, Roger Waters, Bruce Springsteen, Andrea Bocelli y Herbie Hancock, entre otros. El grupo liderado por Hetfield recibió por este trabajo una nominación al Grammy en la categoría «Mejor Interpretación de Rock».

A mediados de año, concretamente el 28 de junio, Metallica realizó la gira Sick of the Studio 07 (en español, hastiados del estudio 07), que los llevó por distintas ciudades de Europa. Las primeras actuaciones fueron en festivales imponentes: Super Bock Super Rock, en Portugal; Bilbao Live Festival, en España —País Vasco—; Rock Werchter Festival, en Bélgica, y Rockwave Festival, en Grecia.

Luego, la gira continuó en grandes estadios del norte de Europa y de Rusia. En cada uno de estos conciertos, los fans tenían la potestad de elegir la lista de temas («The Other New Song» fue elegida para ser interpretada en Bilbao y ¡¡¡volvieron a tocar «…And Justice for All» después de 18 años!!!). Como era de esperar, los temas más votados eran principalmente canciones de los primeros discos. El 7 de julio tocaron en el Live Earth y, cinco días después, en Aarhus (Dinamarca). Allí le hicieron saber a Lars que era profeta en su tierra.

Durante los cuatro meses que duró la gira Sick of the Studio 07 Metallica contó con grandes teloneros que iban intercalándose en distintas ciudades. Así, por ejemplo, actuaron Joe Satriani, Stone Sour y Mastodon, Incubus, Biok, Werchter, Interpol y The Kooks, entre otras bandas. La gira finalizó en Mountain View (California), con los conciertos del 27 y 28 de octubre a beneficio de The Bridge School, diez años después de un concierto mítico. En esta oportunidad, Metallica tocó versiones sorprendentes, como fue el caso de «Only Happy When It Rains », de Garbage; «Brother in Arms», de Dire Straits; «Please Don't Judas Me», de Nazareth; el clásico «Turn the Page», de Bob Seger; «Veteran of the Psychic Wars», de Blue Öyster Cult, y «I Just Want to Celebrate», de Rare Earth. Estos memorables conciertos de ocho canciones acústicas se cerraron en ambas noche con la balada «Nothing Else Matters».

Es hora de desenvainar la espada: el lado político de Metallica

La presencia de la banda en el festival Live Earth fue llamativa y polémica a la vez. El evento tenía como premisa concienciar a la población sobre el calentamiento global, pero entre los organizadores se encontraba el exvicepresidente de Estados Unidos, Al Gore (involucrado en la censura al heavy metal a finales de los 80). Metallica aceptó la invitación; tenían ganas de tocar en vivo y se esperaba la presencia de miles de espectadores. Pero a la banda nunca le gustó hablar de política ni mezclarla con su música. Por lo que después de aceptar el compromiso con Live Earth, se arrepintieron por la abrupta decisión y creyeron conveniente sopesarlo más detenidamente si se terciaba otra ocasión como aquella.

A pesar de que sus integrantes consideran que Metallica es una de las bandas menos politizadas del planeta, su postura contra Napster, sus conciertos a beneficio de The Bridge School y otras actividades representan acciones políticas (al igual que el hecho de hacer música). En sus letras, Metallica siempre

Lars Ulrich jamás ha ocultado su tendendencia política de carácter progresista. De hecho, es el miembro de la banda más comprometido con la causa demócrata.

optó por unificar a la gente antes que dividirla. El mensaje político se puede apreciar fielmente en la fuerte crítica social de sus primeros discos, aunque no enaltecen ningún partido político en concreto. Incluso, en la canción que abre el disco *...And Justice for All*, «Blackened», se alude a la muerte de la Madre Tierra: «No queda nada por matar/Nunca antes visto/Respirar, nunca más (...) Tierra ampollada/La verdadera muerte de la vida». Estos versos se relacionan con la ecología y el cuidado del medio ambiente. Mientras tanto, «One» y «Disposable Heroes» proponen una mirada crítica de las guerras.

Pero estas temáticas no fecundaron en la banda, ya que sus cuatro integrantes poseen personalidades radicalmente opuestas entre sí: Kirk es vegetariano, practica yoga todos los días y tiene una ideología cercana al socialismo; James representa todo lo contrario; Lars es de Dinamarca y es muy liberal; Robert está afiliado al Partido Demócrata.

Por lo tanto, en el seno de la banda existen opiniones políticas de las más diversas y los músicos prefieren dejar estas fricciones al margen a fin de no interrumpir el desarrollo musical. Sin embargo, a todos los integrantes de Metallica les preocupa la humanidad y su desenlace.

En el año 2008, James Hetfield se quejó por el uso de su música en la prisión de Guantánamo y quiso desligarse de esos fines macabros pidiendo expresamente al ejército estadounidense que no utilizara su música en interrogatorios, torturas u otros asedios contra la integridad de los detenidos. No obstante, en el homenaje a Metallica en el MTV Icon de 2003, y mientras se programaban la guerra contra Irak, subieron al escenario marines del ejército norteamericano que habían participado en la ocupación. Allí fueron presentados como héroes nacionales, pero su presencia buscaba lavar la imagen de una guerra sin sentido producto de una campaña de propaganda partidista. Desde la platea, el primero que recibió de pie a estos soldados y aplaudió fervientemente fue Hetfield.

Sin duda, la posición política del cantante de Metallica era la más conservadora dentro del grupo (entre otras cosas, simpatiza con los republicanos). Al mismo tiempo, cabe recordar que en 1991 la letra de «Don't Tread on Me» manifestaba su sentimiento de extremo patriotismo.

Ulrich y Bill Clinton

Por su parte, Lars Ulrich estaba ideológicamente en las antípodas de James, ya que se había criado dentro de una familia que le brindó una apertura mental. Sin embargo, hizo donaciones a los senadores demócratas Barbara Boxer y John Edwards. En 2004, se identificó con la gira Vote for Change, en la que Bruce Springsteen prevenía a la población sobre Bush. A renglón seguido, Lars se presentó en el programa televisivo *Democracy* y respondió diez preguntas sobre coyuntura política en las que dejó entrever claramente varias de sus ideas. Eligió como un hipotético «presidente del mundo» a Bill Clinton, ya que lo consideró la persona más inteligente y sostuvo que los procesos dictatoriales nunca fueron positivos. Pese a su interés en esta materia, el baterista de Metallica jamás votó en su vida, ya que llegó a EE. UU. a los 17 años y para poder votar o bien regresaba a Dinamarca, o bien se convertía en ciudadano estadounidense.

Por su parte, el silencioso Kirk Hammett renunció a su habitual tranquilidad para repudiar fervientemente a George W. Bush: «Creo que tiene las manos llenas de sangre». El guitarrista fue breve y contundente.

Además, en noviembre de 2008, comenzó una nueva página en la historia política de los Estados Unidos. Tras los erráticos gobiernos de los distintos presidentes republicanos (el último eslabón fue Bush), se produjo la victoria del demócrata Barack Obama: un afroamericano finalmente llegaba al cargo más poderoso en EE. UU. Durante su campaña Yes We Can, utilizó la canción «Will.I.Am», de The Black Eyed Peas, y fue acompañado por el pianista Herbie Hancock y por Scarlett Johansson, entre otros.

Sin duda, la llegada de Obama a la Casa Blanca contó con el apoyo de gran cantidad de artistas (como Madonna, Jennifer Lopez, Dave Grohl, Garbage, Lemmy Kilmister, Alejandro Sanz y Maná). Estos artistas veían en Obama un factor de cambio para dejar atrás la pésima imagen que EE. UU. se granjeó durante años.

No obstante, con el paso del tiempo los giros substanciales en el gobierno nunca terminaron de llegar. Las tropas estadounidenses continuaron en Irak y Afganistán, aunque sus ataques mermaron drásticamente. Asimismo, la intervención militar sobre Libia, la violación de los derechos humanos en la cárcel ilegal de Guantánamo y el asesinato de Osama Bin Laden agudizaron la escasa reputación del mandato de Obama (que ni siquiera pudo revertirse con la obtención del Premio Nobel de la Paz).

Por consiguiente, algunos artistas se mostraron desilusionados: Roger Waters manifestó que esperaba un presidente de EE. UU. con «más cojones»; por su parte, Pearl Jam, REM y Trent Reznor (Nine Inch Nails) formaron parte de una campaña nacional para clausurar Guantánamo. Reznor incluso amenazó con iniciar acciones legales si utilizaban su música como método de tortura en aquella cárcel.

No obstante, el líder demócrata fue nuevamente elegido en 2012 por el voto popular y recibió el respaldo de Lady Gaga, Scarlett Johansson y del actor George Clooney. Otro que brindó su apoyo fue Cliff Burnstein, mánager de Metallica y responsable de las giras de la banda a través de la productora Q Prime. Burnstein, donante habitual del partido demócrata, aportó cien mil dólares para la campaña de reelección de Obama.

Los caminos de este presidente con el metal también se cruzaron a raíz de la polémica que se desató cuando el ex-Metallica Dave Mustaine puso en tela de juicio la nacionalidad norteamericana de Obama. Lo que nunca imaginó el guitarrista fue su virulenta respuesta: «¿Así que Dave Mustaine tiene dudas sobre mí? Yo también tengo dudas sobre él. ¿Cómo podemos saber si él participó realmente en las canciones de los discos *Kill 'Em All* y *Ride the Lightning*? No lo vi escribir esas canciones, ¿alguien lo vio? No estoy cuestionando esto pero… sé que él no escribió esos *riffs*». En aquella declaración, el jefe de Estado expresaba abiertamente su pericia y su fanatismo por el heavy metal. Pero sus manifestaciones despertaron la ira de Mustaine, quien lo responsabilizó de las masacres con armas de fuego que por esos días se desataron en Estados Unidos. Nuevamente, la política y el metal entraban en fricción y saltaron las chispas.

Arrastrarse fuera de su piel

Antes de editar su nuevo trabajo, Metallica se tomó otro descanso del estudio y emprendió el European Vacation Tour. Esta serie de conciertos comenzó el 14 de mayo de 2008 (y una semana después nació Bryce Thadeus Ulrich-Nielsen, el tercer hijo de Lars) y culminó el 24 de agosto de ese mismo año. La gira se componía de seis conciertos en Estados Unidos y tres circuitos europeos, con una total de veinte *shows*. El 9 de agosto, actuaron en el mítico Ozzfest, en Texas. Allí compartieron cartel con Ozzy Osbourne y como teloneros actuaron Jonathan Davis (cantante de Korn), Serj Tankian (vocalista de System of a Down) y Apocalyptica (banda de metal sinfónico influenciada por Metallica). En aquella ocasión, el grupo dirigido por Hetfield y Ulrich presentó «Cyanide», canción que formaría parte de su próximo álbum. Dos semanas después, en el Leeds Festival del Reino Unido, estrenaron un nuevo tema titulado «The Day That Never Comes».

Una vez finalizado el European Vacation Tour, Metallica emprendió un recorrido televisivo para promocionar *Death Magnetic*. De este modo, la banda tocó el 16 de septiembre en el popular *Later...with Jools Holland*, de la BBC (ya habían tocado allí en 1992) y un mes después asaltaron los televisores franceses a través de *Taratata* (programa al que asistieron cientos de seguidores). En ambos casos, interpretaron los dos temas nuevos y «Enter Sandman». Un día después de esta última actuación, el 16 de octubre, el grupo asistió a la ceremonia de los Premios MTV Latinoamérica (llevada a cabo en Méjico) y nuevamente tocaron su flamante tema «The Day That Never Comes».

El regreso al disco de thrash metal

Death Magnetic fue compuesto entre marzo y septiembre de 2006 (y en medio de este proceso, nació Vincenzo Kainalu Hammett, segundo hijo de Kirk). La reclusión de Metallica en el estudio dio sus frutos y, a un mes de comenzar, ya tenían seis canciones terminadas. Además, la banda contaba con más de cincuenta horas de grabación, que incluían *riffs*, líneas de bajo y armonías. A diferencia de la etapa de *St. Anger*, la relación entre ellos se desenvolvió en un

A diferencia de Bob Rock (con el que
habían trabajado durante casi veinte
años), el nuevo productor contratado
por Metallica, Rick Rubin. tenía una
metodología de trabajo radicalmente
opuesta: ejercía poca presión sobre
la banda y pregonaba la libertad
creativa.

clima amistoso y distendido en el que componían prolíficamente entre dos y
tres temas por semana.

Tal vez el principal motivo de esta fructífera cosecha fue el alejamiento del
polémico productor Bob Rock (con el que habían trabajado durante casi veinte años). Metallica quería probar nuevas combinaciones de sonidos y, en su lugar, llegó el veterano Rick Rubin. Su metodología de trabajo era radicalmente
opuesta: ejercía poca presión sobre la banda y pregonaba la libertad creativa.
De este modo, se retornaba al esquema de producción anterior a la llegada de
Bob. De hecho, Rubin sólo encaró la grabación del álbum una vez que todas
las canciones quedaron completamente terminadas. Quería que Metallica ingresara al estudio con los temas ya cerrados y ensayados. Esto atomizaba la
inspiración que eventualmente podría surgir a último momento, como en *St.
Anger*. Rubin creía que los músicos debían tocar con plena consciencia y dejar
de lado la improvisación.

Este nuevo productor trabajó con temperamento y sinceridad junto a la
banda. Cuando no le satisfacía algo, lo exponía llanamente. Quería obtener
la esencia primaria de Metallica. Por lo tanto, les hacía componer distintas
versiones de cada tema. Luego les daba su opinión y les explicaba aquello que
necesitaban corregir. Rubin fue fundamental para que la banda volviera a encontrar ese viejo fuego que seguía ardiendo.

Lars y James apuntalaron el concepto del productor y siguieron su dirección sonora. En la parte musical, los remontó a la estética de *Master of Puppets* y les hizo rememorar las emociones por las que atravesaban en aquellos días. Ése fue tal vez el mayor desafío que les tocó afrontar: no podían volver al pasado después de haber transitado por tantas y tan variadas experiencias. Al mismo tiempo, les planteó que debían hacer su mejor producción y que sus canciones debían impresionar al público. Justamente esta banda siempre se destacó por tomar el sendero de la experimentación y la renovación, a diferencia de grandes baluartes como AC/DC y The Rolling Stones (que últimamente editan álbumes en los que se imitan a sí mismos).

Durante el proceso de creación de este nuevo álbum, Kirk Hammett llevó una fotografía de Layne Staley, el líder de Alice in Chains que falleció por sobredosis. Si bien James no había tenido la oportunidad de conocer en detalle a Layne Staley, a través de Jerry Cantrell —guitarrista de Alice in Chains y gran amigo de Metallica—, había profundizado bastante sobre él. Sin embargo, nunca comprendió cómo alguien con el talento de Staley eligió ese trágico final para su vida.

La imagen estuvo en el estudio durante un tiempo e inspiró a Hetfield para escribir varias letras sobre los mártires del rock. James comenzó a imaginar la muerte como una especie de imán: algunas personas se sentían atraídas mientras que otras se asustaban y se alejaban. De ahí el nombre del álbum, *Death Magnetic* (también se barajó la posibilidad de llamarlo «canciones de suicidio y perdón»).

Fue así como en la portada del álbum aparecía la imagen de un sarcófago bajo tierra, a modo de una representación más que elocuente.

Una vez concluidas estas composiciones inspiradas en el exvocalista de Alice in Chains, la grabación de *Death Magnetic* comenzó en abril de 2007 y culminó trece meses después. Para su grabación se utilizaron tres estudios diferentes: el Sound City, en Van Nuys (Los Angeles); los Shangri La Studios, en Malibú, y el HQ, en San Rafael (California). De aquellas extensas sesiones se incluyeron diez canciones, aunque varias quedaron fuera por falta de espacio.

Con este nuevo álbum, Metallica buscaba captar el interés del seguidor de antaño pero sin perder evolución. Ya había pasado la época de *Load*, en la que dejaron al margen de cualquier decisión a Jason Newsted y Kirk Hammett. Ahora todo volvía a ser como antes: Rick Rubin y la «mano de hierro» de Ulrich-Hetfield guiaban el desarrollo de las canciones. Por consiguiente, *Death Magnetic* no iba a ser la segunda parte de su antecesor, *St. Anger*.

Death Magnetic: un futuro con guiños al pasado

Tras cuatro largos años sin editar material nuevo, el 12 de septiembre de 2008 la banda lanzó su duodécimo álbum. A pocos días de su salida, el disco se convirtió en un éxito de ventas acompañado por excelentes críticas en los medios especializados. Metallica se había convertido en la primera banda en lograr que cinco discos consecutivos debutaran en el puesto 1 de *Billboard*, superando así a The Beatles, U2 y Dave Matthews Band. No obstante, ¿hubiese sido posible realizar *Death Magnetic* sin pasar por *St. Anger*? Esta vuelta a los orígenes fue una respuesta a los exiguos resultados de su álbum anterior.

El disco retoma el sonido original y primitivo de Metallica: una continuación de ...*And Justice for All* y *Master of Puppets*. La guitarra fue el eje central de las canciones y Kirk Hammett ganó en notoriedad después de haber relegado su protagonismo en *St. Anger*. Sin duda, el tándem Ulrich-Hetfield manejó nuevamente los hilos sobre el papel de cada integrante. Al respecto, en *Death Magnetic* el bajo de Robert Trujillo no adquirió significancia (la historia se repetía, ya que lo mismo le ocurrió a Newsted en su primer disco junto a Metallica). Sin embargo, *Death Magnetic* era el disco más furioso y potente de sus últimos veinte años. Aquí Metallica recobró el entusiasmo perdido y se alejó de las modas efímeras.

Rick Rubin encontró en la banda un sonido fresco que no restaba lugar a la experiencia propia de la edad. Renovados y clásicos, pero nunca viejos, Metallica parecía gritar «somos grandes, tocamos fuerte y hacemos rock como nadie». Rubin había logrado este mismo resultado positivo con estrellas como Neil Diamond y Johnny Cash.

Con una carrera de veinticinco años, *Death Magnetic* puso de manifiesto que los grandes siempre vuelven, cuando tienen pasión y deseos de reverdecer los laureles. A continuación, aparecen los temas del álbum, compuestos por los cuatro miembros de la banda en su totalidad.

DEATH MAGNETIC

1- «That Was Just Your Life», 7:08

2- «The End of the Line», 7:52

3- «Broken, Beat & Scarred», 6:25

4- «The Day That Never Comes», 7:56

5- «All Nightmare Long», 7:57

6- «Cyanide», 6:39

7- «The Unforgiven III», 7:46

8- «The Judas Kiss», 8:00

9- «Suicide & Redemption», 9:58

10- «My Apocalypse», 5: Berlin Magnetic 01

Sencillos

1- *The Day That Never Comes*

- Sencillo EE. UU.: «The Day That Never Comes» - «No Remorse» (Live)

2- *All Nightmare Long*

- Sencillo internacional 1: «All Nightmare Long» - «Wherever I
May Roam» (Live) - «Master of Puppets» (Live)

- Sencillo internacional 2: «All Nightmare Long» - «Blackened»
(Live) - «Seek & Destroy» (Live)

- Sencillo internacional 3: «All Nightmare Long» - *Berlin Magnetic* (Documentary) —Vídeo— *Rock Im
Park «Container»* —Vídeo—

- EP japonés: «All Nightmare Long» - «Wherever I May Roam» (Live) - «Master of Puppets» (Live) -
«Blackened» (Live) - «Seek & Destroy» (Live)

- *Maxi Single* australiano: «All Nightmare Long» - «Master of Puppets» (Live) - «Blackened» (Live) -
«Seek & Destroy» (Live)

3- *Broken, Beat & Scarred*

- Sencillo internacional 1: «Broken, Beat & Scarred» - «Broken, Beat & Scarred» (Live) - «The End of
the Line» (Live)

- Sencillo internacional 2: «Broken, Beat & Scarred» - «Stone Cold Crazy» (Live) - «Of Wolf & Man»
(Live)

- Sencillo internacional 3: «Broken, Beat & Scarred» (Vídeo) - «The Day That Never Comes» (Vídeo) -
«Death Magnetic» EPK / Promo Reel

- *Maxi Single* australiano: «Broken, Beat & Scarred» - «Broken, Beat & Scarred» (Live) - «The End of the
Line» (Live) - «Stone Cold Crazy» (Live) - «Of Wolf & Man» (Live)

Otra falta de magnetismo con sus fans

La publicación de *Death Magnetic* fue acompañada de diversas objeciones sobre la calidad del audio. La mezcla había dejado un sonido roto y saturado que
se percibía al subir demasiado los decibelios. Este contratiempo se produjo
como consecuencia de la «guerra del volumen», un formato de compresión
de audio diseñado para que la música suene lo más fuerte posible a riesgo
de reducir su definición y su rango dinámico (diferencia de decibelios). Estas

carencias se apreciaban en el bombo, el redoble y en algunos pasajes de la guitarra. Ante estas lagunas, 16.000 fans ingleses solicitaron que el álbum fuera remezclado y remasterizado de nuevo, al tiempo que amenazaron con devolver el disco a las tiendas.

El responsable fue Rubin, encargado de supervisar las mezclas en Los Angeles: mientras la banda estaba de gira, se comunicaban con él a través de teleconferencias. Estos problemas no se presentaban en la versión del *Guitar Hero*, ya que ese álbum fue enviado a los encargados del juego antes de ser mezclado.

Pese al revuelo que se generó, ni Metallica ni el productor emitieron opiniones al respecto. Quien sí se explayó fue Cliff Burnstein, uno de los mánagers de la banda, quien minimizó el asunto y las reclamaciones de los fans. Por su parte, el ingeniero de masterización de *Death Magnetic*, Ted Jensen, buscó escurrir las responsabilidades que recaían sobre sus espaldas. Sin embargo, son los propios artistas quienes en varias ocasiones insisten en eliminar los distintos planos sonoros de cada canción. Las sutilezas toman el mismo protagonismo que un solo de guitarra, lo que da lugar a «la fatiga del oído».

En último término, la respuesta de los músicos de Metallica llegó y el encargado de realizar las declaraciones fue lógicamente Lars, quien también se desligó de las responsabilidades del caso. El batería afirmó que dicho control se lo habían otorgado a Rubin y que, en definitiva, la banda estaba conforme con el producto final. Por último, instó a sus seguidores a que dejaran de reclamar y a que no firmaran la petición para que *Death Magnetic* fuera remezclado.

Death Magnetic: momentos más destacados y curiosidades

La apertura del disco llega con «That Was Just Your Life». Su introducción ofrece el resonante latido de un corazón que da pie al suave arpegio de guitarra. Luego, la banda arremete con su sonido originario, sin que esto represente un estancamiento. El tema continúa la mirada de «Blackened» sobre la lucha por la preservación de la vida. Sin duda, la elección de esta pieza para comenzar el álbum fue más que acertada.

La segunda canción de *Death Magnetic* es «The End of the Line». Su letra gira en torno a la autodestrucción de una estrella de rock a través de las drogas. Claramente se alude (incluso desde el título) al consumo insaciable y enfermizo de cocaína. El *riff* principal pertenece a «The New Song» (ya que los temas que se adelantaron en el Escape from the Studio 06 no fueron incluidos en su totalidad, pero varias partes de ellos sí que fueron utilizados en este álbum). Kirk Hammett se encontraba en su mejor momento. Sus arreglos eran originales, creativos y cargados de musicalidad. Al mismo tiempo, manejaba perfectamente la tensión y el sosiego mediante los distintos pedales de efectos.

«Broken, Beat & Scarred» es el tercer tema del disco. Su nombre fue motivo de discusión: James sostenía que era muy largo y Lars no compartía su postura. Estos versos reflejan un enfrentamiento y la experiencia de haber pasado por esa contienda (esto puede aludir a Napster, Jason Newsted o incluso a las fisuras internas de la banda). Aquí se retoma la idea de caer, levantarse, luchar y, pese a todo, seguir adelante. ¿Acaso este axioma no forma parte del decálogo de Metallica? La voz punzante de James (acompañada por los coros de Robert) aporta brillo al tema, mientras que la frase final «Somos persistentes» resuena como un grito de batalla.

La siguiente composición es «The Day That Never Comes», una *power ballad* cuyos versos conjugan el resentimiento y el perdón en la relación entre padre e hijo. Se expresa un juego de palabras entre *sun* (sol) y *son* (hijo): «Te paras a sentir el calor, pero el sol nunca llega. El amor es una palabra de cuatro letras y nunca se menciona aquí». La lírica encarna el dolor de una persona que creció lejos de la figura paterna. Aquí nuevamente se exhibe el vínculo inconcluso entre Hetfield y su padre.

En la parte musical de «The Day That Never Comes» se destaca la sinergia entre las guitarras. Los tres últimos minutos instrumentales dotan de potencia a esta balada, que sin embargo no alcanza la calidad de «One» o «Fade to Black».

«All Nightmare Long» es la quinta pieza de *Death Magnetic* y una de las más inspiradas. Aquí se concreta la petición de Rubin de revisar sus primeros álbumes. Por lo tanto, al igual que en «The Thing That Should Not Be» y «The Call of Ktulu» —basados en relatos de H.P. Lovecraft—, «All Nightmare Long» también retoma un texto; en este caso fue *Los sabuesos de Tíndalos*. Aquí estas criaturas malignas llegan desde el pasado y atacan a los humanos por sorpresa. El clima de persecución es palpable («Cazándote sin misericordia/ cazándote en toda la pesadilla/siéntenos respirar sobre tu cara/siente como nos movemos, cada movimiento que trazamos»). Metallica ideó parte de estos versos en base a distintos ataques oníricos que padecía Trujillo. El estribillo es un sobrante de las sesiones de *St. Anger*, y también se incluyeron los últimos compases de «The New Song». Las guitarras desarrollan aquí un notable trabajo y se complementan con fluidez junto al bajo, mientras la batería vuelve al pulso tradicional de los primero discos.

De izquierda a derecha, Robert Trujillo, Kirk Hammett, James Hetfield y Lars Ulrich en una foto de promoción del álbum *Death Magnetic*, en 2008.

Con su clásico *wah wah*, Hammett da el puntapié inicial de «Cyanide». Este tema es una especie de Frankestein —como describió Hetfield en el proceso de creación de *Some Kind of Monster*—. En «Cyanide» predomina el sonido de la primera etapa y después gira hacia la etapa *Load/Re-Load*. La canción cuenta con cambios muy drásticos a lo largo de sus 6:39 minutos de duración y se percibe un poco más la presencia del bajo de Trujillo. Como dato curioso, cabe mencionar que los primeros golpeos de Lars sobre su batería significan en clave morse S.O.S. «Cyanide» hace referencia a la muerte, aunque con dos acepciones: el suicidio y el aborto. Al primero se lo menciona sin ningún eufemismo («Oh, ¡di su nombre! Suicidio, ya he muerto/No eres más que el funeral que he estado esperando por cianuro, muertos vivientes dentro/Romper ese cascarón vacío para siempre/Espera, espera pacientemente las alas negras»); mientras que el segundo caso aflora en la tapa del sencillo de esta canción, en la que aparece la ecografía de un bebé. Por su parte, la letra también ofrece varias referencias al aborto: «Duerme, y sueña con este beso Ángel de la Muerte/trae felicidad definitiva. Ven, ¡créanme!». Aquí se alude al médico cirujano («Ángel de la Muerte») y su «beso» es el pinchazo del aborto; «Romper ese cascarón vacío para siempre» se refiere al saco amniótico que rodea al bebé en su vida intrauterina; y la frase «Año tras año, vida tras vida» deja entender que no es el primer aborto de esta mujer. En sus versos, la rabia de ese niño se mezcla con la resignación, previamente a que aniquilen su vida y sin haber conocido este mundo.

«The Unforgiven III» cierra la trilogía de Metallica (anteriormente apareció en *El Álbum Negro* y en *Re-Load*). Ahora, el comienzo es con un piano interpretado por Hetfield. El tema lleva un tempo lento con la omisión del corno habitual y del clásico verso del estribillo («Lo que sentí, lo que supe/ Nunca libre, nunca yo/Entonces os nombro sin perdón».) Hetfield quedó muy conforme con el resultado, por lo que se convirtió en una de sus canciones predilectas. Su melodía vocal aquí recuerda a bandas como Oasis.

La octava pieza de *Death Magnetic* es «The Judas Kiss». Este poderoso título evoca la traición del apóstol Judas Iscariote a Jesús, pero también remite al dolor ante la tentación del mal. Esto lo ejemplifican a través de los líderes del mundo y del atentado contra las Torres Gemelas («Susurro pensamientos en tu mente/Viendo las torres golpear el suelo/Atraídos sus hijos que nunca encuentra/ayuda a sus reyes a abusar de su corona/En el corazón del hombre débil/planta la semilla de mi propio plan/Los fuertes y los poderosos caerán»).

El álbum continúa con una composición instrumental, cuyo formato no se incluía desde *…And Justice for All*, en 1987. Con «Suicide & Redemption» los seguidores de la banda no pudieron evitar rememorar los tiempos pretéritos. Sus arreglos son inspirados aunque no poseen la originalidad ni la elaboración de «Orion». La expresividad del solo de guitarra ejecutado en mitad de la canción fue lo que cristalizó el título: su melodía manifiesta un sentimiento de tristeza y culmina con uno de libertad.

El disco concluye con «My Apocalypse», una excelente composición que eleva aún más el nivel de este duodécimo álbum. Aquí se retorna al thrash metal y se profundiza la búsqueda de los apoteósicos «Metal Militia», «Damage, Inc» y «The Struggle Within». Los versos describen el fin del mundo; el exterminio y la aniquilación adquieren protagonismo en medio de un panorama desolador («Veo a través de la piel, los huesos, todos cascabel/Futuro y pasado, están en desacuerdo/la carne se cae, los huesos se rompen/empiezo a ver mi final»).

«My Apocalypse» pone punto final a un disco que devolvió a Metallica al lugar de privilegio al que siempre perteneció. De este modo, la banda regresaba con un álbum de enorme calidad y estaba dispuesta a seguir dando caña para mantenerse en lo más alto del metal.

VIDEOCLIP
«THE DAY THAT NEVER COMES»

Al igual que en «One», este videoclip posee una temática bélica. Sin embargo, aquí se muestra un lado más humano: un grupo de soldados norteamericanos combate en un frente de batalla en Afganistán; uno de ellos cae herido y es asistido por sus compañeros. Posteriormente, se encuentran con un vehículo averiado y una pareja islámica en su interior, lo que genera una situación tensa y dramática, ya que los soldados están a punto de acribillarlos. Pero la mujer con turbante les pide ayuda; ellos acceden y arreglan el automóvil de la familia. Este final propone una metáfora de anhelo de paz y del fin de las hostilidades. La banda, al igual que ocurre en otros videoclips, aparece tocando en ese mismo escenario mientras cae el atardecer.

Este trabajo fue dirigido por Thomas Vinterberg, uno de los ideólogos del movimiento Dogma 95 dentro del cine. Sin duda, la interpretación que Vinterberg realizó de «The Day That Never Comes» es completamente subjetiva. Pero a pesar de que se alejó de la idea original de la canción, su creatividad pudo brindar otro significado a la brillante letra.

VIDEOCLIP
«ALL NIGHTMARE LONG»

Es un breve documental realizado en technicolor y en animación. Su concepto parte del realismo soviético y su estética recurre a la ciencia ficción y el terror. El guión y la dirección del videoclip fueron a cargo de Roboshobo (Robert Schober), quien narra «El evento de Tunguska», una enigmática explosión de un cometa que se desplomó hace un siglo en las proximidades del río Podka-

mennaya, en los bosques siberianos de Rusia.

Las imágenes de «All Nightmare Long» (en español, «Una pesadilla entera») reflejan un experimento cientificomilitar en el que extrae de aquel cometa un polvo con esporas. Al aplicarlo sobre humanos y animales, regeneraba las células muertas y en algunos casos producía mutaciones. Por esos días se desarrollaba la Guerra Fría entre el capitalismo y el comunismo. En medio de esos combates, se tomó una muestra de un espécimen cuyo implante provocaba actitudes agresivas y violentas. Y fue así como los soviéticos lo utilizaron como un arma: sobrevolaron el cielo de EE. UU. con un globo aerostático y dispersaron ese polvo dañino sobre todo el país. Rápidamente los muertos revivieron y la sociedad fue dominada por una plaga de zombis asesinos. El país entró en caos y la Unión Soviética envió ayuda con la condición de que Estados Unidos quedara bajo su mandato. Luego, la URSS aplicó este mismo plan sobre todo el mundo y así dominó el planeta.

Sin duda, la creatividad de Roboshobo en el guión es la clave de este videoclip. Pero la idea original que se barajó fue una producción íntegramente animada, cuya historia giraba en torno a la Primera Guerra Mundial con aeronaves, virus alienígenas, máquinas y cadáveres. Pero ya que «The Day That Never Comes» tenía un contenido bélico, consideraron prudente distanciarse de ese tópico y virar hacia otro género. Al mismo tiempo, los casi nueve minutos de «All Nightmare Long» brindaron la posibilidad de articular distintos lenguajes visuales y desarrollar así este relato vibrante.

Únete o sé conquistado

2009 fue un año de reconocimientos importantes. Ya el 8 de febrero, en los premios Grammy, Metallica fue nominada en las categorías de «Mejor Álbum de Rock» (*Death Magnetic*), «Mejor Canción Instrumental de Rock («Suicide & Redemption»), «Mejor Interpretación de Metal» («My Apocalypse») y «Mejor Box Set y Diseño de la Carátula». La banda se hizo acreedora de estos dos últimos galardones.

Dos meses después, el grupo ingresó al Rock & Roll Hall of Fame. Pero estos honores dispararon nuevamente la controversia, ya que los organizadores utilizaban criterios muy subjetivos de selección. Por tal motivo, grupos como Sex Pistols se habían negado a ser homenajeados y se refirieron a este museo como «una mancha de pis». Ciertamente que el rock sea exhibido de esta manera representaba una contradicción a sus principios: mientras que la raíz contracultural del rock tiene como eje el rechazo de los patrones impuestos, estos espacios atesoran lo pretérito y lo aceptado socialmente como artístico y bello. Por su parte, el heavy metal, considerado pocos años atrás una música repulsiva y satánica, ahora formaban parte de la tradición. Sin duda, este museo cristalizaba el lecho de muerte de la rebeldía rockera.

Sin embargo, Metallica asistió con deleite a esta ceremonia del Rock & Roll Hall of Fame, que se llevó a cabo en el imponente recinto situado a orillas del lago Erie, en Ohio (Estados Unidos). Allí se repasó la historia del grupo a través de imágenes y, en las escenas que apareció Cliff Burton, el público trinaba. Posteriormente, el anfitrión de la noche, Flea (uno de los mejores bajistas de la actualidad y miembro de Red Hot Chili Peppers) subió al estrado para felicitar a la banda con su camiseta de Metallica. Sus evocaciones de Cliff conmovieron a los músicos de la banda (impecablemente vestidos de traje y corbata y sentados junto a sus padres, esposas e hijos).

Uno de los pasajes más emocionantes de la ceremonia fue cuando el padre de Cliff subió al escenario a decir unas palabras, las cuales conmovieron hasta hacer llorar a la madre del histórico bajista, al padre de Lars (Torben Ulrich), a Hammett y a Hetfield.

Hacia el final del evento, James sugirió a los organizadores del Rock & Roll Hall of Fame hacer mención de las principales influencias de Metallica. La extensa lista incluyó a Deep Purple, Rush, Thin Lizzy, Kiss, Ted Nugent, Alice Cooper, Iron Maiden, Judas Priest y Motörhead. Luego, Hetfield agradeció a Lars por «compartir su sueño de pertenecer a la banda de heavy metal más grande del mundo». Ambos se estrecharon en un abrazo emotivo y eterno. Fue el momento más conmovedor de la ceremonia. Habían pasado muchas peleas, pero ahí estaban, aún enteros y con ganas de continuar.

Posteriormente se dio paso a la parte musical y la banda interpretó los clásicos «Masters of Puppets» y «Enter Sandman» con dos bajistas en escena: Robert Trujillo y ¡Jason Newsted! Su presencia junto a Metallica provocó la sorpresa de todos los presentes tras su polémica salida. La reunión con Newsted trajo gratos recuerdos, y desde el escenario se palpaba un deseo genuino de compartir aquel reconocimiento tan importante con el exbajista. La interpretación vocal de Hetfield estuvo guiada por la emoción del momento y desafinó en algunas notas altas.

Sin embargo, fueron dos versiones memorables de estos temas. Para el cierre, se sumaron Joe Perry (guitarrista de Aerosmith), Flea y leyendas de la talla de Ron Wood, Jimmy Page y Jeff Beck. Todos juntos tocaron «Train Kept a Rollin'», de Aerosmith. Fue sin duda una velada gloriosa en la carrera del grupo. Nuevamente Metallica volvía a sorprender a sus seguidores con un *show* épico.

Retromanía

Seis meses después, el 30 de octubre en el Madison Square Garden de Nueva York, la banda participó en los festejos del 25 aniversario del Rock & Roll Hall of Fame. Para la ocasión Metallica ofreció un impecable *show* que empezó con «For Whom the Bell Tolls», «One» y «Turn the Page». Luego, invitaron al escenario a varios de los cantantes más influyentes de los 60. El primero fue Lou Reed. Junto a él tocaron «Sweet Jane» y «White Light/White Heat», de su legendaria banda The Velvet Underground. Acto seguido, tomó el micrófono Ozzy Osbourne y en compañía del Príncipe de las Tinieblas rindieron tributo a Black Sabbath con «Iron Man» y «Paranoid». El último invitado fue Ray Davies, mítico líder de la banda británica The Kinks, grupo del cual interpretaron «You Really Got Me» y «All Day and All of the Night».

El *show* finalizó con «Stone Cold Crazy», de Queen, y «Enter Sandman». De este modo, Metallica escribía otra página célebre en su historia. Esta imborrable actuación en el Madison Square Garden fue sin duda la noche más *vintage* de la banda.

Magnetismo mundial

Paralelamente a estos homenajes, la banda emprendió el 17 de octubre de 2008 el World Magnetic Tour en la ciudad de San Francisco. La gira se extendió durante más de dos años y, en ese gran periplo, recorrieron Estados Unidos, Canadá y casi la totalidad de Europa: Inglaterra, Bélgica, Suecia, Escocia, Holanda, Francia, Portugal, España (Barcelona y Madrid), Suiza, Dinamarca, Finlandia, Irlanda, Rusia, Polonia, Grecia, Turquía, Austria, Alemania, Noruega e Italia, entre otros países.

A continuación realizaron una serie de conciertos en Méjico tras más diez años sin haber pisado suelo azteca. Aquellos recitales, celebrados los días 4, 6 y 7 de junio en el estadio Foro Sol, formaron parte del CD, DVD y Blu-ray titulado *Orgullo, Pasión y Gloria: tres noches en la Ciudad de México*, que salió a la venta el 30 de noviembre de 2009 después de haber estado una década sin editar material visual en directo —concretamente desde *S&M*—. Tres días después, se publicó en Europa *Français Pour Une Nuit*, una grabación realizada el 7 de julio en el Festival de Nimes (Francia). Este trabajo también fue publicado en CD, DVD y Blu-ray, e incluía como material extra un pequeño libro, fotos y una camiseta. Aquel concierto en Francia fue el primero en el que James utilizó su micrófono vocal Shure 55sh Serie II Vintage (inmortalizado por Elvis Presley).

El 19 de enero de 2010, el World Magnetic Tour se adentró en Latinoamérica: Metallica actuó en Perú, Argentina (Buenos Aires y Córdoba), Chile, Brasil, Costa Rica, Guatemala, Panamá, Colombia, Venezuela y nuevamente Méjico, para finalizar aquel tramo de la gira en Puerto Rico, el 14 de marzo de 2010. Era la primera vez que la banda de Hetfield ofrecía un recital en aquel país, ya que iban a hacerlo el 28 de abril de 1993, pero ese día se desató una tormenta de gran magnitud que obligó a la suspensión del concierto.

En septiembre, tocaron en Oceanía, en Japón y, el 4 de noviembre, volvieron a Estados Unidos para actuar en el Hangar 8 de la fuerza aérea de Santa Monica, con motivo de las celebraciones por el lanzamiento del videojuego *Call of Duty: Black Ops*. Aquel evento tenía como finalidad ayudar a los veteranos de guerra. Tras este breve paréntesis, Metallica volvió a Australia para realizar las últimas ocho actuaciones del World Magnetic Tour, que finalizó el 21 de noviembre de 2010.

Aquélla había sido la gira más exitosa de Metallica: recaudaron alrededor de 217,2 millones de dólares y saltaron al puesto 17 entre los espectáculos más taquilleros de todos los tiempos (sólo en los cuatro conciertos en el Acer Arena de Sidney, Australia, recaudaron más de 10 millones de dólares).

Foto promocional de la gira World Magnetic Tour.

Sofía unió al thrash

La gira de «los cuatro grandes del thrash metal» fue la concreción de un deseo que los amantes del género tuvieron durante años. Y la emoción se desató cuando en el marco del Festival Sonisphere —un evento itinerante celebrado en Europa—, el 22 de junio de 2010 en Sofía (Bulgaria), ¡por primera vez Megadeth, Metallica, Anthrax y Slayer tocaron juntos en el mismo escenario! Se había registrado un precedente seis días antes cuando ese mismo festival pasó por Varsovia (Polonia). Después de tantos enfrentamientos y fricciones entre ellos, llegó el momento esperado, momento que ocurrió antes de que Metallica finalizara su concierto en Sofía, cuando los músicos de las otras tres bandas subieron y todos juntos interpretaron el clásico de Diamond Head «Am I Evil?». Las voces estuvieron a cargo de James Hetfield, Dave Mustaine y Joey Belladonna. El líder de Megadeth no había compartido un escenario con sus excompañeros de Metallica desde el 9 de abril de 1983 (fecha en la que había ofrecido su último concierto junto a ellos).

Este concierto fue conocido como «The Big Four: Live from Sofia, Bulgaria» y se dio en el marco de una gira. El esperado encuentro fue transmitido vía satélite para todo el mundo y llegó a 450 salas de cine en Estados Unidos y a 350 de Europa, Canadá y América Latina. Posteriormente, el 2 de noviembre se editó una caja con dos DVD y cinco CD que incluían las actuaciones completas de las cuatro bandas y el momento épico durante la interpretación de «Am I Evil?». La gira se prolongó hasta septiembre de 2011 con un éxito arrollador.

Estas cuatro grandes bandas del thrash no sólo habían sido fundamentales para renovar el heavy metal y darle una nueva impronta, sino que también consiguieron actualizar sus propuestas musicales.

Una nueva década con nuevo material

Mientras Metallica daba los últimos pasos de su extenso World Magnetic Tour, el 17 de abril de 2010, la banda editó un *single* junto a Black Sabbath con dos caras A. Allí se incluía «Frantic» (UNKLE Remix) y una versión de «Paranoid» con una letra alternativa. Este material tuvo una edición limitada de mil copias, que se pusieron a la venta en tiendas alternativas del Reino Unido.

Posteriormente, entre septiembre y noviembre de ese año —y coincidiendo con la conclusión de su gira— la banda lanzó tres EP con grabaciones en vivo.

El objetivo de estos álbumes era transmitir el sonido de Metallica durante los últimos años mediante una calidad de audio acorde a la del grupo.

El primero de estos discos llevó como título *Six Feet Down Under* y fue editado el 10 de septiembre. Esta producción contenía fragmentos de conciertos realizados entre los años 1989 y 2004. Las canciones fueron las siguientes:

SIX FEET DOWN UNDER

1- «Eye of the Beholder» (Live) - 4 de mayo 1989, Festival Hall, Melbourne, Australia

2- «...And Justice for All» (Live) - 4 de mayo 1989, Festival Hall, Melbourne, Australia

3- «Through the Never» (Live) - 8 de abril 1993, Entertainment Centre, Perth Australia

4- «The Unforgiven» (Live) - 4 de abril 1993, Centro Nacional de Tenis, Melbourne, Australia

5- «Low Man's Lyric» (Live, version acústica) – 11 de abril 1998, Entertainment Centre, Perth Australia

6- «Devil's Dance» (Live) - 12 de abril 1998, Entertainment Centre, Perth Australia

7- «Frantic» (Live) - 21 de enero 2004, Entertainment Centre, Sydney Australia (Grabado y mezclado por Mike Gillies)

8- «Fight Fire With Fire» (Live) - 19 de enero 2004, Entertainment Centre, Brisbane, Australia - (Grabado y mezclado por Mike Gillies)

El segundo EP fue *Six Feet Down Under, Part 2* y se lanzó el 15 de noviembre con temas interpretados en el año 2010:

SIX FEET DOWN UNDER, PART 2

1- «Blackened» (Live) - 16 de octubre 2010, Brisbane Entertainment Centre, Brisbane, Australia

2- «Ride the Lightning» (Live) - 14 de octubre 2010, Vector Arena, Auckland, Nueva Zelanda

3- «The Four Horsemen» (Live) - 18 de septiembre 2010, Acer Arena, Sydney, Australia

4- «Welcome Home (Sanitarium)» (Live) - 15 de septiembre 2010, Rod Laver Arena, Melbourne, Australia

5- «Master of Puppets» (Live) - 16 de octubre 2010, Brisbane Entertainment Centre, Brisbane, Australia

6- «...And Justice for All» (Live) - 18 de octubre 2010, Brisbane Entertainment Centre, Brisbane, Australia

7- **«Fade to Black» (Live)** - 18 de septiembre 2010, Acer Arena, Sydney, Australia

8- **«Damage, Inc» (Live)** - 22 de septiembre 2010, Arena CBS Canterbury, Christchurch, Nueva Zelanda

El último de esta serie de EP fue *Live at Grimey's*, editado el 26 de noviembre con canciones tomadas del concierto en Grimey's, Nashville, el 12 de junio de 2008:

LIVE AT GRIMEY'S

1- «No Remorse» (Live)

2- «Fuel» (Live)

3- «Harvester of Sorrow» (Live)

4- «Welcome Home» (Sanitarium) (Live)

5- «For Whom the Bell Tolls» (Live)

6- «The Frayed Ends of Sanity "Jam"» (Live)

7- «Master of Puppets» (Live)

8- «Sad But True» (Live)

9- «Motorbreath» (Live)

10- «Seek & Destroy» (Live)

La primera década del siglo XXI se había disipado sin dejar ninguna renovación sonora dentro de la cultura rock. Fue una década vacía y sin brillo en la que no surgieron nuevos estandartes. Sin embargo, Metallica rejuvenecía sus raíces y atravesaba un presente maravilloso y lleno de apetencias.

Tachas y cuero

A comienzos de 2011, se realizó un merecido homenaje a uno de los mayores iconos del metal: Lemmy Kilmister, líder de Motörhead. Este documental llamado *Lemmy: 49% Motherfucker, 51% Son of a Bitch* (en español, «49% hijo de puta y 51% hijo de una puta») contó con la participación de Metallica, seguidores de Motörhead y grandes amigos de Lemmy.

Las historias jugosas junto a este carismático cantante componen los mejores pasajes de este film (en el cual también participa Dave Grohl). La película recopila, además, ensayos, parte de un recital en Nashville y su cumpleaños número 50, en el que Metallica interpretó un pequeño set de Motörhead vestidos como Lemmy.

Meses después, en octubre, se editó en CD y DVD el *The Bridge School - 25th Anniversary*. Allí se reprodujeron los conciertos benéficos que Neil Young organizó con el objetivo de ayudar a niños con graves discapacidades físicas y comunicacionales. El material lo firmaban auténticos iconos como Patti Smith, Pearl Jam, David Bowie, Bob Dylan, Paul McCartney, The Who y Tom Petty. Entre estas estrellas, Metallica brilló con su versión acústica de «Disposable Heroes».

La frustración de *Lulu*: el controvertido álbum con Lou Reed

En el 25 aniversario del Rock & Roll Hall of Fame (celebrado en 2009) Metallica había compartido escenario con uno de los grandes iconos del rock: Lou Reed. En aquella ocasión, el solista quedó muy impresionado con la banda (quienes sentían verdadera devoción por la obra del compositor). Después del concierto, el ex-The Velvet Underground les propuso hacer un álbum conjunto, pero Metallica creía que simplemente eran palabras cordiales que se dicen después de una buena noche. Sin embargo, la propuesta iba en serio; Lou se acordó de lo dicho y más adelante los llamó para grabar juntos. El proyecto «Loutallica» (como se lo conoció en principio) era algo concreto.

El disco se basó en la obra de teatro *Lulú*, de 1937, realizada por Frank Wedekind. La historia giraba en torno a la vida de una bailarina víctima de abusos sexuales. Lou Reed buscaba así propagar la idea de su anterior producción, *The Raven*, de 2003 (en la que musicalizaba y narraba cuentos y poemas de Edgar Allan Poe). El solista escribió las letras desde la óptica de la protagonista (Lulu) y del médico que se casó con ella. Para el poeta, fue sin duda un gran desafío introducirse en la mente de estas personas.

Las letras de *Lulu* escritas por Reed conmovieron a James y Lars por su potencia descriptiva. El grupo se sintió conforme y con la libertad suficiente para trabajar la música sin ninguna restricción. La dupla compositiva de Metallica comenzó a darle forma al sonido a través de guitarras acústicas. Sin duda, este método era nuevo para Metallica: por lo general la banda escribía las letras al final, ya que le daban protagonismo a la música. Con Lou Reed el trabajo era al revés. Las letras ya estaban realizadas. Era la primera vez que Metallica hacía un disco a dúo y cedía parte de su composición.

La siguiente etapa fue caótica y el sueño de hacer un disco junto al solista se transformó en una pesadilla. La grabación comenzó en abril de 2011 en los estudios HQ de San Rafael (California) y durante dos meses se desarrolló en

Con Lou Reed durante la grabación de *Lulu*, en 2011.

un clima tenso. Entre discusiones incluso ¡¡¡Lou Reed desafió a Lars Ulrich a salir a pelear en la calle!!! Pero Lars no quiso aceptar el duelo: el veterano cantante era experto en artes marciales y solía llevar consigo una espada; el batería se veía en clara desventaja. El conflicto se había desencadenado cuando Ulrich expresó una opinión sobre política internacional que despertó la ira del neoyorquino.

Pese a estas disputas, ambas partes se llevaron un grato recuerdo y quedaron conformes con el resultado de la producción. Lou Reed destacó de Metallica su valentía para trabajar con él, ya que sabía que no era una persona fácil de tratar (y vaya sí tenía razón). Consideraba que era su obra más lograda y que la había llevado a cabo con el mejor grupo que podía encontrar.

Pese a las palabras elogiosas que sus autores propinaron sobre *Lulu*, este álbum doble (editado el 31 de octubre de 2011) tuvo más sombras que luces. La impronta del solista marcó a fuego las canciones, ya que su forma de recitar iba a contramano del frenesí musical de Metallica. Su rango vocal limitado y la disolución casi total de la estructura de «estrofa-puente-estribillo» se tradujeron en un trabajo poco brillante. Las formas lineales en la composición no pudieron ser salvadas ni siquiera por el aporte de cellos, violas, violines y sonidos electrónicos.

Lulu fue producido por los propios músicos, por Tim Buckley (con quien el compositor ya había trabajado) y por Greg Fidelman (reconocido por su trabajo junto a Slayer, Red Hot Chili Peppers, Marilyn Manson, Slipknot y System of a Down). Fidelman, además, fue el ingeniero de sonido y el encargado de mezclar el disco.

Cuando el estruendo de la crítica comenzó a subir de volumen, Metallica salió a desligarse de responsabilidades afirmando que *Lulu* era un álbum de Lou Reed, ya que él había compuesto todas las letras. Los temas del doble disco son los siguientes:

LULU

Disco uno	Disco dos
1- «Brandenburg Gate», 4:19	7- «Frustration», 8:34
2- «The View», 5:17	8- «Little Dog», 8.01
3- «Pumping Blood», 7:24	9- «Dragon», 11:08
4- «Mistress Dread», 6:51	10- «Junior Dad», 19:29
5- «Iced Honey», 4:36	
6- «Cheat on Me», 11:26	

LOU REED & METALLICA

Lulu: momentos más destacados y curiosidades

El disco empieza con «Brandenburg Gate». La introducción trae la voz cansina de Lou Reed acompañada de guitarras acústicas. Luego Metallica arremete con un sonido infernal, pero los forzados coros de Hetfield y la manera apresurada de narrar de Reed conforman una composición inconexa.

La segunda pieza es «The View», uno de los pocos momentos en los que se traza una sinergia y la música realza la poética característica del neoyorquino. La voz de Hetfield es oportuna y reaviva la canción en el momento justo.

En «Pumping Blood» los cortes violentos y bruscos de Metallica no se conjugan con el relato sosegado del solista ni con los arreglos de cuerdas experimentales. La batería busca tomar protagonismo y así resta lugar a la voz líder (los mismos traspiés se suceden en «Frustration»).

El cuarto tema de *Lulu* es «Mistress Dread», una pieza cercana al noise rock y a bandas como Lightning Bolt. Esta composición es amorfa y repetitiva.

El álbum continúa con «Iced Honey», una canción de medio tempo con *riffs* que se ajustan a la estética del poeta. Mientras tanto, un Hetfield un tanto timorato aporta sus coros con tibieza.

Por su parte, los primeros compases de «Cheat on Me» retoman una línea introspectiva y mántrica con sutiles efectos, arpegios y una melodía de un *continuum* tocada por Lou Reed. Es el tema con los mejores arreglos y está preparado para que el poeta brille, pero los coros guturales y toscos de James —repitiendo hasta el hartazgo la frase «¿por qué me engañas?»— rompen el clima y adquieren mayor protagonismo que la voz líder.

«Little Dog» es el octavo tema de *Lulu*. Su tempo lento es guiado por suaves acordes de guitarra acústica, por la voz susurrante del neoyorquino y por las estiradas (*bendings*, en inglés) y ligados de la guitarra eléctrica. La progresión del tema es apacible, pero su lentitud se torna monótona.

El anteúltimo tema es «Dragon», cuyo sonido se acerca al metal experimental y progresivo. Su atmosfera es densa y oscura debido a la afinación baja de las guitarras y los pedales de efectos. Pero sus once minutos de duración no ofrecen un desenlace compositivo y «Dragon» se torna redundante (sobre todo en los arreglos de batería).

Lulu finaliza con la canción «Junior Dad», un tema de casi veinte minutos. La primera vez que James y Kirk escucharon esta canción estaban en el estudio y se les cayeron algunas lágrimas: el guitarrista acababa de perder a su padre pocas semanas antes. Tuvo que salir corriendo a llorar a la cocina. Pocos segundos después entró James. ¡Él también estaba llorando! La poesía de Lou Reed los había conmovido. Después, el solista entró en la cocina y sonrió con complicidad. Sabía que sus versos habían tocado las fibras más íntimas de los músicos de Metallica. La letra era fuerte y reflejaba la añoranza de un padre y el miedo que causaba su presencia. Las infancias de Kirk y James estuvieron cargadas de ausencias y maltratos paternos. Uno de los versos de «Junior Dad» dice: «Mi padre muerto/tiene el motor y él está conduciendo hacia/la isla de las almas perdidas». En esta canción, Lou intenta imponer su poética sobre la música, pero sólo consigue disgregarse del acompañamiento. Al mismo tiempo, las partes instrumentales con arreglos de cuerdas carecen de altura creativa.

VIDEOCLIP
«THE VIEW»

La dirección estuvo a cargo del cineasta Darren Aronofsky, reconocido en la cultura rock por su genial obra *Réquiem*

por un sueño. Para Ulrich trabajar con Aronofsky fue una enorme satisfacción, ya que era un fanático de sus películas.

En el videoclip de «The View», este director grabó —en blanco y negro— un ensayo en San Francisco. Su estética es un guiño al nombre de la canción (que en castellano significa «la visión»). Por lo tanto, aquí Aronofsky quiso reproducir una atmósfera psicodélica, onírica y oscura. Este concepto ya era utilizado por Lou Reed en los 60, cuando en The Velvet Undergound coordinaba las proyecciones en vivo junto a Andy Warhol. De manera similar, en «The View», Aronofsky utiliza el fuera de foco, desajustes en el lente de la cámara y otros trucos ópticos. Lou Reed se frota los ojos como queriendo ver con nitidez, pero los rostros aparecen duplicados, distorsionados y difusos, como una sensación de un estado alterado de consciencia. La cámara se desplaza y compone planos cerrados que insinúan detalles de la fisonomía de los músicos. Al mismo tiempo, el director sitúa una fuerte luz que incide de lleno sobre los protagonistas y juega hábilmente con el contraluz y el claroscuro.

Lulu: buscar y destruir

El álbum doble junto a Lou Reed planteaba desafíos interesantes, pero los resultados en líneas generales fueron desafortunados. Los temas eran lánguidos y carecían de musicalidad, armonía y matices. Por lo tanto, hacían de *Lulu* un disco áspero en su escucha.

Para aquellos seguidores que después de tantos años esperaban que el grupo se acercara al metal o al thrash la decepción fue mayúscula. La propuesta del grupo era cercana al noise rock y a la música experimental. *Lulu* tenía influencias del *Metal Machine Music*, álbum editado por Lou Reed en 1975. Pero el contraste entre la cadencia lenta de su voz y el vigor de Metallica era abismal. Ambas partes estaban completamente disociadas. La templanza de Lou para recitar quedaba en segundo plano y se extraviaba en una maraña de sonido. Por otro lado, los arreglos instrumentales eran extensos y sin desarrollo.

Metallica era irreconocible. Tan sólo el hecho de pensar en un disco del grupo en que no hubiera la voz de Hetfield resultaba irrisorio, pero aquí había ocurrido: en muy pocas canciones intervenía el vocalista y, si lo hacía, era únicamente para encargarse de los coros. En definitiva, habían compuesto una banda de sonido con un concepto de *avant-garde* para una obra de teatro.

La indignación entre un sector radicalizado de fans de Metallica se hizo sentir. Creían que la colaboración del neoyorquino en *Lulu* había sido el detonante de este nuevo traspié del grupo. La ira de estos seguidores alcanzó límites impensados y hasta amenazaron a Lou Reed con dispararle con un arma de fuego. Sin duda, la acogida del disco no fue óptima: *Lulu* debutó en el puesto 36 de *Billboard* y vendió 13.000 ejemplares en su primera semana. Las ventas de este período fueron las más bajas en la historia de Metallica. Mientras tanto, en Inglaterra durante ese espacio de tiempo, tan sólo se vendieron 6.000 discos. Sin embargo, transcurridas dos semanas, el álbum terminó alcanzando las 100.000 copias en todo el mundo.

Lars Ulrich y James Hetfield no se sorprendieron por las críticas negativas: desde sus inicios habían sido transgresores. La actitud de Metallica de «extender sus alas y probar algo nuevo» atomizando los planteamientos conservadores del rock siempre les había generado rechazo. Por su parte, Lou Reed sostuvo que *Lulu* era «para gente alfabetizada», declaraciones que todavía avivaron aún más la polémica.

Tres décadas pateando culos

En 2011, Metallica cumplió 30 años de vida. La celebración estuvo compuesta por una serie de conciertos realizados los días 5, 7, 9 y 10 de diciembre en el auditorio The Fillmore, de San Francisco. A estos *shows* sólo podían asistir miembros del club de fans de Metallica (MetClub) mediante el pago del módico precio de 6 dólares por cada concierto o de 19,81 dólares por un *pack* por las cuatro noches. El primero de esta serie de conciertos se celebró el 5 de diciembre. En él Metallica compartió escenario con el grupo de metal sinfónico Apocalyptica, con integrantes de Diamond Head y Saxon, y con el guitarrista sustituto de Hetfield y «quinto miembro» de la banda: John Marshall. El momento más emocionante de la primera noche llegó cuando en «Harvester of Sorrow» y «Damage, Inc» apareció Jason Newsted (su presencia también se repitió en las jornadas restantes). El cierre del concierto se consumó con el clásico «Seek & Destroy». Allí participaron todos los músicos y, además, se acopló el octeto de jazz y funk Soul Rebels Brass Band.

En la segunda actuación, fue invitada la banda danesa Mercyful Fate y Marianne Faithfull puso su voz en «The Memory Remains»; Kid Rock, en «Turn the Page», y Lou Reed, en «Iced Honey», «The View» y «White Light/White Heat». El final del concierto nuevamente llegó con el clásico de *Kill 'Em All* junto a Newsted, Scott Ian, la banda Armored Saint y junto a Soul Rebels Brass Band.

El tercer día de festejos tuvo como invitados a Jerry Cantrell (Alice in Chains), Pepper Keenan (Corrosion of Conformity) y Jim Martin (Faith No More), cuyas guitarras crearon una impecable sinergia con Metallica. Posteriormente, la banda homenajeada cedió su protagonismo y homenajeó a The Misfits junto a su cantante, Glenn Danzig (interpretando clásicos como «Die, Die, My Darling» y «Last Caress»/«Green Hell»). Luego, junto a Rob Halford rindieron tributo a Judas Priest con el tema «Rapid Fire». Para el cierre tocaron otra vez «Seek & Destroy». En esta versión participaron todos los músicos y también los grupos Lääz Rockit y Soul Rebels Brass Band.

Al día siguiente, tuvo lugar el último concierto de celebración. Al escenario fueron convocados el productor que los catapultó a la fama mundial, Bob Rock, y Hugh Tanner (compañero de Hetfield en la banda Phantom Lord y responsable de los primeros pasos de Metallica). Se contó también con la imponente

En el 30 aniversario de su creación, Metallica ofreció cuatro conciertos en el auditorio The Filmore, en San Francisco, con multitud de músicos invitados.

presencia de Ozzy Osbourne y del bajista de Black Sabbath, Geezer Butler, lo que sirvió de excusa para hacer un reconocimiento a la banda pionera del heavy metal con los temas «Iron Man», «Sabbra Cadabra» y «Paranoid».

Sin duda, esta última velada fue la más emotiva y épica, ya que además hicieron acto de presencia los primeros integrantes de Metallica. Fue un momento histórico, en especial cuando llegó Dave Mustaine y subió al escenario para tocar «Phantom Lord», «Jump in the Fire» y «Metal Militia» (temas que fueron compuestos en parte por él). Luego Mustaine se acopló a otros fundadores de la banda: Lloyd Grant y Ron McGovney. Juntos tocaron la primera canción de Metallica: «Hit the Lights». Como no podía ser de otra manera, el final se anunció con «Seek & Destroy», y en el escenario estuvieron Newsted,

Dave Mustaine, Lloyd Grant, Ron McGovney y Hugh Tanner, entre otros. Fue una postal memorable en la historia del grupo: presente y pasado se dieron la mano en un mismo instante.

Sin duda, este desfile incesante de grandes músicos animó la celebración, y las sorpresas estuvieron a la altura de las circunstancias: desde las pantallas, Slipknot y Scorpions enviaron un afectuoso saludo —mientras que U2 realizó una simpática parodia de las sesiones de terapia de *Some Kind of Monster*—. Ni Cliff Burton estuvo ausente, ya que se proyectaron imágenes de él, en un sentido homenaje.

A pesar de los años que habían trascurrido desde su debut en el Radio City de Anaheim (California), los Cuatro Jinetes seguían cabalgando por los escenarios con la misma pasión y con el mismo ardor de la primera vez. Después de tres décadas en ruta y con sus integrantes a punto de cumplir los 50 años (Ulrich y Trujillo tenían 47; Hetfield, uno más, y Kirk Hammett era el mayor, con 49), la trascendencia de Metallica se había cimentado sobre distintos lenguajes. Este rasgo distintivo se manifestó en las celebraciones: convocaron desde un grupo sinfónico, pasando por una orquesta de jazz, hasta llegar a los máximos referentes del heavy metal. En sus comienzos, la banda había conocido el amargo sabor de ser unos *outsiders*; ahora, disfrutaba de compartir su música y desgarrar las fatuas barreras generacionales y sonoras que separan a los artistas.

Cuatro canciones devuelven la credibilidad a Metallica

Metallica atravesaba una crisis aguda después de la escasa aceptación que había tenido *Lulu*. Por lo tanto, necesitaban material nuevo para recuperar su dominio. Fue entonces cuando se les ocurrió reflotar las cuatro canciones inéditas que habían quedado de las sesiones de *Death Magnetic* y que fueron presentadas en las celebraciones del 30 aniversario de la banda; al día siguiente de cada una de las cuatro actuaciones, los fans recibieron un *e-mail* con una clave para descargar el estreno de la noche anterior. Este material fue recopilado en el EP *Beyond Magnetic*, que se editó el 13 de diciembre de 2011 mediante descarga digital en iTunes; la desconfianza por la distribución de su música a través de las nuevas tecnologías ya había sido superada (se había cumplido ya una década del conflicto con Napster). Pero como todavía profesaban un romanticismo por el formato físico, el 30 de enero de 2012 estos cuatro temas se lanzaron en CD y la versión en vinilo salió el 21 de abril de ese año.

Si bien se especulaba con la posibilidad de que *Beyond Magnetic* tuviera un sonido crudo, finalmente el álbum gozó de una excelente calidad de audio. Sus canciones retomaban el viejo concepto thrash, pero al igual que *Death Magnetic* no se podía considerar un *revival*, sino un retorno a la esencia de la banda. Este EP era un apéndice de aquel álbum y también se centraba en la figura de Layne Staley —exlíder de Alice in Chains fallecido por sobredosis—.

Las críticas de la prensa fueron favorables y, en su primera semana de ventas, el disco vendió 36.000 copias (casi triplicó las cifras alcanzadas por *Lulu* en el mismo período).

Sin duda, los veintinueve minutos de duración de *Beyond Magnetic* calmaron la sed de metal que había dejado la fallida dupla con Lou Reed. Las letras ahora estaban cargadas de imágenes oscuras y el sonido era agresivo.

Las canciones, compuestas por los cuatro integrantes de Metallica, son las siguientes:

BEYOND MAGNETIC
1- «Hate Train», 6:59
2- «Just a Bullet Away», 7:11
3- «Hell and Back», 6:57
4- «Rebel of Babylon», 8:01

Beyond Magnetic: momentos más destacados y curiosidades

El EP se inicia con «Hate Train», un excelente tema en cuya letra el protagonista trata de sobrellevar sus sentimientos («El odio es un tren/Que truena sin rumbo a través de mi cabeza/Y el odio es la fama/Encadenado a la rueda hasta que me muera»). Aquí también afloran las secuelas de una adicción («te llevaste el mañana» y «me hundo en el dolor»). En esta canción, se aprecian los progresos técnicos en la voz de Hetfield. Estos avances también se palpan en la interpretación de Kirk Hammett, que ahora se muestra creativo, expresivo y amplio, comprendiendo a la perfección cada giro musical con su guitarra. Su mano derecha lleva el ritmo con decisión y exquisitez. No en vano, Kirk atravesaba su momento de mayor esplendor y, en consecuencia, tomaba un rol central en las composiciones.

Beyond Magnetic continúa con «Just a Bullet Away», cuyos primeros compases son guiados por una brillante combinación de guitarras con dulces melodías y arpegios para que después Hetfield irrumpa con una letra nuevamente inspirada en Layne Staley. Sus versos reflejan el deseo suicida de este cantante («Sólo a un tiro de distancia/Detengo las voces en mi cabeza»), y el hecho de que el revólver y las drogas son la puerta de salida para ese insoportable sufrimiento («Acariciando la muerte otra vez/se convierte en la heroína de la medicina/Prohibido/Pone el brillo en el revólver a medianoche»). Estas alusiones recuerdan a «Como As You Are», de Nirvana, en la que Kurt Cobain invitaba a su público a hacerse amigo suyo toda vez que prometía no tener ningún arma de fuego. Sin embargo, ésta fue luego su herramienta para quitarse la vida.

Cuando «Just a Bullet Away» aún tenía como nombre provisional «Shine», el guitarrista de Alice in Chains, Jerry Cantrell, agradeció a Metallica el haberse acordado de su excompañero de grupo.

El tercer tema de este álbum es «Hell and Back». Los estridentes *riffs* de guitarra son la introducción perfecta para que la voz de Hetfield describa los infiernos que recorre un adicto («Cuando la noche ha caído/Cae duro y luego todo empieza/Cuando ella comienza a llamarme/Siento la creciente oscuridad de mi interior»). En esa soledad, la droga es su mejor compañía («Ella es miserable pero me consuela/Cuando todos se van a casa/ella siempre está a mi lado»). La estructura musical de «Hell and Back» no es lineal, sino que tiene varios cambios de ritmo. Aquí se cruzan la *power ballad*, los *riffs* del hard rock y, hacia el final, rasgos del thrash metal.

El álbum acaba con «Rebel of Babylon», cuyos versos nuevamente poseen la muerte como eje vertebral («Voy a morir joven/Voy a vivir para siempre/Mátame una vez más/Levántate/rebelde de Babilonia»). Aquí se hace referencia a la máxima rockera: «vive rápido y deja un cadáver joven». Este rumbo lo tomaron varios músicos que luego se convirtieron en mártires o leyendas del género. Al mismo tiempo, el suicidio sería una forma de rebelarse ante «Babilonia». Ésta (en la cultura reggae y hip hop) representa la opresión por parte de la sociedad de consumo occidental. A mitad del tema, destaca una pequeña bajada en la que el *groove* de Trujillo manifiesta su destreza sobre el bajo, en una de sus aportaciones más evidentes.

El cuarteto de la liberación aún cabalga

El 7 de mayo de 2012, Metallica se embarcó en el European Black Album Tour, en el que interpretaron este popular disco en su totalidad. La idea del autohomenaje fue un reto que les propuso la producción del festival de Donington Park: no habían tocaban allí en seis años y querían ofrecer algo diferente y se les ocurrió revisar *El Álbum Negro* coincidiendo con los 21 años de su lanzamiento.

Fue así como en esta serie de conciertos la banda tocó por primera vez en directo canciones como «Don't Tread on Me» y «The Struggle Within». Recuperar esas composiciones no representó un obstáculo para Metallica: la complicación para ellos la encarnaban temas de *...And Justice for All* (y especialmente «The Frayed Ends Of Sanity», que hasta día de hoy nunca ha sido interpretada en vivo).

A lo largo de los dieciséis conciertos de esta gira (en la que la banda fue acompañada por grupos teloneros como Gojira, Machine Head, The Kills, Soundgarden, Channel Zero, Mastodon y Ghost), Metallica fundamentalmente actuó en grandes festivales de diversas ciudades del viejo continente. Destacaron en particular las actuaciones en el Sonisphere Festival de España, Suiza, Polonia y Finlandia; el Rock Im Park y el Rock Am Ring, en Alemania, y el Download en Donington Park, en el Reino Unido.

Tras un mes de gira, el European Black Album Tour finalizó el 10 de junio en el Nova Rock Festival de Austria.

La gira European Black Album Tour, que les llevó a actuar en España, Suiza, Polonia, Finlandia, Alemania y Reino Unido, supuso un gran éxito para la banda.

No hay puertas cerradas ni ventanas anuladas

Una vez finalizada esta exitosa gira, la banda regresó con celeridad a Estados Unidos para abocarse a la organización de su propio festival. El Orion Music + More (cuyo nombre es un homenaje a su canción homónima de *Masters of Puppets*) se llevó a cabo los días 23 y 24 de junio en Atlantic City (Nueva Jersey). Allí Metallica neutralizó nuevamente el sectarismo del rock y ofreció una pluralidad de propuestas. Cabe recordar que la banda había sido abucheada en el Lollapalooza 96 por su estilo y su popularidad, como si éstos fuesen factores de descrédito. En respuesta a ese fundamentalismo, Metallica congregó en su festival a bandas de pop, black metal, punk, rock experimental y thrash metal. El evento se desarrolló en un clima de amistad y camaradería entre los participantes. El escenario principal tenía como nombre «Orion» y el segundo en importancia era «Fuel».

En el festival destacó la participación de Arctic Monkeys (que fueron presentados por un gran seguidor de la banda: Lars Ulrich) y Suicidal Tendencies (que en parte del concierto fueron acompañados por Trujillo, antiguo miembro de esta banda, que salía de un letargo de 12 años). La última actuación en ambas noches del Orion Music + More corrió a cargo de Metallica. En la primera velada, la banda interpretó el *Ride the Lightning* de cabo a rabo y, al día siguiente, hicieron lo propio con *El Álbum Negro*. A modo de introducción al *show*, se proyectaron imágenes de archivo sobre inmensas pantallas. Los miles de seguidores que colmaron las instalaciones del lugar habían llegado desde distintos rincones del mundo para ser parte de estos históricos recitales. Así que se diseñó un escenario enorme con distintas pasarelas que permitían a los músicos lograr un mayor *feedback* con sus incondicionales.

El recuerdo permanece

En aquellos días de junio de 2012, James Hetfield filmó un anuncio en el que pedía colaboración a la sociedad para esclarecer el asesinato de Morgan Harrington. En el anuncio, el líder de Metallica exclamaba: «Recuerden, cualquier información, por muy pequeña que sea, podría ser una pieza clave para que los investigadores resuelvan el caso». La víctima tenía 20 años y había desaparecido después del concierto que Metallica ofreció en Virginia, Estados Unidos, en octubre de 2009. Sus restos fueron hallados tres meses después en un campo ubicado a 16 kilómetros del lugar en el que se realizó el concierto. Las autoridades ofrecían una recompensa de 100.000 dólares por aportar alguna pista, mientras que Metallica, por su parte, prometía otros 50.000 dólares más. Paralelamente, tres meses después la banda participó en el álbum de homenaje al disco *Machine Head*, de Deep Purple. Este tributo coincidió con los cuarenta años de aquella influyente producción, y contó con la participación de Iron Maiden, Carlos Santana y The Flaming Lips, entre otros.

Metallica se encargó de realizar una versión del clásico «When a Blind Man Cries», a la que quitaron la preponderancia de la guitarra limpia y de aire blues de Ritchie Blackmore y en su lugar Hammett prefirió virar hacia un sonido potente a través de la distorsión y el *wah wah*.

Señor de los títeres, estoy cortando tus cuerdas

Tras más de treinta años de carrera, Metallica necesitaba mayor libertad en su proceso creativo para plasmar sus diversas inquietudes artísticas. Por lo tanto, debían tomar determinaciones drásticas. Ya estaban hastiados de combatir contra los poderosos que manejaban los hilos de la industria musical a su antojo y, en noviembre de 2012, la banda dejó Warner Bros. Records.

La negociación con esta multinacional —con la que habían trabajado durante dieciocho años— fue un éxito: Metallica había adquirido todos sus álbumes y sus derechos. En adelante, el grupo liderado por Hetfield editaría sus producciones a través de su propio sello discográfico: Blackened Recordings. Su primer lanzamiento fue el DVD *Quebec Magnetic*, y su intención en un futuro es reeditar toda la obra del grupo a través de este nuevo sello. La distribución en Estados Unidos se realizó a través del subsello de Warner Rhino Records, mientras que en el resto del mundo se recurrió a Universal Music. Metallica había logrado su gran objetivo y ya no dependía de nada ni de nadie. Después de luchar estoicamente a lo largo de su carrera por la preservación de sus derechos de autor, lidiando duras batallas como contra el auge de la piratería digital, Metallica se convertía ahora en el grupo independiente más importante del rock.

Vivo y ruidoso

El DVD *Quebec Magnetic* capturó las actuaciones de Metallica en el Colisée Pepsi de Quebec (Canadá) realizadas el 31 de octubre y el 1 de noviembre de 2009, en el marco del World Magnetic Tour. Este material, que se puso a disposición del público el 11 de diciembre de 2012, estaba integrado por las siguientes canciones:

DVD / QUEBEC MAGNETIC

-Disco 1 (concierto completo)

«The Ecstasy of Gold» (Ennio Morricone) / «That Was Just Your Life»
/ «The End of the Line» / «The Four Horsemen» / «The Shortest
Straw» / «One» / «Broken, Beat & Scarred» / «My Apocalypse» /
«Sad But True» / «Welcome Home (Sanitarium)» / «The Judas Kiss» /

«The Day That Never Comes» / «Master of Puppets» / «Battery» / «Nothing Else Matters» / «Enter Sandman» / «Killing
Time» (Sweet Savage) / «Whiplash» / «Seek & Destroy»

Disco 2 (canciones extras y vídeo)

«For Whom the Bell Tolls» / «Holier Than Thou» / «Cyanide» / «Turn the Page» (Seger) / «All Nightmare Long»
/ «Damage, Inc» / «Breadfan» (Phillips/Shelley/Bourge) / «Phantom Lord»

Disco 2 (extra)

Quebec City Love Letters Featuring Band and Fan Interviews

Quebec Magnetic tuvo una aceptación inmediata entre los fans y en tan sólo una
semana vendió 14.000 copias. Metallica demostraba que aún estaba viva. Pero no
se detenía: entre finales de julio y comienzos de agosto de 2012, ofrecieron ocho
actuaciones en el Palacio de los Deportes de la capital mejicana, conciertos que
fueron bautizados como The Full Arsenal. Días más tarde, tocaron en el Festival
de música Outlands de San Francisco, junto a Neil Young, Foo Fighters, Beck y
Jack White (líder de The White Stripes). De vuelta a la carretera, realizaron cinco
conciertos en Canadá y, el 27 de octubre, hicieron el último *show* del año en el
Festival Voodoo Music + Arts Experience de Nueva Orleans.

2013 comenzó con cinco recitales en varias ciudades de Australia entre finales
de febrero y principios de marzo, en el marco del imponente Festival Sound-
wave (en el que también participaron Slayer, Anthrax, Linkin Park y Garbage,
entre otros). Allí Metallica fue la principal atracción, y su repertorio se focalizó
en sus primeros cinco discos. Creaciones como «Hit the Lights», «Master of
Puppets», «Sad But True», «Creeping Death», «Motorbreath», «Enter Sandman» y «Seek & Destroy» fueron algunos de los clásicos indestructibles que ni
el paso del tiempo puede oxidar.

La bestia continuará en movimiento.

★

Epílogo

Fundido a negro

En pocos años, Metallica pasó de confeccionar sus casetes artesanalmente y distribuirlos entre sus amigos a editar sus CD en los lugares más recónditos del mundo y vender millones de copias. La banda parece estar predestinada a no detenerse. Las cicatrices que les dejaron los años potenciaron aún más sus objetivos.

Con luces y sombras, siempre se proyectaron hacia nuevos desafíos y neutralizaron los prejuicios y las viejas estructuras del metal. De este modo, crearon una identidad sonora que se granjeó el respeto y la admiración de los grandes iconos. Pero también resistieron estoicamente las acusaciones de traición al thrash por parte de los fundamentalistas de siempre. Sin duda, a lo largo de su carrera se las ingeniaron para ser unos incomprendidos: constantemente le buscaron las cosquillas al metal y fueron señalados como verdugos. Puede decirse que Metallica osciló entre la cima del éxito y el ostracismo. El vértigo de esa dualidad fue uno de sus motores creativos.

Hoy, su extensa obra es un fiel legado para las nuevas generaciones de músicos que insaciablemente retornan a sus discos una y otra vez.

Esperemos que Metallica siga cabalgando por su senda muchos años más. Que los músicos continúen ofreciendo sus impactantes giras con esos vibrantes recitales a todo volumen. Que mantengan a flor de piel su espíritu de luchadores incansables. Esperemos que estos Cuatro Jinetes sigan en el ojo del huracán pero que jamás detengan su andar.

Apéndice

En las entrañas del sonido de Metallica

Con tantos cambios de integrantes y de estilos, sus instrumentos, efectos y amplificadores se fueron diversificando.

A continuación, se ofrece un recorrido por el equipamiento de cada período y disco de Metallica.

KILL 'EM ALL

JAMES HETFIELD
Guitarras
Epiphone Flying V
Cuerpo blanco con el *hardware* [2] de oro; *inlays* [3] de puntos; pastillas Seymore Duncan; 2 controles de volumen y 1 de tono. Este instrumento aparece durante la canción «Whiplash» en *Cliff 'Em All*. Fue utilizado por última vez en la gira de *Master of Puppets*.
Amplificador
Cabezal Marshall de 100 vatios con caja de 4x12.

Efectos
ProCo Rat Distortion.
Púas
Dunlop Tortex .88 mm, color verde.

KIRK HAMMETT
Guitarras
Gibson Flying V 1
Cuerpo negro con *pickguard* [4] blanco; 2 micrófonos (modificados en 1987 por EMG 81s.); 2 controles de volumen y 1 de tono. Terminaciones angulosas. El mástil y el cuerpo del instrumento son la misma pieza. Fue la guitarra principal de las grabaciones durante los primeros cuatro álbumes de Metallica. Se utilizó en *Cliff 'Em All* y también se utilizó por última vez en los conciertos de *Master of Puppets*.

2. Partes metálicas del instrumento: puente, clavijero, cubrepastillas, entrada, etc.

3. Dibujos sobre el mástil de la guitarra.

4. Plástico que se encuentra pegado en la parte inferior de la caja del instrumento para evitar ralladuras o golpes.

Gibson Flying V 2

Roja con *pickguard* blanco; 2 controles de volumen y 1 de tono en línea recta. Fue utilizada por última vez en los conciertos de *Kill 'Em All*.

Fernandes Flying V

Negra con *pickguard* blanco; 1 sola pastilla en el puente; 1 control de volumen y 1 tono. Fue utilizada por última vez en los conciertos de *Kill 'Em All*.

Amplificador

Cabezal Marshall 2-100 vatios y caja de 4x12".

Kirk intercambió este amplificador Marshall con James Hetfield.

Efectos

Pedal de distorsión Boss.

CLIFF BURTON

Bajo

Aria Pro SB1000-CB 1[5]

Color negro; 4 cuerdas; cuerpo de cedro y diapasón de ébano; mástil de arce y caoba adosado al cuerpo con cinco tornillos. *Inlays* de óvalos. 24 trastes; pastillas MB-1E doble bobina; 1 control de volumen, 1 de tono y micrófonos de 6 posiciones. Puente Gotoh J510-B4 y *hardware* negro.

Aria Pro SB1000-CB 2

Las mismas características que el anterior, aunque el *hardware* era dorado.

Rickenbacker FG 4001

Color rojo bermellón con *hardware* cromado; 4 cuerdas y 24 trastes; *inlays* de triángulos; 2 pastillas Deluxe versión 4000Strings.

Antes de grabar *Kill 'Em All*, Cliff reconfiguró el instrumento y le incorporó unos micrófonos bobinados de Gibson y de Jazz Bass.

Alembic Spoiler

Color negro; 4 cuerdas; *inlays* de puntos; pastillas AXY4. Este bajo fue robado en el año 1984.

Amplificadores

Caja Mesa Boogie 4x12 y de 1x15.
Ampeg SVT-1540HE Classis Series Enclosure.

Efectos

Pedal Morley Power Wah (utilizado para los solos y en «Seek & Destroy» y «For Whom The Bell Tolls»).
Electro Harmonix «Big Muff» (utilizado para «Pulling Teeth», «Seek & Destroy» y «For Whom The Bell Tolls»).

Púas

Cliff nunca las ha necesitado, ya que siempre ha utilizado la técnica de dedos.

LARS ULRICH

Batería

Tama Camco color plateada.

Fue utilizada también durante la gira de presentación del disco, en la que a veces llevaba *rototoms*[6].

Palillos

Calato Regal Tip 5B.

---

5. Este bajo fue utilizado por Jason Newsted después de la muerte de Cliff.

6. Tambor plano sin estructura de madera utilizado por las principales bandas de los 70 y 80.

RIDE THE LIGHTNING

JAMES HETFIELD
Guitarras
Gibson Explorer 1
Cuerpo blanco con diferentes calcomanías; clavijero negro; *inlays* de puntos; sus dos pastillas Humbucker 496R/500T dobles fueron reemplazadas por dos Humbucker EMG 81 en 1987. Se puede ver en «Creeping Death» de *Cliff 'Em All*.
Amplificadores
Cabezal Marshall de 100 vatios y caja SLP de 100 de 4x12.
Púas
Ídem.

KIRK HAMMETT
Guitarras
Jackson Randy Rhoades Custom
Color negro; pastillas Humbucker EMG 81; el mástil y el cuerpo son una misma pieza; cuerdas incrustadas sobre el cuerpo. Kirk escogió esta guitarra en la fábrica de Jackson mientras estaba de gira. De hecho, tuvo que esperar 2 horas para que el pegamento de algunas terminaciones se secara antes de poder utilizarla.
Fernandes Stratocaster 1
Color negro con *pickguard* blanco; 3 pastillas de bobina simple; 1 control de volumen y 2 de tono; guitarra compuesta por dos partes unidas mediante tornillos en la cara posterior del mástil; trémolo Floyd Rose.
Amplificadores
Cabezal Marshall de 100 vatios y caja de 4x12.

CLIFF BURTON
Utilizó el mismo equipamiento que en *Kill 'Em All*.

LARS ULRICH
Batería
TAMA Granstar II 1
Color rojo con el viejo logo de Metallica blanco sobre parche negro de ambos bombos. Fue utilizada por última vez en la gira de *Master of Puppets*.
Palillos
Ídem.

MASTER OF PUPPETS

JAMES HETFIELD
Guitarras
Jackson KV1 (King V - serie Dave Mustaine)
Color blanco; *inlays* de triángulos; clavijas LSR; pastillas Seymour Duncan (sustituidas por dos Humbucker EMG 81 en el año 1987). El mástil y el cuerpo son una misma pieza; su cuerpo es de álamo y el diapasón, de ébano. La última vez que se usó en directo fue en 1987 (James

rompió el mástil del instrumento por la mitad).

Amplificadores

Mesa Boogie Mark C + amp. (conectado a un preamp.).

Cabezal Marshall de 100 vatios.

Caja Marshall 4x12.

Púas

Ídem.

KIRK HAMMETT

Guitarras

Utilizó las mismas que en los álbumes anteriores.

Amplificadores

Mesa Boogie Mark 2C amp. (conectado a un preamp.).

Cabezal Marshall de 100 vatios con pantalla de 4x12.

LARS ULRICH

Batería

TAMA Granstar II 2

Madera de caoba con acabado en color plateado. Posee el antiguo logo de Metallica sobre el parche negro de ambos bombos. Se usó sólo en vivo durante la gira de *Master of Puppets*.

Palillos

Ídem.

CLIFF BURTON

Utilizó el mismo equipamiento que en *Kill 'Em All*.

GARAGE DAYS RE-REVISITED

JAMES HETFIELD

Guitarras

Gibson Explorer 2

Color blanco; *inlays* de triángulos; pastillas EMG 60 (mástil) y Humbucker 81 (puente).

Los controles de volumen y de tono son diferentes de los de su Explorer actual.

Pegatina de «*More Beer*» (en español, «más cerveza») en el cuerpo.

Fue utilizada por última vez en la gira de *... And Justice for All*.

Amplificadores

Mesa Boogie Mark C + amp. (conectado a un preamp.).

Cabezal Marshall de 100 vatios.

Caja Marshall 4x12.

Púas

Ídem.

KIRK HAMMETT

Guitarras

Utilizó las mismas guitarras que en los álbumes anteriores y la amplificación fue igual que la de *Master of Puppets*.

JASON NEWSTED

Bajo

Aria Pro II SB1000-CB 1

Instrumento perteneciente a Cliff Burton.

ESP

Color rojo; 5 cuerdas; 24 trastes; *inlays* de

puntos; 2 pastillas JZ; *hardware* plateado; 2 calcomanías de Metallica (una con el logo ubicada debajo de las pastillas y otra arriba del mástil con la imagen del monstruo de la portada de *Jump in the Fire*).

Bajo Hammer (8 cuerdas)

Color negro; 2 micrófonos.

Este bajo ha pasado de tener 4 cuerdas a convertirse en uno de 8.

LARS ULRICH

La batería y los palillos son los mismos que en el álbum anterior.

...AND JUSTICE FOR ALL

JAMES HETFIELD

Guitarras

ESP Explorer 1

Color blanco; pastillas Humbucker EMG 60 (su posición sobre el mástil logra un sonido limpio y agudo) y EMG 81 (aporta buenos graves). *Inlays* de manos haciendo «*fuck you*» y calcomanía sobre el cuerpo con la frase «*EET FUK*» (que podría significar «come mierda»). Sólo fue utilizada en los shows de *... And Justice for All*.

Esta Explorer fue autografiada por Hetfield y actualmente reside en el House of Guitars de Nueva York (allí fue grabado el *Kill 'Em All*).

ESP Explorer 2

Color blanco; pastillas Humbucker (EMG 60/81); *inlays* de puntos; varias calcomanías (como el holograma con la silueta de una mujer desnuda en el cuerno inferior del instrumento) y un grafiti de importante tamaño que dice «*So Fucking What?*» (en español, «¿qué mierda pasa?»). Fue utilizada como guitarra principal en la grabación de *El Álbum Negro* y *Load*.

ESP Explorer 1

Color negro; *inlays* de puntos, pastillas Humbucker (EMG 60/81); calcomanía con la frase «*Fuk me up*» (ubicada arriba del trémolo) y otra del equipo LA Raiders (entre las pastillas y debajo de las cuerdas). Tuvo una breve irrupción durante los conciertos de *... And Justice for All* y algunos de *The Black Album*.

Amplificadores

Roland Jazz Chorus 120.

Mesa Boogie Mark C + amp. (conectado a un preamplificador).

Cabezal Marshall de 100 vatios.

Caja Marshall 4x12.

Púas

Ídem.

KIRK HAMMETT

Guitarras

ESP M-II 1 «Skull & Crossbones I»

Color negro; 2 pastillas dobles Humbucker EMG 81; *inlays* de cráneos y tibias cruzadas; clavijas en posición invertida; sobre el cuerpo hay una calcomanía con el dibujo de un cráneo realizado por Pushead. Sólo se utilizó para las actuaciones en vivo de *... And Justice for All*.

Actualmente, esta guitarra reside en el Salón de la Fama del Rock and Roll, en Ohio.

Gibson Les Paul Custom

Color negro con *binding*[7] blanco; *hardware* dorado; 2 perillas de volumen y 2 de tono; puente Tune-O-Matic; 2 pastillas dobles Humbucker EMG 81.

Actualmente esta guitarra es utilizada.

Tom Anderson PROAM

Cuerpo de madera de tilo y fresno; mástil de arce y Pau Ferro (madera brasilera); puente Floyd Rose; *inlays* de puntos; las pastillas EMG 81 son de bobina simple Anderson. Para la gira de *…And Justice for All* se le agregó un EMG 81 cerca del puente y en la grabación de *El Álbum Negro* se le incluyó un EMG 81 (cuello) y un EMG-S de bobina simple.

En aquellos conciertos fue la última vez que se utilizó.

Jackson Soloist

Color rojo con *pickguard* negro; 1 pastilla EMG 81 y 2 pastillas de bobina única; Puente Floyd Rose.

Amplificadores

Mesa Boogie power-amp.
Mesa Boogie 88 preamplificador.

Efectos

Ecualizador Aphex parametric.

Mediada la época de *… And Justice for All*, Kirk comenzó a utilizar un controlador midi. Cada efecto era preestablecido

para cada canción y era controlado desde fuera del escenario por su asistente (Ian Ferguson).

JASON NEWSTED
Bajo
Alembic Custom Series II

Realizado con láminas de nogal; 4 cuerdas; nunca fue utilizado en vivo.

Alembic 20 Aniversario (x2)

Ídem.

Alembic Elan

Color negro; 5 cuerdas; *inlays* ovalados; *hardware* dorado; clavijas Alembic Gotoh; 2 pastillas Alembic P (centro) y 2 micrófonos Alembic JZ (puente y diapasón). Mástil compuesto por 5 láminas de arces y 3 de *purpleheart*; cuerpo de arce; diapasón de ébano; tapa de arce y cordal de pájaro. En el clavijero, una armadura de chapa; el logo de Alembic en oro de 14 quilates; pegatina debajo de los controles con la leyenda «*Uncut*» («sin censura»).

Alembic Spoiler 1

4 cuerdas; 2 pastillas JZ Alembic; 24 trastes; *inlays* de puntos; fabricado con Zebrawood en la parte superior de su cuerpo; y el mástil de ébano se desprende desde el cuerpo.

Wall 4 cuerdas 1

Color negro; 4 cuerdas; 2 pastillas Wal Humbucking; 21 trastes; clavijas y *hardware* dorado. Se lo puede ver en el videoclip de «One».

Wal 5 cuerdas 2

Color negro; 5 cuerdas; clavijero color madera natural; 24 trastes; *inlays* de puntos.

---

7. Contorno de plástico que poseen los cuerpos de las guitarras para evitar golpes.

1 control de volumen, 1 de mezcla, y 2 de tono; 2 pastillas dobles Wal Humbucking; clavijas cromadas y *hardware* dorado.

LARS ULRICH
Batería
TAMA Granstar II
Color gris oscuro; los dos parches del bombo son negros y la marca en blanco. Se puede ver en el videoclip de «One». Fue utilizada en vivo sólo durante la gira de ... *And Justice for All*.
Palillos
Regal Tip 5B.
Custom Modelo Lars Ulrich.

EL ÁLBUM NEGRO

JAMES HETFIELD
Guitarras
ESP Explorer 2
Color negro; pastillas Humbucker EMG 60/81; *inlays* de puntos.
Se utilizó en la mayoría de las canciones de *Live Shit: San Diego* y aún es empleada de forma esporádica en conciertos en vivo.
ESP Explorer 3
Color negro; *inlays* con una secuencia de imágenes de un hombre que se convierte en lobo. Pastillas Humbucker EMG 60/81. Se utilizó en *Live Shit: San Diego* y aún es empleada de forma esporádica en conciertos en vivo.

ESP Explorer 4
Color negro; *inlays* con la serpiente de *El Álbum Negro*, repetida a lo largo del mástil; pastillas Humbucker EMG 60/81. Utilizada principalmente con afinación en D (RE), hasta la actualidad.
ESP Explorer 5
Color negro; pastillas Humbucker EMG 60/81; los *inlays* son una sucesión de escudos de la Asociación Nacional del Rifle.
ESP Explorer 6
Color negro; pastillas Humbucker EMG 60/81; *inlays* con cabezas de ciervo (representa su amor por la caza). Utilizada por última vez en vivo en el período previo a *Load*.
ESP Explorer doble mástil 1
Contiene *inlays* de patos y pastillas Humbucker EMG 60 (cada mástil) y 81 (cada puente). Posee 12 cuerdas en el mástil superior y 6 en el inferior.
En Montreal (Francia) el 8 de agosto de 1992, James sufrió quemaduras con pirotecnia mientras utilizaba esta guitarra para tocar «Fade to Black». La última vez que la utilizó fue en los conciertos de *El Álbum Negro*.
Chet Atkins electroacústica
Color negro con *hardware* dorado y *binding*. Pastillas Hex Gibson; 2 controles de volumen, 1 de graves y otro de agudos. La caja es de caoba; su tapa y la parte posterior del mástil son de abeto macizo y el diapasón, de palo de rosa; no tiene *inlays*.
White Falcon II (modelo 7594)
Cuerpo y clavijero blanco; *hardware* dorado; *inlays* en forma de bloques de color

perla; 2 pastillas FilterTron; 2 controles de volumen Stock para cada mic.; un control maestro de volumen y 1 control de tono.

Este instrumento fue utilizado exclusivamente en el estudio.

Amplificadores

Roland Jazz Chorus 120.

Mesa Boogie Mark IV amp. (conectado a un preamp.).

Mesa Boogie de 100 vatios.

Mesa Boogie 4x12.

Púas

Dunlop Tortex 88 mm verde (con el logo de Metallica y otra con la serpiente de *El Álbum Negro*).

KIRK HAMMET

Guitarras

ESP KH-1 Flying V «Devil»

Color negra con pickguard blanco; Pastillas Humbucker EMG 81; 1 control de volumen; *inlays* de demonios bailando.

Si bien fue utilizada en *Live Shit: San Diego* - («Last Caress») sólo se usa en raras ocasiones.

ESP KH-2 M-II 2 «Skull & Crossbones II»

Color negro; 2 pastillas Humbucker EMG 81; 2 controles de volumen y 1 de tono.

Inlays de cráneo y dos tibias; una calcomanía roja con la leyenda «Precaución: CALIENTE» (debajo del puente) y otra pequeña que dice «*Kirk's Guitar*» (por encima de la pastilla del mástil). Este instrumento aún es utilizado.

ESP KH-2 M-II 3 «Ouija»

Color negro; 2 pastillas Humbucker EMG 81; 2 controles de volumen y 1 de tono.

Dibujo de tablero de Ouija en forma semicircular entre las pastillas, un sol, una mujer, una luna en cuarto creciente, números y palabras junto a la leyenda «*Good bye*». *Inlays* de estrellas y lunas en cuarto creciente.

Posteriormente, al igual que ocurrió con el modelo «Skull & Crossbones», se construyó una serie de esta guitarra. Todavía es utilizada.

ESP Eclipse 1 «Spider»

Color negro; 2 pastillas Humbucker EMG 81; y 2 controles de volumen y 1 de tono.

Debajo del trémolo, hay un dibujo de una araña realizado por Pushead.

ESP KH-4 M-II 4

Color negro y *pickguard* en madreperla; 2 pastillas Humbucker EMG 81; 2 controles de volumen y 1 de tono; el mástil y el cuerpo son una sola pieza; su diapasón es de palo de rosa; puente Floyd Rose; *hardware* negro.

Para la grabación de este álbum, Kirk usó esta guitarra con su Roland VG-8 y su procesador MIDI. Sin embargo, nunca fue utilizada en vivo.

Fender Stratocaster

Color crema con *pickguard* blanco; 3 pastillas Fender Lace Sensor; 1 control de volumen y 2 de tono; diapasón de palo de rosa.

La última vez que se utilizó fue durante los conciertos de *El Álbum Negro*.

Ibanez RG470

Color negro; 2 pastillas dobles Ibanez Infinity en los extremos y 1 pastilla simple Ibanez Infinity en el centro; 1 control de volumen y otro de tono; puente Floyd Rose; *hardware* negro. El cuerpo y el mástil están ensamblados a través de tornillos; su diapasón es de palo de rosa.

Con el paso de los años, esta guitarra se ha dañado y ha requerido varios arreglos.

Gibson Flying V 3

Color negro con *pickguard* blanco; posee 2 pastillas Gibson PAF; 2 controles de volumen y 1 tono; *hardware* dorado; puente Tune-O-Matic. Sólo se utilizó en vivo en los conciertos de este disco.

Amplificadores

Roland Jazz Chorus 120.

Mesa Boogie Triaxis preamplificadores.

Mesa Boogie Mark IV amp. (conectado a un preamp.).

Mesa Boogie de 100 vatios.

Mesa Boogie 4x12.

Caja Marshall de 30 vatios.

Amplificador VHT.

Efectos

Preamplificador Bradshaw.

En los conciertos de *El Álbum Negro*, el asistente de Newsted, Zack Harmon, diseñó cajas para guardar amplificadores y micrófonos Sennheiser 421s, ya que eran esenciales para soportar los largos viajes.

LARS ULRICH

Batería

TAMA Granstar II

Color blanco; se puede ver en el vídeo *Live Shit* y en todos los videoclips de este disco. Se usó sólo durante esta gira. Durante su periplo, Lars ha reducido su kit de Granstar II a sólo 7 cuerpos, ya que dejó un tom de 12x13 y otro de 13x14. También reorganizó la disposición de los platillos.

Lars posee dos copias de esta batería, una con decoraciones en negro y la otra con adornos plateados.

Platillos (Zildjian)

Hit Hat Z Dyno Beat 14".

Crash 17" Medium.

Crash 18" Medium.

Z Dyno Beat 14" Hi-hat.

Crash 17" Medium.

Ride de 20".

Crash Oriental China 18".

Crash 19" Medium.

Crash 18" Medium.

Z Custom China Boy 20".

Los cuerpos (Tama Artstar II):

Bombo 16x24.

Bombo 16x24.

Tom 11x12.

Tom 12x13.

Redoblante Bell Brass 6,5x14.

Tom de pie 16x18.

Tom de pie 16x18.

Equipo (Tama):

8 soportes jirafas para platillos Titan HC104TB.

2 pedales ProBeat HP45.

Soporte para redoblante Titan HS90.

Banqueta Titan HT90.

Pedal de Hi-Hat Lever-Glide HH95NL.

Brazo para charles HH95XH X-Hat.

Cascos (Remo):
Redoblante, toms, toms de pie y bombo, Parches Ambassador Snare Side Resonant.

Batería ImperialStar
Color negro y plateado. Sólo se utilizó para grabar este disco.

Palillos
Ídem.

JASON NEWSTED
Bajo Alembic Spoiler 2
Color negro acabado brillante; posee 4 cuerdas; *inlays* con óvalos de perlas negras; mástil de ébano y cuerpo de arce. El lateral del mástil lleva luces rojas de LED; puente y cordal Alembic Gotoh dorado; *hardware* y traba correa dorados y perillas negras.

Alembic Europa 1
Color negro y posee 5 cuerdas. Sus *inlays* son ovalados.

Series II electronics
Puente y cordal Alembic Gotoh dorado; perillas negras; y traba correa y *hardware* dorados. Su diapasón es de ébano (con 3 láminas de *purpleheart* y 4 de arce) y su mástil se desplaza hasta el cuerpo de arce.

Alembic Europa 2
4 cuerdas; *inlays* ovalados de perlas negras. Nunca fue utilizado en vivo.

Alembic Europa 3
Color negro; posee 6 cuerdas; *inlays* ovalados de perlas negras; cordal Bird; clavijero en forma de cono con tres clavijas por lado. Su mástil está compuesto por 6 láminas de *purpleheart* y 5 de arce. Se

utilizó durante la gira de *El Álbum Negro* para tocar «Sad But True».

Alembic Europa 4
Posee 10 cuerdas e *inlays* ovalados de perlas negras. Nunca fue utilizado en vivo.

Amplificadores
Ampeg SVT 18" para la parte final.
Caja Marshall para guitarra con un amplificador Trace Elliot para frecuencias altas y medias.
Antiguo cabezal y caja Ampeg SVT para darle cuerpo al sonido.

LOAD

JAMES HETFIELD
Guitarras
ESP Explorer 7 - Cráneo de alce
Color negro; posee pastillas Humbucker EMG 60/81; *inlays* de alambre de púas; logo de Metallica (en forma de estrella ninja) en la parte posterior de la guitarra; Gráficos de un alce sobre el cuerpo (realizados por Dino Murdian). Aún se continúa utilizando en vivo.

Ken Lawrence Explorer
Cuerpo de caoba y un laminado de corteza de chichino en el clavijero; posee pastillas Humbucker EMG 60/81; sus *inlays* (realizados por Kenneth Lawrence) encarnan una escena de caza tribal. Hasta ahora Hetfield ha venido usando esta guitarra para la mayoría de canciones en vivo.

Gibson ESP JH-1 Flying V 1

Color negro con dibujos de llamas de fuego rojo; posee pastillas Humbucker EMG 60/81; sus *inlays* conforman el logo de la banda (en forma de estrella ninja) embutido en el 1er traste y en el resto, los fragmentos de la letra M a lo largo de los 22 trastes de este diapasón de palo de rosa. Espaciadamente todavía la utiliza.

Gibson ESP JH-1 Flying V 2

Color negro con dibujos de llamas de fuego rojas; posee pastillas Humbucker EMG 60/81; sus *inlays* conforman el logo de la banda (en forma de estrella ninja) embutido en el 1er traste y en el resto, los fragmentos de la letra M a lo largo de los 22 trastes de este diapasón de palo de rosa. En el cuerpo del instrumento tiene una calcomanía con el escudo de la marca Corvette (que demuestra su pasión por los coches y la velocidad). Todavía es utilizada.

Gibson ESP Explorer 8 - Placa de Diamante Negro

Color negro con placa de diamante negro; posee pastillas Humbucker EMG 60/81; *inlays* de cabezas de alce. Se utiliza afinada en D (RE) hasta la actualidad.

Gibson ESP Explorer 9 - Placa de Diamante Negro

Color negro con placa de diamante negro; posee pastillas Humbucker EMG 60/81; *inlays* con el logo de la banda (en forma de estrella ninja) en el 1er traste y diamantes en el resto del diapasón. Se utiliza afinada en D (RE) y nunca fue usada en vivo.

Amplificadores

Ídem.

Púas

Dunlop Tortex verde .88 mm (con el logo de Metallica en forma de estrella ninja).

KIRK HAMMETT

Guitarras

ESP KH-2 M-II 5 «Mummy»

Posee 2 pastillas dobles Humbucker EMG 81; 2 controles de volumen y 1 de tono; 24 trastes; *inlays* con ojos de Horus. Sobre el cuerpo del instrumento, una imagen de Boris Karloff en la película *La momia*. Kirk tiene los derechos de autor de este dibujo. Es la guitarra predilecta de Kirk. Sobre el cuerno superior está escrita a mano la frase «*It comes to life!*» («así es la vida»). Todavía es utilizada.

ESP Wavecaster

Cuerpo de Telecaster realizada con acrílico transparente y dentro, líquido azul; mástil de palo de rosa. Posee 1 pastilla Humbucker EMG 81; 1 control de volumen.

La idea original era representar una lámpara de lava. Sólo se utilizó en el videoclip en vivo de *Cunning Stunts*.

ESP LTD

Color negro; *inlays* de puntos; pastillas Seymour Duncan Humbucker (puente) y de bobina simple (cuello); 1 control de volumen y otro de tono.

Amplificadores

Roland Jazz Chorus 120.

Mesa Boogie Mark IV amp. (conectada a un preamp.).

Mesa Boogie Triaxis preamplificador.
Mesa Boogie de 100 vatios.
Mesa Boogie 4x12.
Para la amplificación, Kirk usa un pre-amplificador Marshall JMP-1 y una mesa Boogie Rectifier preamp. que pasa a tra-vés de una mesa Boogie Strategy de 400 vatios.
Los efectos y cambios en el preampli-ficador se logran con un *rack* de pedal BRADSHAW RSB 18R. El asistente de Kirk, Justin Crew, maneja el interruptor de pedales que permite a Hammett desli-garse de estas responsabilidades durante un concierto.

JASON NEWSTED
Bajo
Sadowsky Vintage 1
Color azul lago; 4 cuerdas; cuerpo de ali-so y diapasón morado.
Hardware cromado. Pastillas Sadowsky Humcancelling J; puente con estilo Go-toh; peso: 4 kg.
Sadowsky Vintage 2
Color azul lago; 5 cuerdas; cuerpo de ali-so y diapasón morado; *hardware* croma-do.
Sadowsky Vintage 3
Color negro; 4 cuerdas; y cuerpo de fres-no.
Sadowsky PJ 1
Color cereza a partir de una explosión de amarillo en el centro; 4 cuerdas; *hardware* y clavijas negras.

Sadowsky PJ 2
Explosión de color miel en el centro, de-rivando en cereza y negro en los extre-mos; 4 cuerdas.
Sadowsky Vintage 4
Color negro y *pickguard* blanco; *hardware* negro; 5 cuerdas; 21 trastes; *inlays* de puntos negros.
Sadowsky Vintage 5
Color, pickguard y *hardware* negro; 5 cuerdas; 21 trastes; e inlays de puntos ne-gros.
Sadowsky Vintage 6
Explosión de color miel en el centro, de-rivando en cereza; 5 cuerdas; *hardware* negro; *inlays* de puntos negros.
Sadowsky 24 trastes
Color y *hardware* negros; 5 cuerdas; 2 pastillas EMG-40J; *inlays* de puntos ne-gros.

LARS ULRICH
Baterías
TAMA Starclassic Maple Drums
Color plateado brillante. Fue utilizada para la grabación del disco.
TAMA Starclassic Maple Drumkits
Color azul; usada por primera vez para la grabación de *Load*; todavía se utiliza.
Palillos
Easton Ahead Alloy y el modelo persona-lizado de Lars Ulrich.

RE-LOAD

JAMES HETFIELD
Guitarras
Fender Telecaster '52
Butterscotch con *pickguard* y *hardware* de color negro; mástil de 21 trastes. La guitarra cuenta con un sistema de Parsons-White B-Bender. Fue utilizada únicamente en los American Music Awards 1998.
National ResoLectric
Guitarra negra y blanca con caja de resonancia estilo blues. Se utilizó para las canciones acústicas en los conciertos de *Re-Load*. Su cuerpo es de caoba africana y chapa; posee tres controles de volumen.
ESP Eclipse Rounded Top
Negra con *binding* blanco y *hardware* dorado; pastillas EMG 60/81; *inlays* de banderas.
Amplificadores
Ídem.
Púas
Dunlop Tortex verde 88 mm (logo de Metallica en forma de estrella ninja).
Dunlop Tortex verde 88 mm (logo de Metallica).

KIRK HAMMETT
Guitarras
Gibson Les Paul Standard
Explosión de cereza; pastillas Gibson PAF y *hardware* dorados; se puede ver en el videoclip de «The Memory Remains».
Dan Electro U2
Color negro con *pickguard* blanco; pastillas Lipstick estándar. Se utilizó en el videoclip de «The Unforgiven II».
Godin Multiac
Color amarillo; se utilizó para canciones acústicas durante las giras de este disco.
ESP Semi-Acoustic Eclipse
Cuerpo semihueco de caoba roja; diapasón de palo de rosa; *inlays* de puntos; micrófono Piezo eléctrico incorporado con sistema de ecualizador activo. Se utiliza para las canciones acústicas en vivo.
Amplificadores
Ídem.

JASON NEWSTED
Varios de los mencionados con anterioridad y:
Bajo Gild acústico
Se utilizó durante las partes acústicas de la gira de presentación de este álbum.

LARS ULRICH
Baterías
En vivo y en estudio, las mismas que en el álbum anterior. Se sumaron además:
TAMA Starclassic Maple
Color madera. Utilizada en vivo para las partes acústicas.
TAMA Starclassic Maple
Color blanco: consta de 7 cuerpos. Lars la utiliza para precalentar antes de los conciertos.
Palillos
Ídem.

GARAGE INC. / S&M

JAMES HETFIELD
Guitarras
Gibson SG 1963
Color rojo cereza; cuerpo de caoba y *hardware* cromado; 2 controles de volumen, dos tonos con interruptor de tres posiciones. *Inlays* de trapecios; puente: ABR y cordal: Stop Bar; pastillas Humbucker 490R/498T imantadas. Su mástil es de caoba con clavijero redondeado y diapasón de palo de rosa.
Martin D-28 (acústica) 1966
Seis cuerdas.
Amplificadores:
Roland Jazz Chorus 120.
James usó amplificadores y cajas auxiliares para los conciertos de presentación de *Garage Inc.*, pero después de estos conciertos se pasó de nuevo a la mesa Boogie y a la caja Marshall.
Púas
Dunlop Tortex 88 mm verde.

KIRK HAMMETT
Guitarras
ESP Eclipse 2
Color y *hardware* negro; puente Tune-O-Matic; diapasón de palo de rosa; el mástil y el cuerpo son una misma pieza; 2 pastillas EMG 81/81, 2 controles de volumen y 1 de tono;
Inlays de araña (realizado por Pushead)

en los trastes 1, 3, 5, 7 y 9; cráneo y tibias cruzadas en trastes 12, 15, 17, 19, 21 y 24. Esta guitarra es similar a la ESP KH-3 que Kirk utilizó durante los conciertos de *El Álbum Negro*, excepto que no tiene gráficos de arañas ni el trémolo Floyd Rose. Esta guitarra se utiliza para las canciones con afinación en D (RE).
Amplificadores
Igual que en el anterior álbum. Kirk también agregó una caja de 4x12 durante los conciertos de *Garage Inc.*

JASON NEWSTED
Su equipamiento es el mismo que en los discos y las giras anteriores.

LARS ULRICH
Baterías
En vivo y en estudio, las mismas que en el álbum anterior. Se sumó además:
TAMA Starclassic Maple
Color azul; consta de 7 cuerpos. Lars la utiliza para precalentar antes de los conciertos.
Palillos
Ídem.

ST. ANGER

JAMES HETFIELD
Guitarras
Gibson Explorer: negro y plata.

El cuerpo y el clavijero son de color negro; *inlays* de puntos; pastillas Humbucker EMG 60 y 81. Cerca del trémolo, una calcomanía de una cruz plateada con la letra «M» en el medio.

Gibson 1976 Explorer «Rusty».

El cuerpo y el clavijero son de color negro satinado; pastillas Humbucker EMG 60 y 81; diapasón de palo de rosa; *inlays* de puntos.

Les Paul Custom raso púrpura y oro.

Color púrpura satinado con bordes dorados; posee pastillas Humbucker EMG 60 y 81; 2 controles de volumen y 1 de tono; *hardware* negro e *inlays* de trapecios. Se utiliza muy a menudo en las últimas giras.

Gibson 1973 Les Paul Custom «cruz de Malta»

Color negra con líneas horizontales doradas; posee una cruz de Malta dorada arriba del trémolo y contornos dorados; pastillas Humbucker EMG 60 y 81; perillas de control de color negro: 2 controles de volumen y 1 control de tono; *hardware* dorado e *inlays* de trapecios. Aún se utiliza en las giras.

Gibson Les Paul Custom Negro y Oro

Color negro con bordes dorados; posee pastillas Humbucker EMG 60 y 81; 2 controles de volumen y 1 de tono; *hardware* dorado (y perillas negras); *inlays* de trapecios. Usada ocasionalmente en vivo.

Gibson Les Paul Custom White

Color blanco y *pickguard* hecho a mano con oro de 24 quilates; posee pastillas Humbucker EMG 60 y 81; clavijero negro; *inlays* de trapecios; y *hardware* dorado.

ESP Eclipse Custom «Tattoo»

Ilustración con diseño y estética de tatuaje; *inlays* de cruz de Malta en el diapasón de palo de rosa; pastillas Humbucker EMG 81 y 85; 2 controles de volumen y 1 de tono con interruptor de tres posiciones. Puente TonePros. Usada ocasionalmente en vivo.

Gibson Explorer 3 blanco «Papa Het»

Inlays con diversos objetos y símbolos; el dibujo de «*Papa Het*» y las restantes ilustraciones en el cuerpo fueron realizados por Dirty Donny; posee pastillas Humbucker EMG 60 y 81.

ESP Truckster

Es una versión modificada de la ESP Eclipse utilizada en la gira mundial de *St. Anger*. El acabado es un gris envejecido; su cuerpo es de caoba y el mástil de palo de rosa; posee *inlays* de banderas (con la leyenda «ESP» en el traste 12); pastillas Humbucker EMG 60 y 81; 2 controles de volumen, 1 de tono y un interruptor de tres posiciones; clavijas Sperzel cromadas; y puente TonePros.

ESP LTD «La Grynch»

Guitarra con llamas verdes en todo el cuerpo y el clavijero (frente y posterior); pastillas Humbucker EMG 60 y 81; 2 controles de volumen, 1 de tono e interruptor de tres posiciones; clavijas Sperzel negras; puente TonePros.

ESP LTD F300FM

Color negro con mástil de arce; *inlays* con puntas de flecha (parte de la letra «M» del logo); 2 pastillas Humbucker EMG 81; 2 controles de volumen, 1 de tono e interruptor de tres posiciones; clavijas Sperzel; y puente TonePros.

ESP Custom Eclipse

Color con un acabado seminegro; *inlays* con banderas (y la leyenda «ESP» en el traste 12); pastillas Humbucker EMG 60 y 81; 2 controles de volumen, 1 de tono e interruptor de tres posiciones; clavijas Sperzel negras; puente TonePros.

ESP LTD Eclipse Gold

Igual que la anterior, pero en color dorado y clavijas cromadas.

Amplificadores

Mesa Boogie 4x12.
Caja auxiliar Speaker 4x12.
Mesa Boogie Triaxis preamplificadores modificados.
Mesa Boogie Strategy 400.
Mesa Boogie 2x12 Combo Amp Tremoverb.

Púas

Dunlop Nylon personalizada (Tortex verde de 88 mm).

Sus guitarras ESP fueron construidas por Matt Masciandaro, siguiendo las indicaciones y el gusto del propio James. Estos instrumentos poseen un mástil y un cuerpo construidos con una sola pieza. Por lo general el mástil es de maple y el cuerpo, de caoba. Todas las guitarras ESP tienen diapasones de palo de rosa, excepto las de *El Álbum Negro*, que son de ébano.

Efectos

James utiliza mucho la distorsión de su equipo y también:
Bradshaw RSB-12 con sistema de cambio de sonido en el pedal.

Bradshaw Patch Bay Custom.
Boss SE-50 Stereo FX Processor.
Juice Goose Rack Power 300.
Aphex Parametric E.Q.
Morley Rack Mount Unit Custom.
Peterson 520 Strobe Tuner.

Otros Equipos

Sony 820 con receptores y transmisores inalámbricos.
Nady UHF 950 receptores y transmisores.
Cables «Pro Co Sound».
Estuches de protección en carretera.
UltraCase de guitarra (para sostenerlas y exhibirlas).
Correas para guitarra «Earth III».

Cuerdas

Ernie Ball (0.010-0.046).
Gibson Strings.
D'Addario XL (0.010 - 0.052).

KIRK HAMMETT

ESP Flying V 3

Color negro con *pickguard* blanco; diapasón de palo de rosa; 2 pastillas EMG 81 Humbucker; 2 controles de volumen y 1 de tono; *inlays* de «diablo bailando» en los trastes 3, 5, 7, 9 y copa de «Martini»; contiene Stop Tailpiece; puente Tune-O-Matic; y las iniciales KH en el clavijero.

ESP 1958 original Flying V

Color rojo cereza con *pickguard* blanco; 2 pastillas Humbucker EMG 81; 2 controles de volumen y 1 de tono; *inlays* de puntos; *hardware* dorado.

Gibson Flameado - Les Paul

Construida con palo de rosa de Brasil; a trasluz tiene un acabado en negro; pastillas

BurstBucker doradas; *inlays* en forma de trapecios; *hardware* dorado. Actualmente la sigue utilizando.

Amplificadores

Mesa Boogie 2x12 Combo Amp Temoverb.

Mesa Boogie Triaxis Preamp.

Mesa Boogie Strategy 400.

Mesa Boogie 4x12.

Mesa Boogie 2x12.

Mesa Boogie Dual Rectifier Amp.

Cuerdas

Ernie Ball (0,010-0,046).

ROBERT TRUJILLO

Bajo

Fernandes Gravity 5 Deluxe - hojalata 1

Color peltre; 5 cuerdas y una calcomanía en el cuerpo.

Fernandes Gravity 5 Deluxe - hojalata 2

Color peltre con llamas azules en el cuerpo y el clavijero; 5 cuerdas.

Fernandes Gravity 5 Deluxe - gris verde

Color gris metalizado con verde; 5 cuerdas; posee una estrella blanca en el cuerpo, arriba del puente.

Fernandes Gravity 5 Deluxe - azul metalizado

Color azul metalizado; 5 cuerdas; y calcomanía azul en el cuerpo, entre los micrófonos.

Fernandes Gravity 5 Deluxe - azul petróleo

Color azul petróleo; 5 cuerdas y una calcomanía grande en el cuerpo, arriba de los micrófonos.

Fernandes Gravity 5 Deluxe - negro

Color y *hardware* negro; 5 cuerdas; *inlays* de puntos blancos; 2 calcomanías en el cuerpo (una de ellas es la bandera de Méjico).

Fernandes Gravity 5 Deluxe - rojo

Color rojo y 5 cuerdas.

Fernandes Gravity 5 Deluxe - cruz de Malta

Color negro con llamas azules y violetas en el cuerpo y el clavijero; posee una cruz de Malta de placa de diamante cromada; 5 cuerdas; *inlays* de puntos blancos; *hardware* cromado.

Fernandes Gravity 5 Deluxe - natural

El cuerpo y el clavijero son de color natural; 5 cuerdas; *inlays* de puntos blancos; *hardware* negro.

Ernie Ball Music man - Sting Ray 5

Color negro azulado perla; 5 cuerdas; cuerpo de fresno, mástil de arce, diapasón de palosanto; posee clavijas Schaller cromadas; 3 controles de ecualización: volumen, graves, medios y agudos; y pastillas Humbucker bobina simple de 3 posiciones.

ZON Sonus RT5

Cuerpo de color natural; clavijero y *hardware* negros; 5 cuerdas; cuerpo y mástil de arce; diapasón de palo de rosa; circuito eléctrico Bartolini ZB2; 2 pastillas activas EMG bobina simple; control de volumen y de tono; clavijas Gotoh GB7; y puente Zon.

ZON Sonus RT5 - «Killer Klown»

Características idénticas al Sonus RT5. Es uno de los más conocidos, ya que el diseño visual de este bajo fue creado por Dennis «Luke» Romanos: tiene pintado un payaso con rasgos diabólicos de pelo verde y rostro azul. La pintura se extiende por los micrófonos y el puente.

ZON Sonus RT5 Quilt Maple / rojo transparente

Cuerpo de arce de color rojo veteado con negro y terminación en poliéster transparente; posee 5 cuerdas; mástil de arce y diapasón de palo de rosa; circuito eléctrico Bartolini ZB2; 2 pastillas activas EMG bobina simple; control de volumen y de tono; *hardware* negro y puente Zon cromado; clavijas Gotoh GB7; requiere una batería de 9 voltios.

ZON Sonus Elite 5

Color gris oscuro; 5 cuerdas; y *hardware* negro.

ZON Sonus 5 Quilt Maple / Transparent Black

Cuerpo de arce de color negro con terminación en poliéster transparente y 5 cuerdas.

Amplificadores

Ampeg SVT III.

Efectos

Hiwatt.

Cuerdas

Dean Markley.

LARS ULRICH

Baterías

TAMA Starclassic Maple

El color de los cuerpos varía entre negro, azul, dorado y plateado. Se utilizó para la grabación del álbum.

TAMA Starclassic Maple

Color verde brillante. Se utiliza en vivo desde el lanzamiento de *St. Anger*.

Cuerpos

Bell Brass Lars Ulrich Signature (LU1465BB) 14x6,5.

Lars Ulrich Diamond Plate Steel Signature (LU1465) 14x6,5.

Toms de 10x9, 12x10 o 16x14 y floor tom de 16x16 y 18x16.

Dos bombos de 22x16.

Platillos (Zildjian)

Hi-hat 14” Z Custom ‘Dyno Beat’.

1 Crash de 17” y 2 de 18” y 19”.

Crash de 20”.

Ride Z Custom de 20” (y a veces 18”).

Ride K Custom ‘Dark’ de 22” para grabar *St. Anger*. Allí también se utilizó un cencerro rojo (cuyo sonido emulaba el ruido de madera, en «Dirty Window»).

Equipo (Tama):

5 soportes jirafas para platillos Titan HC104TB.

Holder CA45 para platillos.

Soporte Titan HTW99 tom.

2 pedales con martillos de fieltro HP900P.

Iron Cobra Power Glide.

Soporte para tom HTW99.

Soporte para Hi-hat Iron Cobra HH905.

Banqueta Titan HT310.

Abrazadera MC62.

Abrazadera MHA623 Hi-Hat.

Llaves de Hi-Hat 505 DW.

Cascos:

Remo Coated Emperor, parches de los toms. Bombo con parche Powerstroke claro con estructura de ébano. Remo Controlled Sound que recubre la parte de abajo del redoblante.

Palillos

Ídem.

DEATH MAGNETIC

JAMES HETFIELD
Guitarra
Utilizó algunas de *St. Anger*: **Esp white explorer «Papa Het» Tattoo**
y la **Gibson 1973 Les Paul Custom «cruz de Malta»**, y además:
ESP James Hetfield Iron Cross
Similar a la Gibson 1973 Les Paul Custom «cruz de Malta». Su cuerpo y su mástil son de caoba; diapasón de ébano; *hardware* dorado envejecido; pastillas EMG-60/81; una cruz de metal de hierro en el cuerpo; 22 trastes; *inlays* de banderas y una cruz de malta en el traste 12.
Esp Flying V Elektra replic
Color blanco y pastillas EMG-60/81.
Esp Custom Explorer
Color blanco marfil, con dibujos coloridos (cruz de Malta encendida en fuego, estrellas y otras simbologías); *inlays* de puntos; clavijas negras.
Esp Truckster I
Color gris envejecido; *inlays* de banderas y la marca ESP en el traste 12; pastillas activas EMG 81/ 60.
Forma parte de su línea de guitarras personales; cuerpo y mástil de caoba; diapasón de palisandro; 2 controles de volumen y uno de tono.
Amplificación
Mesa Boogie 4x12.
Caja amplificadora Wizard 4x12.

4x mesa Boogie Triaxis preamplificadores modificados.
4x mesa Boogie Strategy 400 Amplificadores de potencia.
Mesa Boogie 2x12 Combo Amp Tremoverb.
Cuerdas:
Ernie Ball (0,010-0,046).

ROBERT TRUJILLO
Bajo
Utilizó el mismo que en *St. Anger*: **Fernandes Gravity 5 Deluxe - hojalata 2**
Amplificadores
Ampeg SVT III con hasta 6 cabezales en paralelo, cada uno conectado a una caja SVT180 de 8 y 10 pulgadas. Si bien a veces se añade un Hiwatt, también suele utilizar un pedal TC Electronics chorus, un compresor DBX 160 y un Sonic Maximizer BBE.
Efectos:
HI Watt.
Cuerdas:
Dean Markley.

KIRK HAMMETT
Guitarra
Utilizó su preferida ESP «Ouija» color negra (la que usó en *El Álbum Negro*) y la **ESP «Mummy»** (*Load*). Pero además empleó:
Gibson Les Paul 1987
Color amarillo y naranja; cuerpo de caoba y arce; mástil de caoba; diapasón de palo de rosa; *inlays* de trapecios; *hardware* cromado.

Amplificación

Mesa Boogie Temoverb 2x12 Combo Amp.

Mesa Boogie Triaxis preamp.

Mesa Boogie Strategy 400 Stereo Power amp.

Caja amplificadora mesa Boogie 4x12.

Caja amplificadora mesa Boogie 2x12.

Mesa Boogie Dual Rectifier amp.

Cuerdas

Ernie Ball (0,010-0,046)

LARS ULRICH

Baterías

Utilizó la TAMA Starclassic Maple verde brillante de la gira de *St. Anger* y además**:**

TAMA Starclassic Maple

Color naranja brillante.

Se utiliza en vivo desde el lanzamiento del álbum *Death Magnetic*.

Cuerpos

Redoblante Bell Brass Lars Ulrich Signature (LU1465BB) 14x6,5 y Diamond Plate Steel Lars Ulrich Signature (LU1465BB) 14x6,5; toms de 10x9, 12x10 y 16x14 y floor tom de 16x16 y 18x16; dos bombos de 22x16 con parches negros.

Platillos (Zildjian)

Hi-hat 14" Z Custom «Dyno Beat».

1 Crash de 17" y 2 de 18" y 19".

Crash Custom de 20".

Ride Z Custom de 20".

Accesorios

Pies para platillos y para redoblante, Tama Titan; 2 pedales HP900P Iron Cobra Power Glide.

Cascos:

Remo.

Palillos

Ídem.

Micrófonos en estudio: Shure

Shure BETA 56 - (redoblante y toms).

Shure BETA 52 - (bombo).

Shure SM94 - (Hi-hat y platillos).

Bibliografía

Libros

Reynolds, Simon. *Retromania*. Buenos Aires. Ed. Caja Negra, 2012.

García Canclini, Néstor. *Culturas híbridas*. Buenos Aires. Ed. Grijalbo, 1990.

Debord, Guy. *La sociedad del espectáculo*. Buenos Aires. Ed. de la Flor, 1968.

Smith, Patti. *Éramos unos niños*. Barcelona. Ed. Random House Mondadori, 2010.

Bourdieu, Pierre. *El sentido social del gusto*. Buenos Aires. Ed. Siglo XXI, 2010.

Christe, Ian. *El sonido de la bestia: la historia del Heavy Metal*. Ed. Robin Book, 2005.

Reynolds, Simon. *Después del rock*. Buenos Aires. Ed. Caja Negra, 2010.

Bove, Gustavo. *God Save the King*. Buenos Aires. Ed. Go, 2011.

Becker, Howard. *Outsiders*. Buenos Aires. Ed. Siglo XXI, 2009.

Diederichsen, Diedrich. *Psicodelia y ready-made*. Buenos Aires. Ed. Adriana Hidalgo, 2010.

Grimson, Alejandro. *Los límites de la cultura*. Buenos Aires. Ed. Siglo XXI, 2011.

Ayres, Chris. *I am Ozzy (confieso que he bebido)*. España. Global Rhythm, 2011.

Foucault, Michel. *Vigilar y castigar: nacimiento de la prisión*. Madrid. Ed. Siglo XXI, 1986.

Manson, Marylin y Strauss, Neil. *La larga huida del infierno*. Barcelona. Ed. Random House Mondadori, 2000.

Documentales

When Metallica Ruled the World, Classic Albums: Metallica

Global Metal

Metal Headbanger's

Heavy Metal: Louder than Life

Metallica: Behind the Music

Megadeth: Behind the music

Black Metal

Heavy, La Historia del Metal (VH1)

Diarios

Rolling Stone

Clarín (Argentina)

Página/12 (Argentina)

El País (España)

Revistas

Metal Hammer (Argentina)

Playboy

Rock Brigade (Argentina)

Requiem (Argentina)

Kerrang!

Metal (Argentina)

Riff Raff (Argentina)

Hola! (Argentina)

Sitios Webs

www.metallica.com

www.totalmetallica.com

www.metalmonster.fr

en.wikipedia.org

www.youtube.com

metalsucks.com

libertadusa.com

metaleater.com

www.elepe.com

www.allaxess.com

EL SONIDO DE LA BESTIA
IAN CHRISTE

EL SONIDO DE LA BESTIA, la biblia definitiva del heavy metal, es de lectura obligatoria tanto para los seguidores más acérrimos como para los nuevos conversos y todas aquellas personas en busca de fuertes emociones musicales. Por fin, un libro hace justicia a esta forma musical oscura, esquiva y ensordecedora que, a su paso, deja a todos agitando la cabeza y haciendo la señal del diablo...

- Los excesos y excentricidades de las mayores bandas, y los polémicos y poco convencionales métodos que utilizaron para alcanzar el estrellato.

- Entrevistas con los principales intérpretes del metal de los últimos treinta años.

- Discografía con los mejores álbumes heavy de todos los tiempos y con los álbumes esenciales dentro de cada subgénero.

LA HISTORIA DE AC/DC
SUSAN MASINO

LA HISTORIA DE AC/DC ha sido escrita desde una perspectiva única y privilegiada: la de la periodista Susan Masino, quien ha seguido los pasos de la banda desde su primer concierto estadounidense, en el ya lejano 1977, hasta la actualidad, acompañándolos en un periplo que les ha llevado desde su lejana Australia hasta Los Ángeles o París… pasando por Leganés. A lo largo de sus páginas, el texto desgrana un sinfín de anécdotas y detalles que ayudarán a comprender todas las vicisitudes por las que ha pasado la banda, incluida la triste muerte de su primer vocalista, Bon Scott, que marca un punto de inflexión en la trayectoria del grupo.

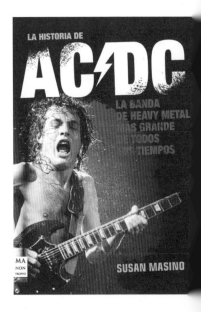